Library of
Davidson College

REGARDS SUR LA FRANCE DES ANNÉES 1980

LE ROMAN

STANFORD FRENCH AND ITALIAN STUDIES

executive editor
JEAN-MARIE APOSTOLIDÈS
editor
MARC BERTRAND

editorial board
BRIGITTE CAZELLES
ROBERT GREER COHN
JEAN-PIERRE DUPUY
JOHN FRECCERO
RENÉ GIRARD
HANS ULRICH GUMBRECHT
ROBERT HARRISON
RALPH HESTER
ODILE HULLOT-KENTOR
PAULINE NEWMAN-GORDON
JEFFREY SCHNAPP
MICHEL SERRES
CAROLYN SPRINGER
JAMES WINCHELL

founder
ALPHONSE JUILLAND

volume LXXX

DEPARTMENT OF FRENCH AND ITALIAN
STANFORD UNIVERSITY

REGARDS SUR LA FRANCE DES ANNÉES 1980

LE ROMAN

EDITED BY

JOSEPH BRAMI
MADELEINE COTTENET-HAGE
PIERRE VERDAGUER

1994
ANMA LIBRI

Stanford French and Italian Studies is a collection of scholarly publications devoted to the study of French and Italian literature and language, culture and civilization. Occasionally it will allow itself excursions into related Romance areas.

Stanford French and Italian Studies will publish books, monographs, and collections of articles centering around a common theme, and is open also to scholars associated with academic institutions other than Stanford.

The collection is published by the Department of French and Italian, Stanford University and ANMA Libri.

© 1994 by ANMA Libri, P.O. Box 876, Saratoga, Calif. 95071
and Department of French and Italian, Stanford University.
All rights reserved.
LC 94-70646
ISBN 0-915838-96-6
Printed in the United States of America.

Contents

Acknowledgments	viii
INTRODUCTION	1
JOSEPH BRAMI MADELEINE COTTENET-HAGE PIERRE VERDAGUER	3
I. IDENTITÉS BICULTURELLES	13
A. JAMES ARNOLD Braiding Cultural Identities	15
DINA SHERZER Effets d'intertextualité dans *Shérazade* et *Les Carnets de Shérazade* de Leïla Sebbar	21
MIREILLE ROSELLO *Georgette!* de Farida Belghoul: les Beurs et l'apprentissage de la lecture	32
BRIGITTE LANE Analyse d'une *écriture croisée: Le Chinois* *vert d'Afrique* de Leïla Sebbar	44
II. L'AUTRE DE LA CULTURE	57
CAROLINE EADES Ex-position post-coloniale d'Orsenna à Le Clézio	59

PASCALE-ANNE BRAULT
Hervé Guibert, ou le corps du délit 67

MARTINE ANTLE
Voix et voiles dans *L'enfant de sable* de Tahar Ben Jelloun 75

SANDA GOLOPENTIA
Annie Ernaux ou le don reversé 84

III. VOIX DE FEMMES 99

MICHÈLE MORRIS
Annie Ernaux: autrement dit/e 101

GEORGIANA M. M. COLVILE
Plaisir et chorégraphie de l'inter-texte: *Sphinx*
d'Anne Garréta 110

SUSAN COHEN
Cultural Mixing, Exile and Femininity in
Paula Jacques's *Lumière de l'oeil* 126

ANNIE RICHARD
Année 1990: romans féminins et sensibilités littéraires 138

IV. ÉCRITURES DIVERSES 149

EUGÈNE NICOLE
Hubert Lucot: le corps noir d'une prose 151

SABINE RAFFY
Pierrette Fleutiaux: l'inquiétante étrangeté de l'espace 159

CATHERINE DOP-MILLER
Les récits *latins* de Pascal Quignard 169

MICHEL BEAUJOUR
Pierre Michon biographe 179

V. VOIX ANCIENNES/NOUVELLES 185

CATHERINE CUSSET
Philippe Sollers: après moi le déluge, ou le roman comme
encyclopédie et arche de Noé 187

SIMON BATTESTINI
Le Clézio: l'invention d'*Onitsha* et la construction de soi 195

DANIELLE TRUDEAU
Réjean Ducharme: retour à la littérature 203

VI. ÉDITION, RÉCEPTION, PRIX LITTÉRAIRES 213

WILLIAM CLOONAN
The Politics of Prizes: The Goncourt in the 1980s 215

ISABELLE DE COURTIVRON
La politique éditoriale des *éditions des femmes* 223

GAËTAN BRULOTTE
La réception des auteurs canadiens de langue française
dans la France des années 1980 232

PRISCILLA PARKHURST FERGUSON
Francophonie et francité. Principles and Practices in 1992 244

Index des noms d'auteurs et des oeuvres cités 253

Contributors 257

Acknowledgments

We wish to thank the Office of Graduate Studies and Research, the College of Arts and Humanities, and the French Department of the University of Maryland at College Park. Without their financial support, the Colloquium and this publication would not have been possible. We also wish to thank Anne Lewis-Loubignac, then Attachée Culturelle at the French Embassy in Washington, D.C., who helped us obtain financial backing from the French Ministry of Cultural Affairs to plan the event and to publish the proceedings. We are greatly indebted to her for her generous assistance. We are thankful to the authors, Evelyne Accad, Jacques Borel, Gaëtan Brulotte, Maryse Condé, Eugène Nicole, and Marie Redonnet, who agreed to participate in a round table presided by Michèle Sarde, of Georgetown University. We also thank Monique Chefdor, André-Pierre Colombat, Elyane Dezon-Jones and Christian Garaud for chairing the sessions. Finally, we would like to thank Christa Dub-Verdaguer, whose computer sophistication was invaluable to assemble the manuscript.

INTRODUCTION

Introduction

JOSEPH BRAMI
MADELEINE COTTENET-HAGE
PIERRE VERDAGUER

Travail collectif, l'organisation de ce colloque s'inscrivait dans un projet à long terme: réunir tous les deux ou trois ans, à l'Université du Maryland, des écrivains et universitaires des deux côtés de l'Atlantique, pour créer un espace d'information, de communication et de dialogue. Au cours de ces réunions pourraient être identifiées et étudiées des tendances de la littérature de langue française qui se seraient exprimées ou affirmées dans les limites approximatives de la décennie précédente. Tenue les 23 et 24 octobre 1992, la première rencontre portait sur les années 1980.

Un thème conducteur avait été proposé aux intervenants: écritures diverses, écritures de la diversité. Sans doute est-ce là un lieu commun actuel. Mais il nous avait semblé utile d'y recourir à titre opératoire dans la mesure où il renvoie à un constat d'hétérogénéité identitaire croissante, que peut faire tout observateur de la culture française contemporaine.

Le sujet, bien sûr, est vaste. Certes, bien des noms d'écrivains sont absents des études présentées ici. Mais le champ d'exploration d'un tel colloque est par définition limité. En l'occurrence, il consiste en vingt-trois communications et une table ronde d'écrivains.

Le cadre temporel et le thème conducteur mis à part, le choix des auteurs et des sujets traités incombait aux intervenants. L'idée qui nous guidait était de laisser émerger des problématiques plutôt que de privilégier une école, un mouvement ou un écrivain en particulier.

C'est ensuite, une fois les communications proposées, quand il s'est agi de les organiser en sessions, que nous avons été amenés à les regrouper sous les titres de rubriques que nous avons choisis.

Depuis les années 1960, les bouleversements politiques qui ont modifié radicalement la carte du globe ont entraîné des migrations de population dont la France, depuis longtemps officiellement terre d'asile, a été l'un des pays destinataires. La France des années 1980 est une nation pluriculturelle. L'existence de groupes d'origines ethniques diverses se réclamant de philosophies, de religions, de morales, d'histoires différentes, s'y manifeste avec une visibilité accrue, et entraîne les débats que l'on sait sur la notion d'identité, de droits politiques: droit du sol, droit à la citoyenneté. Ces changements sociaux, la prise de conscience croissante de la pluralité des cultures, la perspective d'une européanisation qui risquait, selon certains, de diluer le sentiment identitaire, se sont inscrits dans le roman de ces années-là. L'émergence d'une littérature "beur" en est un exemple. En 1983 Mehdi Charef publie son *Thé au harem d'Archi-Ahmed*; en 1986 on ne compte pas moins de sept romans beurs publiés par les éditeurs français (dont *Béni ou le paradis privé* d'Azouz Begag et *Zeida de nulle part* de Leïla Houari).

Aussi n'est-ce pas un hasard si une grande partie des analyses présentées ici portent sur des ouvrages dont les auteurs appartiennent à des communautés d'immigration, ou sont de par leur origine familiale issus d'un croisement de cultures. Tel est le cas de Leïla Sebbar (Sherzer et Arnold), née en Algérie de père algérien et de mère française, de Farida Belghoul (Rosello), vivant en France mais de parents algériens, ou de Paula Jacques (Cohen), Juive d'Égypte.

"Postmoderne", "féministe" et "postcoloniale", l'oeuvre de Leïla Sebbar s'inscrit directement dans ce contexte multi-ethnique. Elle pose le problème des différences et du dialogue des cultures. Peuplés de Beurs, d'Antillais, d'Africains, de métis issus de couples mixtes de toutes nationalités, les romans de Leïla Sebbar déroulent une "trame événementielle simple, [...] sur les thèmes du voyage, de la lecture, des rencontres, des croisements" (Sherzer). Ils intègrent par ailleurs un appareil intertextuel extrêmement riche, une mosaïque de références aux cultures occidentales et orientales: tableaux, lectures, sites, lieux de mémoire, noms. Ils mettent en évidence le brassage, le métissage des cultures caractéristiques de la France contemporaine. Lire Sebbar c'est donc relire notre Histoire avec les yeux de l'Autre qui est aussi "la" Même.

Sans doute est-ce l'expérience "métissée" de Sebbar qui lui permet de créer des personnages qui, dans *Le Chinois vert d'Afrique* (1984), accèdent selon A. James Arnold à une nouvelle conscience identitaire, plus autonome, plus ouverte à l'autre, une identité proprement et positivement croisée. Brigitte Lane, quant à elle, s'intéresse aux effets et manifestations, sur la littérature, de ce "biculturalisme particulier qu'est le *croisement culturel*".

Pour Farida Belghoul, la possibilité d'une construction identitaire, qui permettrait d'échapper à la division ou à l'écartèlement, ne s'inscrit pas encore dans son univers romanesque. Son héroïne, Georgette, (*Georgette!* 1986), adolescente beur, tente d'interpréter le monde à partir de sa culture familiale et d'une culture scolaire qui lui reste opaque. Elle incarne pour Mireille Rosello l'expérience de l'Ecart et "d'une discontinuité extrêmement violente" entre l'Islam et ses traditions d'une part, la modernité laïque mais coloniale, d'autre part. Impossible, dit-elle, de poser cette opposition en termes simplistes et binaires ou de continuer à croire à la possibilité d'une alliance dans la continuité culturelle. Quelque chose de nouveau est à construire, qui tiendra compte d'autres paramètres. Mais quoi? Le roman beur, pour Mireille Rosello, n'apporte pas encore de réponse, même s'il dénonce à la fois le néo-colonialisme et certaines pratiques musulmanes.

Si les écrivains beurs nous parlent de l'écart, de l'écartèlement, Maryse Condé dans *Moi, Tituba, sorcière... Noire de Salem* et Michel Tournier dans *La goutte d'or* placent leurs personnages en condition d'exil (l'héroïne de Condé, par exemple, est une Antillaise aux Etats-Unis), filtrant ainsi une réalité hexagonale, voire occidentale à travers le prisme d'une conscience autre (Arnold). Pour sa part, Paula Jacques met en scène la communauté juive égyptienne. Susan Cohen montre comment, dans un intéressant retournement des valeurs traditionnelles, l'expulsion du pays d'origine, traumatisant pour l'homme, peut devenir pour la femme l'occasion d'échapper à l'oppression des "pères". Paradoxalement, c'est le français "créolisé" des Sépharades égyptiens, langue maternelle, donc, qui sera l'instrument de son insertion dans une France laïque et moderne.

Le personnage, né en France ou récemment immigré, marqué par une histoire de rupture, se cherche une place dans une société partagée entre le réflexe du rejet et celui de l'accueil. A cette société, le romancier tend le miroir de sa propre contradiction et propose l'image positive et virtuelle d'une diversité enrichissante.

Interrogation sur l'identité et sur les modes de représentation du roman occidental et traditionnel, telle se présente encore l'oeuvre de Tahar Ben Jelloun dont Martine Antle analyse *L'enfant de sable*. Marocain écrivant en français, Tahar Ben Jelloun interroge la langue sur son aptitude à dire le réel. Il fait du récit le lieu de voix multiples qui se heurtent à l'impossibilité de "dévoiler" un sens absolu et de mener à la certitude de la connaissance.

A ces regards posés sur la France hexagonale par des personnages issus de l'immigration, répondent par ailleurs les explorations de personnages français de souche. Deux romans sont exemplaires à cet égard, l'un de Le Clézio, *Onitsha* (Battestini), l'autre d'Erik Orsenna, *L'exposition coloniale*, Prix Goncourt 1988 (Eades). Leurs héros voyagent. Le personnage principal de Le Clézio part en Afrique rejoindre l'homme aimé tandis que celui d'Orsenna, héros d'un roman picaresque, découvre l'Amazonie, l'Angleterre, l'Indochine et revient, comme Ulysse, achever ses jours paisiblement sur le sol natal. Car pour lui, l'expérience de la différence est "isolée, comme exceptionnelle et enfermée dans l'échec" (Eades). Partis à la rencontre de l'Histoire, ces deux héros ont le sentiment de l'avoir manquée. Chez Le Clézio l'expérience est vécue sur un mode tragique (Eades). Chez Orsenna elle l'est sur un mode ludique empreint de dérision.

Autre voix nouvelle de cette décennie: Annie Ernaux. Transfuge d'un milieu culturellement "démuni", elle interroge son enfance, son adolescence, ses échecs dans une tentative pour rejoindre les "siens", dans un "don reversé" (Golopentia). Mise en question de la culture de classe, son oeuvre est donc, elle aussi, un regard *autre,* posé sur une France bourgeoise et élitiste. Elle constitue une tentative de redéfinition du discours romanesque qui s'appuie sur une représentation *documentaire* et non linéaire du réel et devient le lieu de recherche d'une langue qui dirait aussi justement que possible l'expérience de la différence de classe (Morris).

Les romans d'Annie Ernaux s'inscrivent directement dans un courant contemporain qui a produit des textes de "mémoire". Quoique bien différents de ceux de Duras (*L'amant, La douleur*), de Robbe-Grillet (*Le miroir qui revient*), de Nathalie Sarraute (*Enfance),* ils cherchent comme eux à gommer les frontières entre autobiographie et fiction (Golopentia).

Au cours de cette décennie, les femmes écrivent et sont publiées. Pour la seule année 1990, Annie Richard dénombre 232 titres de romans écrits par des femmes. Le recours au récit et aux personnages y est un des traits les plus évidents. Le personnage même y est souvent un héros éponyme, et le récit s'attache à l'examen des rapports entre le moi et le monde. Dans le prolongement des années 1970, les écrivaines s'interrogent sur l'altérité féminin/masculin. Ainsi Anne Garréta, avec une virtuosité formelle mise en valeur par Georgiana Colvile, dissimule d'un bout à l'autre de son roman, *Sphinx*, le sexe des deux protagonistes amants anonymes. Ecriture parodique, le texte d'Anne Garréta se situe directement dans la mouvance postmoderne qui réinscrit l'Histoire sous la forme d'un collage de citations dissimulées dans le texte.

Il semble que ces romans de femmes soient moins centrés sur une revendication féministe que sur un projet plus général, que l'on pourrait appeler "humaniste". Leïla Sebbar peut être un exemple à cet égard. On serait tentés d'y voir une tendance des romancières dans leur ensemble, qui reflèterait une conscience nouvelle des acquis dans le domaine des droits de la femme en même temps que l'idéologie de dés-idéologisation manifeste à tous les niveaux de la société française. Pour Michèle Morris, l'écriture d'Annie Ernaux serait entrée dans une phase "post-féministe" qui ne chercherait plus à forger une langue de la différence sexuelle mais de la différence de culture.

Les années 1980 voient également s'affirmer le roman fantastique sous la plume de Pierrette Fleutiaux, suivant un parcours qui mène celle-ci de l'*Histoire de la chauve-souris*, son premier roman, à *Nous sommes éternels*, que le prix Fémina a récompensé en 1990 (Raffy). Fleutiaux crée un univers romanesque dont les personnages, d'abord "prisonniers anonymes de terreurs privés", deviennent des "figures symboliques dont les déplacements définissent [...] l'ampleur d'un destin". On regrettera l'absence, parmi ces communications, de deux autres écrivaines, Sylvie Germain et Marie Redonnet, dont les univers très différemment étranges et poétiques, témoignent de l'émergence d'une écriture qui refuse l'emprise d'un réalisme (sociologique, historique ou psychologique), qui aplatirait le romanesque.

A ce courant, on rattachera les glissements entre un réalisme acide et une dérive onirique à partir d'une problématique du regard et du corps chez Hervé Guibert, dont nous parle Pascale-Anne Brault. Avec ce romancier nous rejoignons encore l'inscription de la Différence dans le roman des années quatre-vingt. Dans son oeuvre, en effet, c'est un corps aveugle, un corps malade atteint du sida qui parle, qui dit une expérience dont la littérature ne peut pas se détourner.

Dans sa tentative romanesque pour inscrire un sujet individuel dans son temps, grâce au travail de la langue, Lucot défie les classifications faciles (Nicole). "Active", son écriture cherche à "rendre compte du réel dans sa totalité volumineuse". Difficile d'accès, son oeuvre s'affirme dans une marginalité où la poésie naît, cette fois, non pas d'une fuite dans l'imaginaire mais de l'investissement du réel par un glouton appétit d'être et de modeler le langage à la mesure d'un monde éprouvé comme "énormité".

Comme le montre Michel Beaujour, l'expérience poétique de Pierre Michon témoigne d'un triomphe, mais un triomphe "minuscule", humble, obscur, secret, épuisant, de l'homme, du sujet voué à son art. Ayant, dans un premier temps de son expérience littéraire, "subi, jusqu'à la folie, jusqu'à l'aphasie, la Terreur dans les lettres", Michon a su dépasser cette épreuve, cette crise de langage poétique, et constituer des textes, ces "curieuses biographies" que sont *Vies minuscules, récit* et *Rimbaud le fils*, où il crée un espace poétique à l'opposé de celui que construisent les descendants modernes de Mallarmé.

Lecteur chez Gallimard, Pascal Quignard invente des personnages qui sont eux-mêmes à la fois lecteurs et écrivains. C'est dans un aller et retour permanent de la lecture à l'écriture qu'il poursuit, parfois au gré de détours par des "récits latins" (Dop-Miller), et sur le mode d'une "écriture ruinique", une expérience de langage où la recherche précieuse du mot, de la tournure, de la formule, s'allie au désir d'atteindre "le caractère achevé de la phrase classique". La littérature est pour lui "passion", marque d'un désir toujours inassouvi et d'"une blessure jamais refermée".

Ducharme, dont *L'avalée des avalés* avait défrayé la chronique en 1966, reparaît en 1990 avec *Dévadé*, qui nous permet de mesurer le chemin parcouru par cet écrivain québécois depuis une enfance rebelle jusqu'au difficile accès à l'âge mûr (Trudeau). Passé inaperçu, le roman illustre peut-être le sort réservé en cette décennie aux romans francophones dont on attend surtout qu'ils nous parlent de l'étrangeté, voire de l'exotisme de l'autre culture, plutôt que de sujets universels (Brulotte).

Dans le contexte actuel de la diversité des formes romanesques— dont l'un des traits est l'écriture dubitative, comme le rappelle Catherine Cusset—les récents romans de Sollers occupent une place particulière, tant ils affichent une idéologie à contre-courant: ils se caractérisent en effet "par l'absence absolue de doute [et] par l'ubiquité et l'omniscience ironique du narrateur" (Cusset). Peut-être est-ce là précisément ce qui explique leur succès. Libertin postmoderne, Sollers ne connaît pas l'incertitude. Les problèmes d'identité culturelle ne le concernent guère, il est vrai. De là sans doute la désinvolture de son discours.

D'une façon générale, dans une littérature de la multiplicité des voix narratives, le thème de l'inclusion et de l'exclusion revêt une importance accrue. Il n'est donc pas surprenant qu'il occupe une place centrale dans plusieurs des textes rassemblés ici: Mireille Rosello, A. James Arnold, Susan Cohen, Annie Richard l'abordent tous à leur manière, et le chapitre 6 lui est très largement consacré.

C'est dans le contexte de l'inclusion et de l'exclusion que William Cloonan, Isabelle de Courtivron et Gaëtan Brulotte s'intéressent au processus de sélection d'ouvrages et aux critères de filtrage en vigueur (qu'il s'agisse de textes d'auteurs canadiens d'expression française, d'auteurs féminins, ou d'ouvrages de romanciers jugés "goncourables" ou non). Que ce mécanisme de sélection renvoie à tout un ensemble de valeurs culturelles est évident. Il importe cependant de savoir dans quelle mesure ces valeurs, ces critères qui président au choix, reflètent une tendance à la permanence ou au contraire au changement dans la société française actuelle.

Quand l'institution littéraire qu'est le Goncourt attribue son prix, elle réaffirme, d'une année sur l'autre, la prédominance d'un certain "goût". Similairement, juger publiable l'ouvrage d'un romancier canadien de langue française, ou d'un auteur féminin, repose sur des critères culturels révélateurs de l'importance relative accordée à tel ou tel groupe. La problématique du choix et le mécanisme de filtrage évoqués permettent alors de juger du degré d'ouverture ou de fermeture culturelle dans la France d'aujourd'hui.

Ce qui frappe dans l'attribution du Prix Goncourt, c'est la perpétuation des critères fondateurs, réalistes et naturalistes et, par conséquent, la remarquable stabilité qui est la marque de cette institution littéraire (Cloonan). C'est donc sa surprenante capacité à résister aux modes et aux courants romanesques divers, venus de France ou d'ailleurs, qui surprend. Car, comme le montre William Cloonan, si une plus grande ouverture est désormais faite aux écrivains francophones (cas de Ben Jelloun), les critères de sélection demeurent largement inchangés. C'est par cette immuabilité que s'affirme la spécificité française de l'institution, puisqu'en s'ouvrant à la francophonie on peut dire qu'elle participe d'autant plus de l'entreprise de défense de la langue française (Parkhurst Ferguson). Ainsi la double thématique de la francité et de la francophonie, dont traite Priscilla Parkhurst Ferguson, renvoie elle aussi au problème de l'intégration ou du rejet culturel.

Isabelle de Courtivron s'intéresse au cas des *éditions des femmes* qui, depuis 18 ans, occupent une place particulière dans le monde éditorial français, à l'heure où la plupart des entreprises d'éditions féminines ont échoué. Là encore, succès et échecs éclairent le statut changeant de l'auteur féminin en France, et par conséquent le degré d'inclusion ou d'exclusion des voix féminines dans le monde éditorial français. Isabelle de Courtivron met aussi en valeur la spécificité française du mouvement en montrant ce qui le démarque des mouvements féministes américains (en particulier le refus à long terme de la ségrégation ou du séparatisme). Culturellement, l'entreprise française se rattache d'abord, fait-elle remarquer, à la tradition de l'intellectuel contestataire. Serait-ce parce qu'elle tend désormais à se fondre dans le contexte traditionnel de l'intellectualisme parisien que la lutte féministe française perdrait de sa vigueur?

Pour Gaëtan Brulotte, "le mythe de Maria Chapdelaine" est toujours vivace. Il reste la référence littéraire dominante qui figerait, aujourd'hui encore, le regard critique que la France porte sur le Canada d'expression française. De là, dit Brulotte, les écarts considérables que l'on constate dans la réception du même ouvrage, de part et d'autre de l'Atlantique. Il ajoute, il est vrai, que l'on remarque actuellement une "défolklorisation" relative du paysage éditorial français. Peut-être faut-il voir dans cette prédilection française pour l'exotisme, que dénonce Brulotte, la simple expression d'une forte tendance au passéisme qui privilégie toute représentation de mondes non encore affectés par la modernité. En ce sens, exotisme et passéisme seraient sans doute largement complémentaires.

Dans le contexte actuel de la diversité culturelle où s'effectue une lecture ou relecture critique des oeuvres qui tend à remettre en question le rapport traditionnel des forces culturelles, Priscilla Parkhurst Ferguson s'interroge sur la problématique du centre et de la périphérie que soulèvent les termes de francité et de francophonie. Le problème, dit-elle, est de réévaluer le rapport de parenté qui existe aujourd'hui entre le centre originel, défenseur de la francité, et la périphérie francophone. Ce qui frappe, selon elle, c'est que, paradoxalement, la périphérie se retrouve protectrice de la langue française, au même titre que le centre, qu'elle se réclame ou non de la même tradition littéraire. Comme le dit Priscilla Parkhurst Ferguson, la francophonie est sans doute, à l'heure actuelle, le meilleur allié de la francité dans le cadre de la défense d'une seule communauté textuelle. L'ouverture éditoriale française à la francophonie serait-elle ainsi l'expression de cette alliance?

Le colloque s'est terminé par une table ronde de romanciers dirigée par Michèle Sarde (*Histoire d'Eurydice pendant la remontée*, 1991), et à laquelle participaient: Jacques Borel (*L'adoration*, Prix Goncourt 1965; *Petite histoire de mes rêves*, 1981; *L'attente la clôture*, 1989; *Le déferlement*, 1993); Maryse Condé (*Une saison à Rihata*, 1981; *Ségou*, 1984/1985; *Moi, Tituba sorcière... Noire de Salem*, Grand Prix Littéraire de la Femme 1986; *La vie scélérate*, Prix Anaïs Nin 1988; *Traversée de la mangrove*, 1989; *La colonie du Nouveau Monde*, 1993); Gaëtan Brulotte (*L'emprise*, 1979; *Le surveillant*, 1982; *Ce qui nous tient*, 1988); Eugène Nicole (*L'oeuvre des mers*, 1988; *Les larmes de Pierre*, 1991); Evelyne Accad (*L'excisée*, 1982; *Coquelicot du massacre*, 1988); Marie Redonnet (*Splendid Hotel*, 1986; *Forever Valley*, 1986; *Rose Melie Rose*, 1987; *Silsie*, 1990).

Le débat a porté sur les rapports entre fiction et autobiographie, écriture et appartenance culturelle, auteurs et critiques, fiction et Histoire, et a permis de situer les écrivains présents par rapport aux divers courants littéraires actuels. Chacun, chacune a proposé un éclairage: Jacques Borel, dont l'oeuvre s'inscrit dans la longue tradition autobiographique inaugurée par Rousseau; Maryse Condé, Guadeloupéenne, qui met en scène des héroïnes et des héros incarnant la douloureuse histoire de l'arrachement à l'Afrique d'origine; Gaëtan

Brulotte, Québécois, dont l'imaginaire s'inscrit en faux contre la tradition de l'exotisme; Eugène Nicole, de Saint-Pierre et Miquelon, rhapsode de l'île natale; Evelyne Accad, libanaise, qui écrit en français et en anglais pour mieux faire prendre conscience de la condition de la femme dans les pays arabes; Marie Redonnet, dont l'univers déréalisé, très proche de celui des contes, est à la fois transparent, mystérieux et envoûtant; Michèle Sarde enfin, qui pose les problèmes d'une identité juive sépharade refoulée par la conversion et l'inscrit dans l'Histoire des Marranes. Tous illustrent par leur origine géographique et ethnique et leur parcours intellectuel et esthétique respectifs, l'actuelle diversité identitaire des écritures romanesques de langue française.

I
IDENTITÉS BICULTURELLES

Braiding Cultural Identities

A. JAMES ARNOLD

The title and theme of this conference at first appear to be self-explanatory. We have been invited to discuss and examine novels published in the 1980s that tell us something about the diversity of France and its fiction. As the session titles devised for grouping the papers suggest, however, conceptual terms regularly intervene to supply categories, to order our work, and to make it comprehensible. In the present instance my colleagues and I are supposed to discuss bicultural fictions. Fair enough, except that the concept assumes that we know in advance what is *French* so as to be able to constitute the Other of *French* culture. When I was twenty-five I knew what was French; past the age of fifty I no longer know where the boundaries of *Frenchness* shade into something else. A quarter-century of teaching modern French and francophone literature has instilled in me a healthy scepticism with respect to any definition that functions to exclude something from what is *French*. But since we must have working definitions in order to communicate, let me say at the outset that the only definition to which I can now subscribe is this minimal one: *French* fiction is written by authors whose principal means of cultural expression is the French language. It is from the strategic position of this definition that I shall speak to you this morning about three writers who contributed significant work to French fiction in the 1980s. They are Michel Tournier, Maryse Condé, and Leïla Sebbar, all of whom hold French citizenship and write exclusively in French.

What might a bicultural fiction be within the definition I am using to establish parameters for any discourse on the subject of this conference? I find that the term *bicultural* itself poses insurmountable problems, for it supposes that the most problematic concepts are already understood. Worse, from my point of view, is the likelihood that positing *Frenchness* will lead to a vicious circle within which all attempts at understanding must end in the othering of the Other of this highly problematical *Frenchness*. At one extreme of the ideological spectrum such approaches lead to the politics of the Front National and the aesthetics of Jean-Marie LePen. I offer to you as living theater or electioneering fiction—in the context of the recent debates over the Maastricht treaty on a unified Europe—the spectacle of Jean-Marie LePen surrounded by blue, white, and red bunting on the square in front of the Rheims cathedral, invoking Joan of Arc as old soldiers of the colonial armies wave the colors in front of him. In this version we know exactly what *Frenchness* is, and we know how to identify, root out, and eventually eradicate its Other.

Where on the continuum of *Frenchness* does one locate Michel Tournier? Tournier has of late shown a renewed interest in the question of otherness, which had marked his first major success, *Vendredi ou les limbes du pacifique,* in 1967. *La goutte d'or* in 1985 testified to a concern with the identity of a young North African who emigrates from his isolated desert oasis to Paris and, in so doing, moves between worlds. Questions of identity, albeit fictional, are at the heart of this project, which I should like to take as my point of departure for an examination of three quite different approaches to the braiding of cultures.

Michel Tournier is French in a way that only Parisians can be French. Their Frenchness is a universal postulate, untainted by any regional identity, but ultimately assimilable to their Parisianness. And indeed, the fiction of Michel Tournier is known primarily for its universal and universalist concerns, which he himself has called a mystic realism, thereby adding to the list of terms that already contained magic realism and marvelous realism. Since 1972 Tournier has been a member of the Académie Goncourt; his novel *Vendredi* had already received the Grand Prix de l'Académie Française and *Le roi des aulnes* had won the Goncourt Prize. Given his function in the French literary establishment, Michel Tournier can stand as a benchmark for approaching cultural otherness from the perspective of a universalizing Frenchness.

In *La goutte d'or* Michel Tournier approaches his subject from the well-defined angle of ethnographic fiction, which was born with the ideology of empire in the nineteenth century, followed the rise and fall of the French imperial enterprise, and is now living out an afterlife in the postcolonial era. The master of the genre was no doubt Pierre Loti, who had many popular followers such as Pierre Mille, Paul Morand, and, in journalistic fiction, Albert Londres. Ethnographic fiction posits that the one real world is that shared by the writer, the narrator(s), and the reader in the metropole. Colonial (and now postcolonial) phenomena are filtered through a consciousness that interprets them for the metropolitan vision, normalizing them where possible and holding up as *exotic* that which escapes metropolitan norms. We now know that such fiction was the counterpart of colonial ethnography, which was the social scientific handmaiden of the imperial enterprise. Together they constituted a significant part of the superstructure of imperialist ideology. In all cases, ethnographic fiction subscribes to the "obsession de l'Un," as Edouard Glissant calls it in *Le discours antillais* (30). This obsession with sameness must ultimately neutralize the Other, so that its otherness does not sully the ideal purity of metropolitan identity.

To be quite fair, Michel Tournier has reinvented ethnographic fiction in *La goutte d'or,* providing it with a critical function that in some measure undermines its tendency to reduce everything to sameness. As we shall see, French identity in Tournier's world is itself fissured by an(other) desire that is considered illegitimate by the dominant ideology. The theme of homophilic desire traverses the novel but is treated as a leitmotiv by Tournier. Only when his protagonist Idriss reaches Paris and encounters a director of television *pubs* does it take on a narrative function. That this pedophilic director should be called M. Mage (Magus) is of course no coincidence. He is the principal transformer of commonplace reality in the Paris-based chapters of the novel, which become the locus of Tournier's analysis of identity of both the French and the North African characters.

In a brilliant passage set in a museum of the Sahara in the town of Béni Abbès, Tournier parodies the codes of imperial ethnology. He has Idriss, who has left his native *bled* for the first time in his life, tag along with a group of French tourists on a guided tour of a museum that reconstitutes his home environment faithfully down to the kitchen utensils he had watched his mother use on a daily basis and the silver jewelry worn by his female relatives. Idriss sees himself reified, turned into an object among the other *native* objects in the display of oasis life in southern Algeria where he had lived until the journey north that would ultimately take him to Paris via Marseille. By laying bare the naive codes of the imperial French perspective on Algeria and Algerians, Tournier has rendered possible a critique of neocolonialism without breaking with the conventions of the genre of ethnographic fiction.

Idriss, the protagonist of *La goutte d'or,* is the fictional heir of Montesquieu's Persians and Voltaire's Candide more than he is related to Céline's Bardamu. Idriss's complete ignorance of the French culture into which he stumbles is a device intended to allow the narrator to present the metropolitan reader with a reality that is at once both familiar and strange, because it is filtered through Idriss's naive vision. By taking his time to present Idriss in his own environment before transporting him to Paris, Tournier has familiarized us with his vision and rendered it sympathetic to us, rather than exotic. Without ever challenging the reader's assumptions concerning the Frenchness of the characters, the situations, and the institutions with which Idriss is confronted, Tournier has nonetheless de-familiarized them in our eyes. He has at least raised the question of cultural identity in a manner that sustains a critical function.

There are some superficial similarities between Tournier's technique in *La goutte d'or* and Maryse Condé's narrative point of view in *Moi, Tituba, sorcière... noire de Salem.* Her protagonist, Tituba, based upon the historical personage who was tried and convicted of witchcraft during the final decade of the seventeenth century, in Salem Village in the Massachusetts Bay Colony, likewise brings to the reality of colonial North America a naive point of view. But there the similarity ends. Tituba is naive only with respect to the Euroamerican world view that sees Satan everywhere, justifies anti-Semitism, and condones the enslavement of both black Africans and Native Americans. In most respects Tituba represents wisdom in the novel. Her knowledge of the medicinal properties of plants and herbs, which she learned in her native Barbados from an old African woman, at first assures her the affection and confidence of the women and girls in the household to whom she has been sold with her husband, John Indian. Eventually, however, the hysteria that sweeps through Salem Village engulfs Tituba as well. Time does not permit me to dwell on the particulars of the plot. What matters most with respect to our subject is the studied, ironic detachment the author takes toward the protagonist's first-person narration. Maryse Condé's accelerated narrative style, coupled with a postmodern technique of flattening out characters and motivations, results in an aesthetic that empties out of the novel any semblance of realist pretensions. The realist illusion, or the *effet de réel*, as Michael Riffaterre would have it, are subverted by the caustic effect of authorial irony. Thus, even the good magic purportedly accomplished by Tituba is open to question in the reader's mind, so great is the distance between *récit* and *narration*. In the hands of another French West Indian writer, Simone Schwarz-Bart, for instance, the same material would have been rendered in terms of marvelous realism, and the reader would have become the accomplice of Tituba's world view. Maryse Condé's fictional concern is elsewhere. She clearly agrees with Edouard Glissant on the need to encourage diversity in our vision of the world. But, unlike Glissant, she does not practice an aesthetics of opacity. Her subversive technique, which I described in more detail in a contribution to the volume *L'héritage de Caliban,* seeks to foreground the unjustified biases and discriminatory pretensions of the dominant discourse while not privileging the status of one group over another. She avoids totally the old techniques of ethnographic realism, which survive in Michel Tournier's fiction; but she does not envisage any fictional harmony in a world still riven by deep-rooted ethnic divisions. Finally, I see in Maryse Condé's vision a primarily critical function of the type Theo D'haen recently described as liberating postmodernism.

The third author whose work I would like to discuss in the context of cultural *métissage* is Leïla Sebbar. Her novel *Le Chinois vert d'Afrique* was published in 1984 and is thus contemporaneous with Tournier's and Condé's. Its aesthetic and its attendant world view strike me as quite new and worthy of our particular attention.

Leïla Sebbar's France is the France of the children of immigrants, precisely those who give nightmares to the Front National. The originality of her vision is to posit a loosely-related group of principal characters whose cultural identity of *croisé*, which I translated as *braided* in the title of this paper, is not North African, not Vietnamese, not Moslem, but something new. Leïla Sebbar has successfully avoided the pitfall of considering her principal characters as being *no longer* representative of some exotic culture while waiting to become *French*. As my student Caroline Clifford has put it in a paper I hope she will publish soon, "the characters with multiple cultural ties are more autonomous, less conscious of or limited by cultural boundaries or rules, more accepting of others, and ultimately more interesting than the characters that exist squarely within the French culture" (Clifford 1). For present purposes it will have to suffice to sketch in some of the salient features of the new fictional form Leïla Sebbar has devised to represent this syncretic identity in-the-making. She, too, has avoided the familiar forms of the realist tradition in fiction, preferring to realize a fictional equivalent of toccata and fugue, as Caroline Clifford has pointed out. Sebbar's novel is experienced by the reader as movement, as a constant becoming (if that term doesn't hark back too strongly to Sartre). Themes are constantly crossed, or braided, as the characters' paths intersect. No plot emerges other than the somewhat transparent *intrigue policière* within which two bumbling and comical Parisian cops attempt unsuccessfully to apprehend the protean and elusive protagonist, Momo, the *Chinois vert d'Afrique* of the title. These convenient foils function to demonstrate, in a somewhat lighthearted way, the limitations inhibiting French identity from understanding anything that is not itself. The two cops' supervisor has a more sympathetic and understanding approach to Momo's identity. Inspector Laruel is sufficiently drawn into Momo's *fugue* that he finds himself confronted with painful memories of his role in the French army during the Algerian war of independence. Laruel's experience is one of catharsis;

it suggests, given the centrality of this character, that France must collectively face its colonialist past if it is ever to make sense of the process of *métissage* that is already well under way.

To conclude this rapid review of three important contemporary novelists and their contribution to the braiding of cultural identities in France, I should like to quote a phrase from Julia Kristeva's *Etrangers à nous-mêmes* which Caroline Clifford recently called to my attention: "en France, en cette fin de vingtième siècle, chacun est destiné à rester le même *et* l'autre: sans oublier sa culture de départ, mais en la relativisant au point de la faire non seulement voisiner, mais aussi alterner avec celle des autres" (Kristeva 288).

Bibliography

Arnold, A. James. "Poétique forcée et identité dans la littérature des Antilles francophones." *L'héritage de Caliban.* Sous la direction de Maryse Condé. Paris: Jasor, 1992.

Clifford, Caroline. "The Harmony of Multiculturalism in Leïla Sebbar's *Le Chinois vert d'Afrique.*" Unpublished ms., 1992.

Condé, Maryse. *Moi, Tituba sorcière ... noire de Salem.* Coll. Folio. Paris: Mercure de France, 1986.

Glissant, Edouard. *Le discours antillais.* Paris: Seuil, 1981.

Kristeva, Julia. *Etrangers à nous-mêmes.* Paris: Fayard, 1988.

Tournier, Michel. *La goutte d'or.* Paris: Gallimard, 1985.

Effets d'intertextualité dans *Shérazade* et *Les carnets de Shérazade* de Leïla Sebbar

DINA SHERZER

Dans la France multiethnique contemporaine le problème de l'affirmation des différences et du dialogue entre cultures émerge au premier plan de l'actualité. Leïla Sebbar est un écrivain qui durant toute sa carrière n'a cessé de réfléchir à ce problème et son oeuvre doit son énergie à la confluence de cultures et au brassage ethnique résultant du colonialisme et de la décolonisation. Ses romans expriment un malaise politique, ils traduisent la crise d'identité que traverse la société française à l'heure actuelle, non pas en dénonçant ouvertement l'intolérance et la xénophobie, mais en mettant en évidence que la diversité, le métissage existent depuis longtemps, et que les Français ont été fascinés par la culture de ceux qu'ils méprisent et rejettent en ce moment.

Leïla Sebbar, née en Algérie de père algérien et de mère française, vit à Paris où elle enseigne. Depuis 1974 elle publie plusieurs romans et essais qui attirent l'attention du public (voir bibliographie). Voici comment elle se définit:

> Je ne suis pas immigrée, ni enfant de l'immigration…Je ne suis pas un écrivain maghrébin d'expression française… Je ne suis pas une Française de souche… Ma langue maternelle n'est pas l'arabe". (*Lettres parisiennes* 125) [...] ...les sujets de mes livres ne sont pas mon identité; ils sont le signe, les signes de mon histoire de croisée, de métisse obsédée par sa route et les chemins de traverse, obsédée par la rencontre surréaliste de l'Autre et du Même, par le croisement contre nature et lyrique de la terre et de la ville, de la science et de la chair, de la tradition et de la modernité, de l'Orient et de l'Occident. (*Lettres parisiennes* 126)

Quant à sa décision de devenir romancière Sebbar explique dans quelles circonstances elle a eu lieu:

> J'étais allée à Longwy en 1979, au moment des manifestations des sidérurgistes, et j'avais assisté à des fêtes, kermesses de patronage de gauche, avec femmes et enfants déguisés. C'est là je crois que j'ai ressenti la nécessité d'écrire, de mettre sur la scène publique des femmes et des filles de l'émigration, du Maghreb en France. J'étais bouleversée par des petites filles qui dansaient habillées en Lorraines, sur une musique régionale et ces petites filles étaient arabes. Les mères avaient fait les costumes avec les mères françaises. (*Lettres parisiennes* 189)

Leïla Sebbar, femme croisée, métissée, écrit des romans dont les personnages sont Beurs, Antillais, Africains, métis issus de couples maghrébin/français, africain/français, vietnamien/algérien, français/polonais. Elle publie *Shérazade* (1982) et *Les carnets de Shérazade* (1985) à une époque où deux voix se font entendre simultanément en France: d'une part la voix de la France xénophobe s'élève à travers les déclarations de Le Pen et dans un ouvrage publié par un groupe d'extrême droite *L'identité de la France* (1985), et d'autre part on assiste à la naissance du roman beur avec la publication de nombreux romans entre 1983 et 1989. *Le thé au harem d'Archi-Ahmed* de Medhi Charef date de 1983, et en 1986 pas moins de sept romans beurs font leur apparition sur la scène littéraire française. Ces textes, en partie autobiographiques, écrits par des hommes et des femmes, enfants d'immigrés, décrivent la misère dans les bidonvilles et les HLM, l'expérience du racisme, de la violence, et de l'incompréhension, la condition des femmes arabes et beur, et la crise identitaire des jeunes Beurs pris entre deux cultures. Donc textes témoins, textes politiques, qui témoignent et qui dénoncent[1]. Sebbar exprime aussi un message politique dans *Shérazade* et *Les carnets de Shérazade*, message dont la substance est véhiculée grâce à des stratégies textuelles qui font des romans des oeuvres postmodernes, féministes et postcoloniales.

Dans *Shérazade* Sebbar met en scène une jeune Beur de 17 ans nommée Shérazade, qui un jour abandonne sa famille et vit de façon intermittente dans un squatt avec de jeunes fugueurs maghrébins, français, africains, et antillais. Elle participe à des hold-ups avec eux. Elle devient l'amie d'un jeune Pied-Noir Julien Desrosiers. Un jour Shérazade décide de partir en Algérie. Dans *Les carnets de Shérazade* nous retrouvons Shérazade à Marseille où elle n'a pas pris le bateau pour l'Algérie. En compagnie de Gilles le routier elle rentre à Paris. Au

---

[1] Pour une étude générale du roman beur je renvoie à l'ouvrage de Alec G. Hargreaves, *Voices from the North African Immigrant Community in France*.

cours du voyage en camion qui dure sept jours², Shérazade raconte ce qui lui est arrivé depuis qu'elle a quitté Paris, parle des livres qu'elle a lus, et va voir des tableaux dans les musées des villes qu'elle traverse. Gilles raconte aussi sa vie, ses expériences et ses rencontres.

Dans cette trame événementielle simple, lisible, sur les thèmes du voyage, de la lecture, des rencontres, et des croisements, Sebbar greffe un matériau intertextuel particulièrement élaboré. Elle cite des textes littéraires, des récits de voyage, incorpore des références historiques, des chroniques et documents du passé à tout un ensemble de tableaux dont elle donne les titres et décrit le contenu. Elle rapporte des bribes de conversations, fait parler la culture populaire à travers des titres de chansons, des noms de groupes musicaux, de chanteurs et d'acteurs. Sebbar manie cet abondant appareil intertextuel avec beaucoup d'ingéniosité, faisant des titres, références, citations et tableaux l'objet de la vision, de la pensée, du souvenir, de la lecture, de la réflexion de Shérazade et des autres personnages avec qui elle entre en contact. Par le biais de l'intertextualité Sebbar élabore une anamnèse culturelle durant laquelle le passé réprimé et des pans de savoir oubliés ou négligés sont mis à jour. La technique principale que Sebbar utilise dans sa mosaïque intertextuelle est le dialogisme grâce auquel elle établit des contrastes et des confrontations polémiques soit entre deux textes, soit entre des tableaux et la réalité vécue, soit en citant des textes qui sont peu connus ou considérés comme secondaires. Ainsi Sebbar pratique une poétique de la relation, où intertextualité et dialogisme, deux techniques postmodernes par excellence, sont mises à contribution pour exprimer un message féministe et postcolonial.

"Vous croyez qu'on peut s'appeler Shérazade comme ça", dit Julien lorsqu'il rencontre Shérazade dans un Macdo à Paris (*Shérazade* 7); "Je voudrais bien la voir celle qui porte ce nom-là, si c'est pas un faux nom… Parce que quand on s'appelle comme ça…", dit celui qui lisait les messages à Radio Carbone 14, et il répète plusieurs fois le nom Shérazade (*Shérazade* 34); "Mais c'est quoi, ce nom là, c'est pas d'ici?", dit un garçon de café français lisant le message adressé à Shérazade que ses frères laissent dans les cafés pour essayer de la joindre lorsqu'elle a quitté brusquement sa famille (*Shérazade* 72). Dans *Les carnets* (29, 47, 140) on retrouve trois remarques semblables à celles-ci exprimant la surprise, l'incrédulité des gens à qui Shérazade dit son prénom³. En

---

² L'itinéraire de Shérazade et de Gilles est celui de la marche des Beurs qui a eu lieu en 1983 pour alerter l'opinion et lutter contre le racisme. Son slogan était *Touche pas à mon pote*.
³ Hargreaves signale que la plupart des romanciers beurs évitent des noms de personnes dans leur titre pour signifier la crise d'identité de leurs personnages (36). En revanche Sebbar choisit un prénom arabe qu'elle rend français, sans doute pour concrétiser et insister sur le croisement.

effet Sebbar choisit un prénom féminin aux connotations particulièrement chargées puisqu'il renvoie à l'héroïne des *Mille et une nuits*, qui a excité l'imagination de beaucoup d'écrivains, et évoque érotisme et exotisme dans l'esprit de la plupart des lecteurs. C'est donc la puissance d'évocation de ce prénom que Sebbar met en jeu dans le travail intertextuel et dialogique de ses deux romans. Tout d'abord avec ce titre Sebbar annonce qu'elle réécrit l'histoire de Schéhérazade, et s'inscrit dans la lignée de Théophile Gautier, Rimsky-Korsakov, Jules Supervielle, et de nombreux auteurs arabes qui ont été inspirés par les exploits de la princesse[4]. Comme on peut s'y attendre, Sebbar réécrit le mythe selon une perspective féministe moderne.

Qui est Schéhérazade? Que représente-t-elle? Une femme arabe qui convainc son père de la laisser aller chez le Vizir, qui prend la parole, régit la narration (c'est elle qui choisit les contes et décide d'interrompre la narration), et réussit à réorienter le désir du Vizir vers le récit et à le détourner de son projet sanguinaire qui a pour but de tuer une femme chaque matin. C'est donc un personnage féminin rusé, plein de force et de détermination que Sebbar choisit pour construire sa Shérazade[5]. La Schéhérazade mythique et la Shérazade de Sebbar ont le même effet bénéfique sur les hommes. Elles empêchent leur violence: Schéhérazade n'est pas tuée, et Gilles dit à Shérazade: "tu me racontes des histoires pour que je ne te viole pas ou te tue pas." (*Carnets* 103). Schéhérazade est dotée d'un savoir immense, et a su éviter la mort grâce à son intelligence et à ses connaissances. Shérazade dans *Shérazade* continue cette tradition. Elle fréquente les bibliothèques, lit, s'informe, apprend. Julien, son mentor, lui achète ou lui prête des livres, l'emmène dans des musées, lui fait connaître les peintres et les écrivains orientalistes. Dans *Les carnets* Shérazade a lu, pris des notes, voyagé en France, et transforme cette expérience en histoires qu'elle raconte à Gilles, ou en extraits qu'elle lui lit[6].

Mais Shérazade est aussi différente de Schéhérazade. Gilles remarque que l'héroïne des *Mille et une nuits* est douce et simple, tandis que Shérazade est agressive (*Carnets* 103). Schéhérazade devient l'épouse du roi dont elle a eu trois enfants; elle raconte des histoires chargées d'érotisme et son nom chargé d'une connotation érotique est souvent utilisé pour des textes pornographiques. Sebbar évite de don-

---

[4] Voir à ce sujet Hiam Aboul-Hussein et Charles Pellat, *Chéhérazade: personnage littéraire*.
[5] Pour une étude détaillée du personnage de Schéhérazade voir le livre de Fedwa Malti-Douglas, *Woman's Body, Woman's Word* (11-28).
[6] Sebbar emprunte aussi la technique de narration des *Mille et une nuits*. Chaque section des deux romans portent sur un moment de la vie de Shérazade ou sur un personnage qu'elle connaît. Au cours de ses voyages et au hasard des rencontres Shérazade revoit les mêmes personnages ou en parle. Les romans n'ont pas une structure linéaire ou causale, mais une structure ouverte avec interruptions, retours, et variations.

ner de l'importance à cet aspect du mythe. Sa Shérazade ne raconte pas d'histoires osées, elle arrive à ne pas se laisser violer, elle a peut-être des relations sexuelles avec Julien ou d'autres jeunes gens, mais elle demeure insaisissable et rejette toutes relations permanentes.

Schéhérazade triomphe grâce aux mots, grâce à son pouvoir de fabulation, mais elle reste prisonnière du harem, de la vie conjugale et familiale. La Shérazade de Sebbar est un personnage actif qui mène une vie aventureuse. C'est une picara, un type de personnage libre, indépendant, qui incarne l'archétype de l'autonomie féminine. En tant que personnage picaresque, elle est non seulement libre, mais elle fait aussi l'apprentissage du monde, découvre les autres, entre en contact avec différents milieux sociaux. Elle devient une picara moderne cultivée. Elle découvre l'existence de nombreuses femmes qui en Orient ou en Occident se sont distinguées par leur courage, leur indépendance et leur détermination: Flora Tristan, Rosa Luxembourg, mais aussi la Kahina, reine des Berbères convertie au judaïsme pour échapper à l'Islam, chef de guerre des Aurès, Zingha, reine angolaise du dix-septième siècle qui avait ébloui et terrifié les colonisateurs portugais jusqu'à sa mort, et Balkis la reine de Saba.

Le féminisme de Sebbar apparaît dans l'intertextualité dialogique entre Schéhérazade et Shérazade. Sebbar reprend certains traits positifs de la Schéhérazade mythique et en modifie d'autres pour faire de sa Shérazade un personnage de femme beur moderne et libérée[7]. D'autre part en rappelant l'existence d'héroïnes féminines telle que Schéhérazade, Zingha, et Kahina, Sebbar reprend une stratégie féministe utilisée déjà par Wittig et Cixous, mais lui donne une orientation plus politique, plus postcoloniale puisque qu'elle fait allusion à des femmes arabes et africaines qu'elle associe aux Européennes.

En France actuellement on peut entendre la remarque suivante: En l'an 2000 le maire de Paris s'appellera Mohamed Zouraoui. A Paris, au Forum de Halles on peut assister à des présentations de mode africaine conçue en France, et depuis plusieurs années il existe de nombreuses radios beur. Qu'on le veuille ou non la France est multiethnique. Sebbar inscrit cette diversité dans ses romans en mettant en scène des personnages de souche française, un Français d'origine polonaise, des Pieds-Noirs, des Beurs, des Antillais, des Africains, et des Juifs nés au Maroc et en Algérie. Le squatt où Shérazade dort de temps en temps est un microcosme ethnique: Krim le Beur a une amie française, Basile

---

[7] Sebbar met en place un dialogisme ayant les mêmes caractéristiques que celui établit entre les deux Shérazade, en faisant allusion à Azyadé la maîtresse de l'officier anglais Loti, dans le roman de Pierre Loti, *Azyadé*. Julien compare Shérazade à Azyadé parce que toutes les deux ont les cheveux noirs et les yeux verts. Mais alors que Azyadé est complètement subjuguée par Loti, Shérazade garde farouchement son indépendance par rapport à Julien.

l'Antillais plaît beaucoup aux riches bourgeoises françaises, Djamila la Tunisienne entretient Richard. Shérazade raconte à Gilles l'histoire de Saïd le voyageur ambulant kabyle devenu le compagnon d'une veuve française.

Mais Sebbar ne se contente pas de transcrire dans sa fiction le brassage des races qui existent dans la réalité. Elle met en évidence par le biais de l'intertextualité que la co-présence de groupes ethniques, les relations interculturelles, et les unions mixtes existent depuis de longue date, dans la réalité, et dans l'imaginaire de la culture française et européenne. Shérazade lit à Gilles ce qu'écrit Flora Tristan lors de sa visite à Marseille en 1840:

> Plus je vois cette ville de Marseille et plus elle me déplaît. Cette ville n'est pas française. Il y a ici un ramassis de toutes les nations, c'est une espèce de Gibraltar, de Barcelone, de Bruxelles, de Nouvelle-Orléans... Les Barbares de différents pays apportent leurs habitudes mercantiles, des manières de faire plus ou moins juives et arabes. (*Carnets* 267)

Shérazade apprend à Gilles que dans l'île de Ré où il né, le beau-père d'un émir sarrasin avait été le fondateur d'une célèbre dynastie ducale de l'île (*Carnets* 143). Elle lui rappelle que les Arabes ont occupé Narbonne du septième au douzième siècle. Sebbar donne les titres ou décrit les tableaux que Julien et Shérazade regardent et attire l'attention sur la présence de femmes de races différentes, ou sur la présence d'Européens en Orient comme dans le tableau de Delacroix: *Femmes juives à Alger*. Lorsqu'elle fait allusion au peintre Théodore Chassériau elle précise qu'il avait une mère créole et un père français. Sebbar renvoie aussi à plusieurs oeuvres qui racontent les amours entre deux individus de race, de nationalité, de coutumes et de religion différentes: *Azyadé* de Loti, *Le dernier des Abencérages* de Châteaubriand, et *L'enlèvement au sérail* de Mozart. Par de telles références intertextuelles Sebbar démontre d'une façon implicite mais évidente que les relations interethniques, le brassage et le métissage qui existent en France à cause du colonialisme, du postcolonialisme, des voyages, des migrations sont des faits de culture qui ont toujours existé, non des aberrations de la France contemporaine.

Toutefois Sebbar n'est pas naïvement idéaliste et donne la parole aussi à d'autres voix présentes en France, notamment celle du racisme. Gilles parle de la boulangère venue s'établir dans l'île de Ré parce qu'elle "en avait assez des Arabes et des Nègres" (*Carnets* 141). Sebbar fait aussi entendre l'agressivité et l'hostilité interethnique chez un Beur qui explique qu'il "nique les Françaises et touche pas aux Arabes" (*Shérazade* 80). Gilles se fait attaquer par des Beurs parce qu'il est avec Shérazade. De plus, Sebbar rappelle les rapports mouvementés entre la

France, l'Espagne et le Maghreb en faisant allusion à une série d'événements qui ont marqué l'histoire des deux côtés de la Méditerranée: les croisades, la victoire de Charles Martel à Poitiers, l'expulsion des Arabes d'Andalousie, la période coloniale et la guerre d'Algérie.

La conquête et la pacification du Maghreb ont joué un rôle important dans la vie française, entraînant une politique de colonisation et de domination territoriale et culturelle. Mais ce n'est pas ce pan de l'histoire que Sebbar met en relief par le biais de l'intertextualité. Elle choisit plutôt une conséquence de cet impérialisme, l'orientalisme, et en fait un thème important dans les deux romans. Shérazade lit le journal du voyage de Delacroix au Maroc et en Algérie, les récits de voyage de Fromentin, et de Gautier. Elle visite la maison de Loti à Rochefort qui contient un salon turc et une chambre arabe. Julien lui fait découvrir de nombreux tableaux orientalistes. Il lui explique que Delacroix avait rapporté des costumes orientaux de ses voyages en Afrique, qu'il les mettait pour assister à des bals et s'en servait pour ses tableaux. Ayant lu la correspondance de Rimbaud voyageant en Abyssinie, elle explique à Gilles que Rimbaud portait un turban, qu'il s'était converti à l'Islam. Julien lit à Shérazade un extrait du *Voyage pittoresque en Algérie* de Théophile Gautier vers 1843:

> Nous croyons avoir conquis Alger, et c'est Alger qui nous a conquis. Nos femmes portent déjà des écharpes tramées d'or, bariolées aux milles couleurs qui ont servi aux esclaves du harem, nos jeunes gens adoptent le burnous en poil de chameau... Pour peu que cela continue la France sera mahométane et nous verrons s'arrondir sur nos villes, le dôme blanc des mosquées et les minarets se mêler aux clochers comme en Espagne au temps de Mores. (*Shérazade* 191)

Avec de telles références Sebbar rappelle à quel point les voyages dans les pays du Maghreb ont été des événements, des expériences marquantes pour les Français. Elle souligne combien ils ont été attirés, exaltés et inspirés par l'exotisme et l'exubérance de la civilisation orientale et combien la rencontre interculturelle peut être féconde et positive[8].

Mais Sebbar montre aussi le revers de la médaille. Tout en faisant apparaître l'importance de l'Orient pour l'Européen, elle met en évidence les conséquences de l'orientalisme pour la femme orientale.

---

[8] Sebbar signale que Shérazade lit avec passion les récits de voyage. Bien que ces textes soient orientalistes dans le sens péjoratif que Edward Saïd donne à ce terme dans son livre *Orientalism*, ils sont à leur façon des documents ethnographiques qui apprennent à Shérazade ce qu'elle n'avait sans doute jamais appris durant ses études en France, à savoir que les pays du Maghreb sont riches en traditions, que ses ancêtres avaient des coutumes, un savoir-faire, et une élégance remarquables.

Shérazade a vu de nombreux tableaux: *Les femmes d'Alger* de Delacroix, *La toilette d'Esther* de Chassériau, *L'Olympia* de Manet, *L'Odalisque* de Ingres; elle sait que Matisse a peint dix tableaux d'odalisques inspirés par son séjour au Maroc, que Picasso a fait quinze variations à partir des *Femmes d'Alger* de Delacroix. Elle remarque que les peintres représentent toujours des femmes nues. En effet par leur présence et leur nombre ces références picturales font ressortir l'obsession de l'Occidental pour la femme exotique chez les peintres du dix-neuvième siècle, Delacroix, Ingres, Chassériau, Manet et Renoir, obsession qui continue encore au vingtième siècle chez Matisse et Picasso. Mais Sebbar va plus loin, soulignant à plusieurs reprises que cette fascination pour la femme exotique persiste encore aujourd'hui. Julien est attiré par Shérazade parce que, étant brune, frisée, aux yeux verts, elle lui rappelle Azyadé. Gilles raconte qu'il a feuilleté des albums de photos coloniales représentant des femmes et des fillettes[9], qu'il a vu dans des sex shops des livres représentant des femmes arabes ou noires, qu'un de ses amis a eu la mauvaise surprise d'avoir attrapé une maladie vénérienne avec une Vahiné (précise-t-il) à Tahiti. Shérazade et France, son amie noire, sont toujours sollicitées pour des photos de mode, des photos porno ou des films pour créer une atmosphère érotique et exotique dont raffolent les hommes, disent les photographes et directrices d'agence.

On se souvient que l'intertextualité picturale chez Proust sert à souligner l'idolâtrie artistique de Swann dans *Un amour de Swann*, que les nouveaux romans en particulier ceux de Robbe-Grillet et de Simon contiennent de nombreuses descriptions d'oeuvres picturales, mise en abyme de scènes décrites dans le récit dont la fonction est de créer des jeux de différance et de simulacre. Chez Sebbar l'intertextualité est polémique et déconstructrice. Son effet est comparable au chapitre de John Berger qui, dans *Ways of Seeing*, analysant précisément certains tableaux orientalistes et des pages de publicité modernes, met en évidence les attitudes et les valeurs qui sous-tendent la tradition picturale européenne du passé et les média du présent. Sebbar, en juxtaposant le passé et le présent, fait ressortir que les attitudes du dix-neuvième siècle continuent dans le présent, dans les tableaux et les média du vingtième. Les peintres, les photographes ont représenté, et continuent à vouloir représenter la femme en tant qu'objet passif, dont la féminité exotique est donnée à voir au spectateur européen. Mais

---

[9] Malek Alloula a réuni une remarquable collection de photos de femmes et de fillettes publiées durant la période de colonisation en Algérie et destinées au Français, hommes, colons, soldats et voyageurs. Il précise comment ces femmes, seules ou en groupe, dans des positions lascives, couvertes de bijoux, souvent les seins dénudés, sont photographiées comme étant prêtes pour le plaisir, dans un espace d'orgies.

Sebbar, non satisfaite de simplement déconstruire cette attitude masculine, adopte une attitude dialogique, car ses personnages féminins refusent d'être pris en photo, refusent d'être des objets donnés à voir pour le plaisir et la satisfaction des hommes attirés par l'exotisme. Julien imagine Shérazade dans une serre exotique pour son film. Shérazade lui dit "tu vois cent ans en arrière" (*Shérazade* 195) et en quittant Paris elle laisse un mot disant à Julien: "je ne suis pas ton odalisque" (*Shérazade* 207)[10].

Sebbar se sert aussi des tableaux orientalistes pour établir d'autres rapports entre passé et présent. Julien remarque le foulard de Shérazade, sa couleur, la façon dont il est noué, et le compare à celui de la femme au premier plan dans Les femmes d'Alger de Delacroix (*Shérazade* 12). Avec de tels rapprochements Sebbar soulignent que les mêmes gestes, les mêmes objets se retrouvent dans le passé et le présent, chez l'Algérienne et chez la Beur, et que la culture du Maghreb persiste en France à travers de menus détails et comportements. Les tableaux font aussi apparaître les différences. Shérazade après avoir rendu visite à une femme algérienne dans un HLM pensent aux femmes représentées dans les tableaux orientalistes, parées de bijoux, vêtues de tissus somptueux et de broderies, et aux femmes algériennes chargées d'enfants dans les petits appartements des immeubles délabrés (*Carnets* 152).

Si Sebbar ne s'était servi que de représentations picturales et d'oeuvres littéraires françaises pour mettre en relation l'Orient et l'Occident elle aurait pu être accusée d'ethnocentrisme et d'orientalisme au sens négatif du terme. Elle évite ce piège en faisant aussi intervenir des textes et des références à la culture et à l'histoire arabe et maghrébine. Elle fait allusion à l'occupation sarrasine dans le sud de la France, à l'expulsion des Arabes d'Andalousie et souligne l'importance de la présence arabe en France et en Espagne. Elle signale l'existence d'une chronique arabe des Croisades. La brutalité de la conquête de l'Algérie est évoquée par un tableau de Horace Vernet, *La prise de la Smala d'Abdel-Kader*. Pour la période coloniale elle cite un rapport détaillé des cours d'apprentissage pour les filles indigènes, et pour la guerre d'Algérie elle cite un livre intitulé *Femmes d'Alger 1960*, et fait référence à Mouloud Ferraoun, intellectuel algérien assassiné par l'OAS. En ce qui concerne la littérature, *Les milles et une nuits* et le personnage de Schéhérazade représentent la littérature arabe par excellence. Mais Shérazade et ses amis lisent *L'abrégé des merveilles*, mythes du dixième siècle traduit de l'arabe, des contes algériens, des récits de voyage de Mehemet Efendi, ambassadeur turc en Europe, les oeuvres d'écrivains maghrébins d'expression française: Mohammed

---

[10] Dans *Les carnets*, Sebbar fait dire à l'écrivain Naipaul qu'il déteste l'exotisme (213).

Dib, Kateb Yacine, Assia Djebar, Tahar Ben Jelloun et celles d'Emmanuel Roblès, et d'Albert Memmi, écrivains français qui ont écrit sur l'Afrique du Nord[11]. Sebbar fait aussi allusion à la culture populaire arabe présente en France. Shérazade assiste à des concerts de *Carte de séjour*, un groupe de rock Beur, mais elle a assisté avec sa famille à des concerts de Oum Kalthoum, une chanteuse égyptienne célèbre dans le monde arabe. Elle connaît Zima Tounssia, chanteuse tunisienne, et Ouarda, chanteuse algérienne. Elle rappelle à Gilles que le père d'Isabelle Adjani est arabe. Sebbar attire ainsi l'attention sur des textes, des personnalités, des documents accessibles en France, qui font partie de la culture arabe et de celle des jeunes Beurs tout autant que la culture, la littérature, et l'histoire de la France.

Dans *Shérazade* et *Les carnets de Shérazade* l'intertextualité met donc en scène, et recentre avec ironie des discours littéraires, historiques, et picturaux. Grâce à elle ces romans constituent un ensemble culturel, artistique, et littéraire rappelant et appelant la contiguïté, la coexistence, et la continuité entre le passé et le présent, entre la culture arabe et la culture française. A cause de ces stratégies textuelles et intertextuelles ces textes sollicitent à la fois les lecteurs français et les lecteurs beurs. Pour les Beurs leur lecture est une expérience valorisante puisqu'elle leur restitue un passé, une culture, une mémoire, et un ancrage dans la vie française. Elle attire leur attention sur l'orientalisme, à travers lequel ils peuvent apprendre comment leur culture a été représentée dans les récits de voyage, dans les tableaux, ils peuvent découvrir comment les femmes ont été l'objet de la curiosité masculine. Pour les Français ces textes sont un voyage de découverte et de redécouverte, car à travers ces pages et ces tableaux oubliés ou négligés, ils sont amenés à se rendre compte de l'importance et de la signification de l'orientalisme, à se souvenir de faits historiques cachés, ou présentés d'une façon tendancieuse.

Dans *Nous et les autres* Todorov remarque que: "les discours sont eux aussi des événements, des moteurs de l'histoire et non seulement ses représentations. Les idées ne font pas seules l'histoire... elles rendent les actes possibles, ensuite elles permettent de les faire accepter (13)"[12]. En ce sens les deux romans de Sebbar, comme toute son oeuvre, sont des discours politiques engagés qui s'adressent à la France d'aujourd'hui. Ils s'inscrivent dans un rapport dialogique avec les discours xénophobes de Le Pen et des auteurs de *L'identité de la France*.

---

[11] La police recherche Shérazade. Sachant que la fugueuse fréquente les bibliothèque les policiers interrogent la bibliothécaire qui explique que c'est Shérazade qui a demandé qu'on achète ces livres. Le texte précise que les policiers ignoraient ces noms.
[12] Notons aussi la publication de nombreux ouvrages sur ce sujet dont celui de Julia Kristeva, *Etrangers à nous-mêmes*.

Ils prônent l'ouverture et l'acceptation du métissage, du brassage, et de la diversité des cultures[13].

Bibliographie

Aboul-Hussein, Hiam et Charles Pellat. *Chéhérazade: personnage littéraire.* Alger: Société Nationale d'Edition et de Diffusion, 1981.
Alloula, Malek. *Le harem colonial: Images d'un sous-érotisme.* Paris: Slatkine, 1981.
Hargreaves, Alec G. *Voices from the North African Immigrant Community in France.* New York, Oxford: Berg, 1991.
L'identité de la France: Club de l'Horloge. Paris: Albin Michel, 1985.
Kristeva, Julia. *Etrangers à nous-mêmes.* Paris: Gallimard, 1988.
Malti-Douglas, Fedwa. *Woman's Body, Woman's Word.* Princeton: Princeton University Press, 1991.
Saïd, Edward. *Orientalism.* New York: Random House, 1978.
Sebbar, Leïla. *On tue les petites filles,* essai. Paris: Stock, 1978.
_____. *Le pédophile et la maman,* essai. Paris: Stock, 1980.
_____. *Fatima ou les Algériennes au square,* récit. Paris: Stock, 1981.
_____. *Shérazade, 17 ans, brune, frisée, les yeux verts,* roman. Paris: Stock, 1982.
_____. *Le Chinois vert d'Afrique,* roman. Paris: Stock, 1984.
_____. *Parle mon fils parle à ta mère,* récit. Paris: Stock, 1984.
_____. *Les Carnets de Shérazade,* roman. Paris: Stock, 1985.
_____. *Lettres parisiennes, autopsie de l'exil,* correspondance avec Nancy Huston. Paris: Barrault, 1986.
_____. *Jeune homme cherche âme soeur,* roman. Paris: Stock, 1987.
_____. *La négresse à l'enfant,* nouvelles. Paris: Syros-Alternatives, 1990.
_____. *Le fou de shérazade,* roman. Paris: Stock, 1991.
Todorov, Tzvetan. *Nous et les autres: la réflexion française sur la diversité humaine.* Paris: Seuil, 1989.

---

[13] Dans *Le fou de Shérazade*, Shérazade est en voyage, à Jérusalem et à Beyrouth où elle est prise en otage. Insaisissable, elle est poursuivie par Julien qui a trouvé un producteur pour son film et veut que Shérazade en soit l'actrice principale. Dans ce livre, Sebbar continue à se servir de références intertextuelles. Il est question à nouveau de Loti, de Delacroix, et de personnalités et d'oeuvres qui évoquent des croisements de culture. Ce roman est un roman d'amour en faveur de la paix.

Georgette! de Farida Belghoul: les Beurs et l'apprentissage de la lecture

MIREILLE ROSELLO

Publié en 1986 aux éditions Bernard Barrault, *Georgette!* de Farida Belghoul n'est ni extrêmement populaire ni totalement inconnu, mais ce roman semble n'attirer que les critiques littéraires qui étudient ceux et celles qu'on appelle parfois "les Beurs", parfois "la deuxième génération", parfois "les jeunes maghrébins" ou même "les Arabes". Par exemple, Azouz Begag et Abdellatif Chaouite rapprochent Belghoul de Nacer Kettane, Leïla Haouri et Jean-Luc Yacine, qui écrivent leurs textes à "l'encre de l'identité" (Begag, 1990, 99-100) et Alec Hargreaves s'intéresse à *Georgette!* dans un livre récent intitulé *Voices from the North African Immigrant Community in France*[1]. Mais le roman ne fait pas systématiquement l'objet d'analyses critiques très poussées. Souvent, seul le titre apparaît parmi d'autres exemples de littérature "beur", au mieux, une analyse brève ou un bon résumé attire l'attention sur les éléments les plus importants de *Georgette!*: "L'héroïne de *Georgette!* [...] est la fille d'un balayeur qui voue un amour immense et plein de tristesse à un père humilié quotidiennement mais qui résiste avec fierté à sa vie quotidienne" (Begag, 1990, 100).

Je suppose qu'à présent, il serait tentant d'affirmer que *Georgette!* mérite d'être analysé de plus près, pourtant, je ne suis pas sûre de vouloir écrire un article critique qui aurait l'ambition d'aller "plus loin", ou "plus en profondeur". *Georgette!* appartient peut-être déjà à

---

[1] Voir aussi son article "Writing for Others" et les ouvrages de Jean-Pierre Moulin. Dans son *Enquête sur la France multi-raciale*, Moulin retrace l'itinéraire de Farida Belghoul comme activiste et cinéaste. En 1984, Belghoul a participé à "Convergence", la manifestation anniversaire de la première "marche des Beurs" en 1983. Elle est aussi l'auteur d'un film intitulé "Le retour du père" (120-121).

une sorte de mini-canon qui en fait un livre au public à la fois évident et difficile à décrire, un livre peut-être trop bien compris et accepté par un cercle d'initiés, trop complètement ignoré par d'autres critiques. Ce n'est pas pour remédier à un "manque" d'analyses plus détaillées que je voudrais ici me pencher sur certains des éléments de *Georgette!* mais parce que le monologue de cette petite fille de sept ans m'a fait réfléchir à la façon dont la fiction pouvait constituer une lecture critique d'autres discours, médiatiques ou "savants" ou littéraires, de discours à la rhétorique entraînée et puissante et qui, en général, se réservent le droit d'en commenter d'autres. Non seulement la jeune héroïne de *Georgette!* ne laisse personne parler en son nom mais elle propose une critique acerbe, tour à tour triste et amusante, de tous ceux et de toutes celles qui semblent n'avoir d'autre passe-temps favori. Parce que ce texte choisit de nous présenter une jeune narratrice et héroïne qui apprend à lire et à écrire, *Georgette!* parvient à poser de façon élégante le problème de communication qui hante tant de romans "beurs". Il me prive aussi, d'avance, du droit que je croirais avoir d'interpréter un "autre", que ce soit un autre de ma culture, de ma nation, de ma langue, de ma classe sociale, ou même de mon âge.

Comme *Béni ou le paradis privé* (1986) ou *Le gone du Chaâba* (1989) d'Azouz Begag, comme *Le thé au harem d'Archi-Ahmed* (1983) et le *Harki de Meriem* (1989) de Medhi Charef, comme *Beur's Story* (1990) de Ferrudja Kessas, ou *Zeida de nulle part* (1986) de Leïla Houari, comme *Née en France* d'Aïcha Benaïssa, *Georgette!* donne en effet la parole à un enfant d'âge scolaire. Ces personnages sans autorité, qui doivent négocier leur appartenance au sein d'univers discursifs différents et parfois hostiles, sont peut-être mieux armés que d'autres pour poser de nouvelles questions. Dans *Georgette!* une jeune narratrice, dont nous ne saurons jamais le véritable nom, raconte ses apprentissages. La façon dont elle apprend me paraît au moins aussi importante que ce qu'elle apprend, même si je suis d'abord tentée de supposer que c'est ce qu'elle apprend qui fait d'elle une "autre", surtout si je découvre des différences entre ce qu'elle apprend à l'école ou dans sa famille. En fait, le cas de Georgette me paraît révélateur de la façon dont on peut, en France, en 1993, imaginer l'éducation, l'école et l'identité nationale.

Ce roman constitue une critique sévère de la forme de lecture et d'écriture que Georgette se voit inculquer à l'école: pour l'enfant, lire reste une activité ambiguë (pas forcément désirable quoique tout à fait incontournable) et potentiellement auto-destructrice. En dehors de la salle de classe, Georgette n'a jamais l'occasion d'utiliser son savoir à des fins créatrices. Vers la fin du roman, la rencontre avec la vieille voisine semble souligner que l'éducation ne servira pas à émanciper l'enfant mais fera d'elle une subalterne plus efficace. Un des personnages du roman veut d'ailleurs la transformer en nègre littéraire avant même qu'elle ait fini l'apprentissage de l'écriture. Une vieille voisine, négligée par ses fils, imagine d'utiliser l'enfant comme voix simulacre, substitution de l'écriture des fils: "Tu écriras des lettres à la place de Pierre, Paul et Jean" (147). Réduite à s'écrire elle-même de fausses lettres pour ne pas perdre la face vis-à-vis de ses voisines, la vieille dame essaie de convaincre l'enfant de se mettre au service de cette pathétique supercherie. En un ironique renversement de la fonction de l'écrivain public, qui met son savoir au service des illettrés, l'enfant est censée subordonner sa voix à celle d'un système stéréotypé où les enfants réduisent leurs parents âgés au silence. Ses fausses lettres, non seulement la priveraient de sa signature, mais la feraient complice (plutôt que solidaire) d'une mère abandonnée qui préfère se servir d'une autre petite fille que de dénoncer ses fils. Confrontée à la perspective de ce vol de langage, de ce vol de signature, Georgette n'a que l'ironie pour se défendre:

> Heureusement, je suis analphabète. C'est terminé: je veux plus jamais un jour d'école. Sinon, j'apprends et elle me sort un porte-plume tout de suite. Et j'écris "chère maman" à une vieille toute nouvelle dans ma vie. Et je signe Pierre, Paul, ou Jean. Et si mon père l'apprend, il me tue immédiatement. Il ne m'enterre même pas: il ne creusera jamais la terre pour des inconnus pareils. (147)

L'écriture n'aboutit pas à la libération de la parole et à la fin du silence. La récupération de la parole des autres finit par les faire disparaître, littéralement et symboliquement. Quoique l'enfant ait catégoriquement refusé de se laisser manipuler par celle qu'elle appelle méchamment "la vieille", le nom que celle-ci lui a donné, "Georgette", se retrouve bel et bien sur la couverture du livre. Malgré tout, son nom a disparu, sa signature est ambiguë. Les tout derniers mots du texte nous présentent l'enfant, renversée par une voiture, continuant son monologue: "Je saigne sur la rue. J'ai joué ma chance: manque de pot. J'étouffe au fond d'un encrier" (162). La lecture et l'écriture, que l'on s'entend à considérer comme le premier stade vers la libération, vers la civilisation ou l'intégration, se révèlent ici dangereusement inadaptées aux problèmes de l'enfant qui ne peut se les approprier de façon univoque. Pourtant, le fait même que cette histoire devienne une oeuvre de fiction publiée rend la critique de l'écriture et de la lecture paradoxale: on imagine les reproches que l'on pourrait adresser à l'auteur qui n'est précisément pas en position d'analphabétisme. Lorsqu'on pense à la position de Belghoul par rapport à son propre vécu et à son propre texte, on se trouve face à une mise en abyme paradoxale: Georgette semble dire: "si j'écris, je meurs, soit littéralement, soit symboliquement parce qu'on me vole mon écriture". Non seulement, comme le fait remarquer Hargreaves, les Beurs ont un problème d'adresse (comment écrire pour une communauté analphabète?) mais si l'on en juge par ce roman, il se pourrait que l'écriture leur soit mortelle si elle ne leur est pas volée[2]. Faut-il donc considérer *Georgette!* comme l'équivalent d'une des lettres que la petite fille aurait pu écrire? Faut-il supposer que Belghoul sait très bien que lorsqu'elle publie un roman, son héroïne ne peut s'appeler que "Georgette" et qu'elle-même est déjà devenue un Paul, Jean ou Pierre?

La réponse se trouve peut-être dans la façon dont Belghoul définit la lecture ou plutôt la façon dont les personnages principaux, l'enfant, sa famille, et la maîtresse envisagent cette pratique de façon radicalement différente. Le moment où Georgette apprend à lire, les méthodes employées, et le résultat de cet apprentissage sont d'une importance cruciale dans ce roman car la lecture est ici une activité emblématique des rapports qui unissent l'enfant et la famille, l'enfant et la maîtresse, l'enfant et ses pairs. La "lecture", telle qu'elle est enseignée à cette petite fille, n'est jamais seulement l'acquisition du strict minimum de savoir nécessaire (le contraire de l'analphabétisme) qui permettra à une "jeune maghrébine" de s'intégrer, mais tout d'abord une de ces pratiques de la vie quotidienne, un savoir-faire social qui est lié à la façon dont ce texte parle de la culture, des communautés, de l'appartenance. L'apprentissage de la lecture fait découvrir à Georgette le lien entre texte et imitation, entre répétition et consommation et le roman suggère que la lecture, telle qu'elle se pratique à l'école, sert surtout ou d'abord à perpétuer le statu quo en renforçant les structures de pouvoir existantes. Pourtant, l'histoire de Georgette raconte aussi comment on peut, peut-être même inconsciemment, transformer l'apprentissage de la lecture en découverte de la contradiction et de l'indépendance.

C'est lorsqu'on accepte de considérer les problèmes spécifiques d'individus "illettrés" dans nos sociétés du signe que l'apprentissage de la lecture sort de la banalité. Supposons que ma mère ne sache pas lire et que je déménage. Comment le lui faire savoir? De quelle lecture sera-t-elle toujours dépendante si je refuse d'imaginer que la lecture de l'écrit est remplaçable par d'autres mémoires, d'autres oralités? C'est entre autres parce que le père de Georgette (un balayeur "illettré") est

---

[2] Alec Hargreaves s'attache, dans l'article cité plus haut, aux problèmes d'adresse qui se posent pour les auteurs qui ont été scolarisés alors que leurs parents ne l'étaient pas. Pour Hargreaves, le "pouvoir de l'alphabétisme" [the power of literacy] est libérateur mais provoque une insoluble difficulté dans la mesure où les écrivains "beurs" "semblent condamnés à écrire pour les autres" (100). Je me demanderai plutôt ici non pas en quoi les textes de ces auteurs ont un public spécifique mais en quoi ils peuvent proposer de nouveaux modèles de lecture aussi bien à leurs "autres-eux" qu'à leurs "autres-nous".

si fier de montrer à sa fille qu'il sait aussi former des caractères d'écriture sur une page que la lecture prend, dans ce roman, une importance capitale. Rien de ce qui concerne la lecture, l'écriture et son apprentissage n'invite, dans ce texte, à la légèreté et au cynisme. Et la critique qui est faite de la façon dont l'enfant est censée acquérir l'art du déchiffrement et de l'interprétation est d'autant plus fascinante. Dans *Georgette!*, à l'école et à la maison, l'apprentissage de la lecture et de l'écriture est d'abord présenté comme une imitation: l'enfant recopie ou répète. Le père, le premier, propose un modèle d'écriture presque sacrée:

> Un jour, il ouvre à l'endroit mon cahier tout neuf. Il me fait un modèle. Je suis drôlement contente; c'est une surprise incroyable. Il me regarde d'un air brillant.
>
> −Qu'est-ce que tu crois?! [...]
> —Tu fais l'copie sur moi...
> J'espère qu'tu vas apprendre vite! (43)

Apparemment, tout semble donc facile puisque que l'apprentissage ne demande aux élèves aucun don particulier sauf celui d'imiter, aucun effort d'imagination ou de création personnelle. Georgette doit sans cesser répéter un modèle que lui présente une figure d'autorité. A l'école, elle doit redire l'histoire de Rémi, une histoire "toute bête"(67) que la maîtresse vient de raconter. Ou bien elle doit recopier un texte ("-...Page 5. Faut copier tout le texte... C'est pas dur. Elle veut juste voir si on fait bien les lettres. Et si on les coupe au bon endroit..." [23]). Par rapport à l'extrême richesse du monologue intérieur de l'enfant qui ne cesse de commenter le réel qui l'entoure, les activités purement scolaires ne représentent qu'une minuscule fraction du texte et sont décrites comme une série de gestes automatiques et sans intérêt. Pourtant, l'enfant est en situation d'échec perpétuelle. Georgette, qui fait preuve d'une imagination et d'une activité créatrice débordantes lorsqu'il s'agit de décrire ses camarades, la maîtresse, ses parents ou son frère devient muette lorsqu'on lui donne officiellement la parole pour répéter un texte qu'elle n'a pas créé. "Il m'arrive une chose très grave: je suis comme une statue qui ne commande plus ses bras ni le reste" (27) ou bien, un peu plus loin, parlant de la maîtresse: "...je la déçois toujours, je lui ai jamais fait plaisir une seule fois. Elle a une fille muette, c'est pas un cadeau" (64). Visiblement, pour la maîtresse, Georgette est le type même de la mauvaise élève, du cancre distrait qui est le plus souvent décrit du point de vue de l'enseignant. Lorsqu'il s'agit de recopier un texte sur le cahier (c'est du moins ce que la maîtresse perçoit), l'enfant ne sait pas de quel texte il s'agit et elle est incapable d'émettre le moindre son lorsque le moment arrive pour elle de résumer l'histoire de Rémi. Je voudrais montrer que cette situation, que l'on est tenté de catégoriser très vite comme un "échec scolaire" n'est pas un plaidoyer en faveur des "enfants d'immigrés" (qu'on a parfois la "bonté" d'excuser en invoquant des conditions matérielles déplorables ou l'effet néfaste de leur culture d'origine), mais une mise en accusation d'une certaine définition de la "lecture" qui prétend faire du lecteur (immigré ou non) un consommateur impuissant, un exécuteur, un mime.

Pour Georgette, la toute première "lecture" est effectivement synonyme de consommation au sens le plus littéral du terme: il s'agit d'acheter. Le premier "texte" que la maîtresse présente à ses élèves est une liste de fournitures que les enfants doivent remettre aux parents. Face à ce premier texte qui inaugure l'apprentissage et symbolise le rapport entre la maîtresse et ses élèves, la production du lecteur ou de la lectrice doit être absolument minimale: il s'agit de lire un texte qui donne des ordres et que les enfants doivent exécuter littéralement. "La maîtresse a commandé un crayon mine HB" (15). L'ordre de la maîtresse est aussi un bon de commande, l'autorité de l'école passe par le modèle du catalogue de vente par correspondance.

Visiblement, l'activité de lecture ne doit pas produire le moindre écart ou co-création, le texte-liste ne souffre aucune interprétation. Pour ces enfants qui ne savent pas encore lire, le message semble être que, quand ils auront appris à déchiffrer un texte, leur compétence nouvelle leur permettra d'acheter ce que la maîtresse leur dit d'acheter. Ce texte doit être pris à la lettre et le "HB" du crayon, ce détail apparemment inutile à une intrigue, sauf à produire un effet de réel, va en fait cristalliser l'importance insensée d'une lecture littérale. La "commande" de la maîtresse fait de son texte une liste de commissions qui transforme implicitement le lecteur en un petit enfant ou peut-être en domestique chargé d'aller faire les courses. La lettre du texte de la maîtresse a force de loi, comme en témoigne la tragédie domestique déclenchée dans la famille de Georgette qui ne parvient pas à faire comprendre à ses parents qu'il faut acheter des crayons "HB" et non pas "2H". Georgette regarde les deux crayons que vient de lui rapporter sa mère:

> Non! Ils ont des mines 2H! Elle est bête ma mère ou quoi? HB c'est HB, c'est pas 2H! Je lui explique l'erreur. Je recommence encore, plusieurs fois. Elle pige pas.
> – L'crayon noir c'est l'crayon noir!...
> Je marche sur place.
> – Oui, mais la maîtresse veut...
> – Si l'crayon noir c'est l'crayon, où il est l'problème?
> – Elle a raison ta mère...
> Je marche plus vite.

– Tout ça c'est vrai... Mais les crayons, ils sont 2H! Ils sont pas HB comme la maîtresse l'a demandé!
– J'l'ai pas acheté l'crayon rouge... tu m'l'as demandé un noir...Il est pas noir celui-là ou je suis bête! (16)

Ce qui n'est pas pris en compte par la maîtresse, et ce qui est peut être le lieu à la fois de la tragédie et de l'opposition, c'est que les parents de Georgette ne peuvent pas, eux non plus, lire la liste. Si bien qu'au lieu d'y avoir une lecture immédiate, littérale et consommatrice, un écart va s'installer entre la "commande" et l'exécution: il va y avoir médiation, relais, traduction entre l'enfant-lecteur et les parents qui résistent sans même le savoir à une interprétation absolument littérale de la liste.

D'un côté, la petite fille est reconnue compétente ("C'est toi qui commandes, tu dis quel crayon il faut" [16]) mais elle ne peut imposer que la volonté d'un texte qu'elle ne comprend pas, qu'elle n'a pas lu elle-même, ni au sens littéral ni au sens figuré. Tout d'abord, elle a dû recourir aux services d'une voisine pour faire traverser à la liste l'espace qui sépare l'école de sa famille:

> Le jour où elle a écrit la liste des fournitures, j'étais bien embêtée. Je suis incapable de la lire moi-même! Une lettre après l'autre, j'y arrive un peu, mais une page entière c'est impossible! Et je ne suis pas la seule: les autres dans la classe peuvent pas non plus et mes parents ont le même problème. (18)

La voisine, qui sert pourtant de relais, n'apporte rien de neuf à l'exercice de répétition qui paralyse tout le passage. La lecture devient synonyme de récitation, de mémorisation systématique. Georgette se sert de la voisine comme médiatrice mais continue à faire fonctionner le texte comme un ordre à ne pas transgresser. La paralysie du recopiage contamine l'espace de la ville, puis l'espace de la famille, sans qu'aucune lecture (critique) n'ait jamais lieu. De même, au niveau figuratif, Georgette ne parvient pas à donner un sens à ce "2H" et ce "HB" problématiques qui déclenchent une dispute parmi les membres de sa famille. Face à la mère qui a fait de la liste une lecture tant soit peu personnelle (elle a choisi d'interpréter que l'important, dans le message, était que le crayon devait être noir et non pas rouge), Georgette n'a pas d'autre discours à opposer. De nouveau, elle ne peut avoir recours qu'à une forme de *répétition*. Inlassablement, elle répète à sa mère le message de la liste dans son intégrité: la maîtresse veut un crayon noir mine HB, pas un crayon noir. Mais son ressassement ne fabrique pas de sens et reste impuissant à convaincre la mère. Georgette est d'ailleurs consciente de ses propres limites herméneutiques. Face au père en colère qui croit avoir compris que "Zache c'est la marque" et que "C'est pas les zaches qui comptent" (17), Georgette abandonne la discussion et renonce à produire du sens. Elle récuse l'interprétation de son père, mais ne peut la remplacer par aucun récit plus attrayant. Elle ne sait pas ce que veut vraiment dire cette consigne à laquelle elle veut obéir si méticuleusement et elle semble tout à fait résignée à l'idée de prendre un texte à la lettre sans connaître la valeur de la lettre. Georgette accepte le non-sens et l'ignorance. "En vérité, je suis bête comme mes parents. Cette mine HB obligatoire, j'y comprends rien. Un crayon noir c'est un crayon noir! Pourtant, HB, je suis sûre que ce n'est pas une marque: la maîtresse ne fait jamais de réclame" (18).

La consommation ordonnée par le texte, l'achat du crayon, aura bel et bien lieu mais les conflits occasionnés par la liste subvertissent le passage de la lecture-copie à la consommation. Certes, la répétition presque lassante de ce mot "crayon noir, crayon HB" qui sature les deux pages de l'épisode donne l'impression que la liste de la maîtresse a totalement envahi, colonisé l'espace discursif et affectif de la famille de Georgette. Il est vrai que la liste triomphe du bon sens de la mère (un crayon noir, c'est un crayon noir) et de l'intuition économique du père (il faut soupçonner tout texte d'être publicitaire). Mais la fascination avec laquelle le roman analyse les détails de cette scène (qui aurait pu rester banale ou vaguement exotique) met en lumière les contradictions du système scolaire dans ce qu'il a de plus apparemment inoffensif. En effet, l'achat des crayons cesse d'être l'application servile et littérale d'un ordre qu'on ne comprend pas lorsqu'on se rend compte qu'un déséquilibre est intervenu entre ce que veut la maîtresse et ce qui est réellement acheté. La lecture de la liste, loin de produire un équivalent en marchandise, a produit une prolifération de textes, de questions, d'émotions, de remises en cause. Elle a aussi donné lieu à une consommation, mais une consommation faite d'excès, de désordre et de glissements.

Le texte d'origine ordonnait l'achat d'un crayon HB. Or, après maintes discussions, et plusieurs tentatives infructueuses, l'exécution de cet ordre aboutira à quatre crayons, dont trois 2H (inutiles), et un HB (mais qui n'a pas vraiment été acheté par les parents). La mère, qui achète d'abord trois crayons au lieu d'un fait preuve de générosité par rapport à la liste. Elle ne s'en tient pas à ce qu'on exige d'elle et cet excès est porteur de sens. Il indique sa détermination à donner à sa petite fille plus que ce qu'elle demande. "Elle revient, avec dans son sac trois crayons. —Si tu perdes un, tu peux l'changer" (15). La mère tient compte d'une possibilité de "perte" que le système rigide du bon de commande voudrait bien éliminer. Le père, quant à lui, se fait "témoin" (15) de cette lecture généreuse: "Oui, c'est très bien. Faut pas qu'on dise qu'tu manques de quelque chose. Y'a pas de problème. Moi, j'travaille pour ça. Plus tard, c'est toi qui s'ra quelqu'un" (16). En reconnaissant implicitement que lui-même n'est "personne" et qu'il travaille non pas pour transformer son labeur en commodités mais pour transmettre une identité à sa petite fille, le père rajoute au discours de la mère un commentaire politique et social. Il constate que pour un "travailleur immigré", il faut en faire "trop" pour avoir l'espoir d'en faire assez pour ses enfants.

La détermination de la petite fille à lire sans écart, à faire exactement ce qu'on attend d'elle est donc confrontée au récit incorrect mais généreux de ses parents. Apparemment, l'enfant a déjà intégré que "trop" peut déjà être considéré comme une erreur, ou pire, une lecture subversive que l'on pourrait lui reprocher, qui pourrait lui attirer des ennuis. Elle a intégré qu'il faut limiter tout écart par rapport au texte et qu'il est impossible de se protéger de sa propre ignorance par un excès de zèle. A son désir d'obéissance apeurée, le texte oppose la prolifération ridicule de tous ces crayons noirs 2H auxquels vient s'ajouter celui que Georgette finit par acquérir elle-même:

> Je me lève en silence et j'ouvre le sac. Surtout, j'ouvre le porte-monnaie.
> Je prends cinquante centimes et je pique aussi dix centimes pour un chewing-gum. Je cache l'argent dans ma poche. (19)

Ainsi, le quatrième crayon est le fruit d'un détournement. Georgette, pour éviter tout écart entre la liste et le résultat de la lecture est obligée de voler ses parents qui ne sont déjà coupables que d'excès de générosité. Georgette doit prendre à ses parents ce qu'ils ne peuvent pas lui donner: ses parents, décidément ne savent pas lire, ils ne sont pas prêts à se plier au jeu de la liste. En fait, leur soi-disant ignorance est aussi une forme de refus, un savoir subversif. Ce que l'enfant n'obtient pas d'eux, c'est la sanction de la forme de lecture qu'elle se sent déjà obligée de respecter. Et nulle victoire réelle ne vient les récompenser sauf peut-être la dernière ironie qui vient couronner le destin du vrai crayon HB. Le jour où Georgette parviendra enfin à amener à l'école la preuve de son obéissance, elle découvrira que son crayon noir n'a eu d'autre utilité que de provoquer une remise en question de la liste de fournitures: la maîtresse vient de décider que ses élèves ont dépassé le stade du crayon noir: "A partir d'aujourd'hui, l'apprentissage se fera au porte-plume. C'est plus joli qu'au crayon noir" (20).

Trop de crayons, des crayons inutiles, un petit larcin, un chewing-gum, des disputes homériques, et seul le monologue de Georgette nous permet d'avoir accès à cette surabondance de réel qui est peut-être le seul moyen de contrecarrer la logique de la liste: la liste ne veut pas d'excès, réclame une exécution rigide, un sens du devoir et du devoir (ou savoir) acheter. Malgré les intentions de l'enfant, de l'excès intervient, dans le malheur certes, mais intervient tout de même. La liste, contrairement à sa fonction, a produit des excès de lecture, des excès de discours, des stratégies d'interprétation et peut-être, une critique de l'idée selon laquelle "l'intégration" passerait par ce que Genestier appelle "la projection immédiate dans le grand bain de la citoyenneté consommation" (50).

Si au lieu d'insister sur les caractéristiques socio-ethniques de Georgette, je mets l'accent sur l'écart qu'elle creuse entre ce qu'elle apprend et ce qu'on suppose qu'elle doit apprendre, je ne peux plus me contenter d'a priori en ce qui concerne sa "communauté", sa "famille", ou sa "culture"[3]. En me gardant de faire de Georgette un exemple, une représentante de cette "deuxième génération", j'essaie d'éviter d'oublier que les enfants de Maghrébins nés en France ne sont pas les seuls à se heurter aux tensions produites par leur statut d'enfant soumis à des figures d'autorité qui ne communiquent pas (les parents et les professeurs). Par ailleurs, en n'oubliant pas non plus que l'histoire de Georgette ne peut être écrite qu'au moment historique où il est possible de conceptualiser ou d'imaginer ce qu'on appelle la culture beur, je m'aperçois que seul ce personnage a le don de me faire découvrir la place spécifique de l'enfant comme briseur de l'illusion de la continuité culturelle.

L'enfant est une sorte d'infiltrateur malgré lui ou malgré elle, on l'oblige à fonctionner ou du moins à survivre et à l'école et à la maison en perpétuant l'illusion que l'école est ce qui va lui apprendre à s'insérer dans le monde des adultes (que l'on sous-entend homogène; Georgette va devenir adulte comme ses parents), alors que ce qu'apprend l'enfant à l'école, c'est une expérience d'une discontinuité extrêmement violente. En allant à l'école, Georgette n'apprend pas à être française, elle apprend que la culture française est, entre autres, un besoin de l'illusion selon laquelle, quand on appartient au groupe dominant, il n'y a pas de contradiction entre l'école et la famille.

---

[3] Georgette nous empêche de "prendre position" au sens spatial et métaphorique du terme. Pour elle, il n'y a pas d'alliance possible parce que l'opposition entre "islam" et "éducation", ou entre "famille" et "école" ne peut pas se poser en termes simplistes et binaires. Contrairement à tous les discours qui ont produit "l'affaire des foulards" en 1983, Georgette se garde de faire de l'école un lieu plus neutre, ou plus simple que la maison. Dans les romans beurs la critique de la colonisation et de l'orientalisme ou, plus exactement, du post et néo-colonialisme, va de pair avec une critique de certaines pratiques des sociétés musulmanes. Il ne s'agit plus d'opposer l'islam-tradition mais révolutionnaire à la modernité laïque mais coloniale, il s'agit à présent de redéfinir les éléments de ces paradigmes figés en tenant compte d'autres paramètres (et notamment celui du sexe des sujets concernés). Voir notamment à ce sujet le texte de Winifred Woodhull, *Transfigurations of the Maghreb*.

Si les jeunes élèves, issus de milieux maghrébins, peuvent être traités comme un cas historiquement spécifique, c'est peut-être en ce qu'ils permettent de poser le problème de la discontinuité entre l'école et la famille, et qu'ils nous obligent à renoncer au mythe de "l'éducation" qui fabriquerait, sur mesure, de bons citoyens. Chaque enfant fait, en allant à "l'école" au singulier, l'expérience "d'éducations" au pluriel, d'éducations rivales qui finissent par constituer des savoirs ou des savoir-faire qui ne seront pas toujours totalisables. Quant à cet énoncé général sur "les enfants", il n'est lui-même rendu possible que par l'analyse spécifique du cas des enfants de "deuxième génération", non pas parce que leur appartenance à une communauté fait d'eux les seuls enfants à être confrontés à ce problème mais parce que leur prise de parole attire peut-être notre attention sur un phénomène jusqu'ici soigneusement réprimé, décrété peu important, acceptable.

Je ne suis donc pas en train de conclure que la lecture de textes écrits par Azouz Begag ou Farida Belghoul m'incite à oublier ce que les enfants d'immigrés auraient de spécifique (le danger est d'ailleurs extrêmement limité puisque la tendance la plus visible des discours populaires ou savants racistes et même antiracistes est de systématiquement essentialiser "le" maghrébin que ce soit par son physique ou ses pratiques culturelles). Je ne suis pas en train de dire par exemple que l'attention avec laquelle les media, les sociologues ou les écrivains se penchent sur "le" phénomène de la deuxième génération est exagérée ou inutile. Ces livres qui abordent les relations entre l'enfant et "sa" culture, l'enfant et "les" cultures constituent un nouveau paradigme: je suggère qu'ils influencent la façon dont les "Français de souche" les plus inattentifs à leur citoyenneté, les plus indifférents aux grands principes patriotiques, définissent et redéfinissent l'appartenance et la "départenance".

Bibliographie

Begag, Azouz. *Le gone du Chaâba.* Paris: Seuil, 1986.
⎯⎯⎯. *Béni ou le paradis privé.* Paris: Seuil, 1989.
⎯⎯⎯. et Abdellatif Chaouite. *Ecarts d'identité.* Paris: Seuil, 1990.
Belghoul, Farida. *Georgette!* Paris: Barrault, 1986.
Benaïssa, Aïcha. *Née en France: histoire d'une jeune beur.* Paris: Payot, 1990.
Charef, Medhi. *Le thé au harem d'Archi-Ahmed.* Paris: Seuil, 1983.
⎯⎯⎯. *Le Harki de Meriem.* Paris: Seuil, 1989.
Genestier, Philippe. "Pour une intégration communautaire". *Esprit* 169 (février 1991): 48-59.
Hargreaves, Alec. "Writing for Others: Authorship and Authority in

Immigrant Literature", in Maxim Silverman, ed., *Race, Discourse and Power in France*. Aldershot: Avebury, 1991. 111-119.

———. *Voices from the North African Immigrant Community in France*. New York: Berg, 1991.

Houari, Leïla. *Zeida de nulle part*. Paris: L'Harmattan, 1986.

Kessas, Ferrudja. *Beur's Story*. Paris: L'Harmattan, 1990.

Moulin, Jean-Pierre. *Enquête sur la France multi-raciale*. Paris: Calmann-Lévy, 1985.

Tahon, Marie-Blanche. "Women Novelists and Women in the Struggle for Algeria's National Liberation (1957-1980)". *Research in African Literatures*, 23.2 (Summer 1992): 39-50.

Woodhull, Winifred. *Transfigurations of the Maghreb*. Minneapolis: Minnesota University Press, 1993.

Analyse d'une *écriture croisée: Le Chinois vert d'Afrique* de Leïla Sebbar

BRIGITTE LANE

La notion d'*écriture croisée*, qui sert de point de départ à cette étude, est directement dérivée du concept de *croisement* (au sens de *culture croisée*) tel que le formulait Leïla Sebbar en 1986, quand elle écrivait dans ses *Lettres parisiennes*:

> J'ai la certitude—que je n'échapperai pas à la division biologique d'où je suis née. Rien, je le sais ne préviendra jamais, n'abolira la rupture première, essentielle: mon père arabe, ma mère française; mon père musulman, ma mère chrétienne; mon père citadin d'une ville maritime, ma mère terrienne de l'intérieur de la France... Je me tiens au croisement, en déséquilibre constant, par peur de la folie et du reniement si je suis de ce côté-ci ou de ce côté-là. Alors, je suis au bord de chacun de ces bords. (Lettre XXIX, 11 décembre 1984)

Moins que la notion de division biologique, celle de division culturelle et de crainte de la rupture apparaît ici primordiale. L'identification d'un état émotionnel fondamental et problématique est au coeur de cette déclaration car se pose indirectement la question de savoir si une personne née de deux cultures différentes, distinctes ou divergentes, agit, pense et vit *dans* deux cultures ou *entre* deux cultures. L'image que nous donne Leïla Sebbar du *croisement* culturel né du biculturalisme parental est une image de souffrance, de déchirement, de crainte permanente du rejet et de la non-appartenance. C'est l'assertion d'une vulnérabilité profonde suscitée par une division intérieure—déchirement si intime qu'il en vient à prendre la forme d'une blessure profonde, d'une faille interne[1].

---

[1] "J'ai su d'abord ce que je n'étais pas", écrivait-elle déjà en 1978 dans *Les Temps Modernes*.

Il semble donc justifié de soulever ici un autre problème qui touche à la critique littéraire: quels sont les effets et manifestations de ce biculturalisme particulier qu'est le *croisement culturel* sur une certaine littérature française actuelle écrite par des auteurs *nés en France* mais d'origine en partie *autre*? Ou, en d'autres termes, existe-t-il une forme d'écriture spécifique, que l'on pourrait nommer *écriture croisée*, et qui exprime l'état de division culturelle défini par Leïla Sebbar? Les questions essentielles accompagnant cette réflexion sont les suivantes:

1. Ce biculturalisme s'exprime-t-il dans la littérature française actuelle? Et si oui, comment fonctionne-t-il en tant que source d'inspiration artistique, forme d'esthétique littéraire ou même thème romanesque?

2. Quelles sont les stratégies narratives qui le définissent, l'accompagnent et le caractérisent?

3. Peut-on dire qu'il existe, au niveau de la création, une forme d'écriture spécifique à ce qu'on pourrait appeler le *roman croisé*, puisque le roman (forme privilégiée d'expression) est, comme le disait George Sand, "l'art libre par excellence"? Autrement dit, existe-t-il une écriture romanesque *croisée* offrant des traits qui lui sont propres?

L'oeuvre choisie pour servir de support à cette réflexion est *Le Chinois vert d'Afrique* de Leïla Sebbar. Publié en 1984, ce roman s'inscrit dans une période sociale et historique particulièrement claire de la littérature française contemporaine caractérisée par deux phénomènes: d'un côté, l'effacement discret de ce qu'on avait appelé *le nouveau roman*; de l'autre, l'avènement progressif de la littérature dite *immigrée* avec, en particulier, la naissance et l'épanouissement du roman *beur*. Deux événements primordiaux marquent cette époque: sur le plan social et historique, la marche des Beurs (1983), première manifestation collective en France contre le racisme manifesté par certains *Français de souche* et premier regroupement des jeunes d'origine *autre* mais *nés en France*; sur le plan littéraire, l'attribution en 1987 du Prix Goncourt à Tahar Ben-Jelloun, geste symbolique de reconnaissance (au sens d'acceptation) d'une littérature française *autre* par un jury littéraire français respectable et respecté.

C'est dès 1984, avec *Le Chinois vert d'Afrique*, que le concept de *croisement* pénètre l'oeuvre romanesque de Leïla Sebbar comme un thème à part entière, deux ans avant sa formulation de la nature de l'état de *croisement* culturel citée plus haut. Ce thème ainsi que sa description des effets d'une identité culturelle double (ou multiple)

Il faut noter, cependant que l'état de croisement est vécu, par d'autres auteurs contemporains, comme un état de transcendance (cas du romancier indien-américain Gerald Vizenor). Patrick Chamoiseau, lui, parle de "richesse multiple".

réapparaîtront désormais constamment dans l'oeuvre de l'écrivaine, même si repris sous forme différente (voir *Génération métisse*, 1988)[2].

Ainsi, parce que *Le Chinois vert d'Afrique* semble jouer dans l'ensemble de l'oeuvre romanesque de Leïla Sebbar un rôle d'archétype, il sera étudié ci-dessous en détail, tant sur le plan de sa thématique structurelle (car ici thème et structure se confondent) que de l'ensemble de ses stratégies littéraires, de leur emploi et de leur position par rapport à certaines conventions narratives établies et de la rhétorique poétique complexe qui en résulte.

Quête/enquête sont les deux termes qui, fondant/confondant thématique et structure, forment la *thématique structurelle* (ou structure thématique) de ce très beau et très dense roman à double volet référentiel. Car si l'oeuvre emprunte à la fois aux conventions du roman policier et à celles du conte, et est articulée autour de ces deux genres, c'est pour nous proposer l'image d'un monde en noir et blanc ou plutôt *en noir* et *en rose*.

Le monde *en noir* c'est la part du roman qui emprunte à la tradition du récit policier et en dérive[3]. Dans *Le Chinois vert d'Afrique*, c'est le monde de la répression, de la solitude, de la culpabilité imposée, des injustices sociales et, en fin de compte, de l'initiation à la douleur, de l'invitation à la délinquance et de l'initiation à l'esprit de vengeance. Pourtant, les conventions du roman policier sont ici quelque peu modifiées puisque les efforts de la police sont essentiellement symboliques de la méfiance innée de la société française dite *de souche* vis-à-vis des jeunes Français d'origine autre, en particulier les *jeunes loubards* de banlieue de descendance maghrébine. Que la société des adultes veuille contrôler cette jeunesse au nom de l'ordre et de la méfiance qu'elle lui inspire a priori, n'est pas surprenant puisque, dans ses préjugés intimes, elle la perçoit comme *coupable*. La voie la plus fondamentale de la pensée raciste est, comme chacun sait, de tendre vers des catégories génériques puisque sa logique est largement fondée sur la généralisation. A partir du moment où l'inspecteur Laruel (qui représente la hiérarchie la plus haute de la police dans le récit) se met à parler de "plaintes nombreuses déposées au commissariat du quartier pour vol, cambriolage, histoires de drogue et autres larcins divers", il faut évidemment trouver un coupable puisqu'il y a eu délit. Désormais l'enquête s'oriente vers la quête d'un bouc-émissaire. Mais la police est ici plus que la police puisqu'elle représente une certaine France de l'hostilité—celle, facile à reconnaître, des disciples en puissance de

---

[2] Il s'agit d'un très bel album de photos d'Amadou Gaye avec texte de Leïla Sebbar publié par Syros-Alternative en 1988.
[3] Sur les variantes littéraires du roman policier voir D. A. Miller.

Jean-Marie Le Pen, bien que l'emploi de tout vocabulaire raciste ou anti-raciste soit rigoureusement évité dans le roman par l'auteur.

Dans *Le Chinois vert d'Afrique*, le *criminel* est un jeune garçon de quatorze à quinze ans d'origine immigrée qui s'appelle Momo, un abrégé de Mohamed[4]. En fait, Momo possède sept noms, comme il l'écrit à son amie Myra: "Mohamed pour mon père / Mehmet pour ma mère / Madou pour ma soeur Mélissa / Hammidou pour ma grand-mère Minh / Momo pour les copains / ou Le Chinois / ou Le Chinois vert d'Afrique" (*LCVA* 138). Son activité principale dans la vie consiste à courir (surtout devant "les flics"). Momo est avant tout un fugueur qui court pour se sauver, "sauver sa vie" (intérieure) et sauvegarder sa possibilité d'avoir "une âme" (*LCVA* 83).

Il n'a d'ailleurs aucune base fixe, que ce soit sur le plan social ou ethnique. Sa course continuelle est symbolique de sa non-appartenance à tous les niveaux et de son état fondamental de "combattant". Son identité culturelle est confuse, parce que multiple, puisqu'il est issu de trois ethnies différentes: il est d'origine algérienne par son père, turque par sa mère et vietnamienne par sa grand-mère maternelle, dont il a les yeux bridés, "en dépit de ses cheveux noirs et bouclés de jeune Arabe" (*LCVA* 36). Il n'en est pas moins français puisque né en France. Le personnage de Momo est une métaphore pure: il est l'incarnation même de la pluriethnicité, état de division intérieure multiple et douloureux. Son surnom, le "Chinois vert d'Afrique", reflète indirectement la dimension poétique et l'impossibilité de vivre résultant du métissage pluriel qui est le sien.

Momo est totalement marginal. Il vit hors de sa famille (il l'a quittée après que son père l'a battu), hors de l'école, hors de la religion et en marge de la société organisée puisqu'il s'est installé dans un cabanon abandonné, au-delà même de la limite ultime de la plus dépourvue des banlieues, près des cimetières.

Cependant, la vie émotionnelle de Momo s'articule autour de trois grands mythes qui l'aident à vivre: deux négatifs qui sont peut-être la source de son esprit de combat; un positif qui lui procure le rêve d'un monde meilleur et alimente sans doute en lui le désir de vivre.

Les deux premiers mythes, qui s'ancrent dans l'Histoire, ont un rapport direct avec ses origines ethniques. Il s'agit de la guerre d'Indochine (au cours de laquelle son grand-père maternel algérien a rencontré sa grand-mère vietnamienne, alors qu'il combattait pour la France) et de la guerre d'Algérie. Le souvenir du conflit franco-algérien est symboliquement présent dans la vie de Momo par le biais d'une photo-

---

[4] Une variante du personnage de Momo est celui d'"Ismael" dans le " roman" pour enfants du même nom publié par Sebbar deux ans plus tard dans le mensuel pour jeunes *Je bouquine* 29 (juillet1986).

fétiche découpée au rasoir dans un livre: "Pas une photo pour les Français", dit Momo mais "pour les Frères" (*LCVA* 209). Elle représente l'enterrement d'un jeune Arabe tué pendant la guerre, de toute évidence, par les Français. Par le biais d'une habile mise-en-abîme, Sebbar nous présente Momo en quelque sorte comme le double du jeune combattant algérien car sa vie est un combat et qu'il est déjà—aussi jeune qu'il soit—quelque peu "un suicidé de la société", pour reprendre la formule d'Antonin Artaud. De *marginal* il deviendra d'ailleurs *marginalisé*.

Quant au troisième mythe, c'est celui d'un "Paradis lointain"—pour lui le Vietnam. Ce Vietnam idéalisé prend la forme d'un rêve d'évasion aussi bien que d'intégration, puisque dans le contexte socio-culturel vietnamien la singularité physique de ce jeune garçon aux yeux bridés, sa *différence* deviendrait, au contraire, un atout d'intégration. D'ailleurs, Momo a conclu avec sa grand-mère restée en Algérie un pacte secret: celui de gagner un jour beaucoup d'argent pour aller au Vietnam avec elle. Pour cet enfant des villes, les récits de cette vieille dame sont devenus sa mémoire—à la fois culturelle et émotionnelle—la seule qu'il possède d'un monde où il pourrait être citoyen à part entière.

Mais il y a l'autre côté de la vie, le côté rose du conte, c'est-à-dire celui des choses qui donnent envie de vivre: échanges, amitiés, générosité, beauté, bonté, fraternité. C'est en grande partie grâce à quelques amitiés et rencontres ou présences généreuses que Momo continue à vivre. Ces personnages divers, qui jouent dans sa vie le rôle fonctionnel des *aides* du conte, forment, en quelque sorte, une société en miniature, mais une société bienveillante. Ce sont les copains de Momo (beurs ou français) du "cimetière de voitures" qui lui fournissent l'occasion de voir la mer pour la première fois, expérience qui est pour lui une révélation[5]. Il y a également Jean-Luc, le jeune bouquiniste, qui l'initie à la musique d'opéra (en particulier Wagner) et l'emmène même, un soir, voir et entendre son *Tristan et Isolde* à l'opéra de Paris. Il rencontre aussi Ali, le joueur de flûte, qui va dans les cafés chantants et lui a fabriqué une flûte en roseau; Hakim, le champion de karaté, qui l'invite au club et lui apprend la lutte; Eve et Rosa, les deux "soeurs" courageuses de la Librairie du Canal, qui lui apprendront à aimer les fleurs (c'est d'elles que lui vient la photo-fétiche de l'enterrement du jeune Algérien); les ouvriers immigrés, maghrébins ou autres, que Momo rencontre au café chantant et avec qui il parle pendant qu'ils écoutent de la musique arabe, mangent des plats arabes tout en regardant au Scopitone les danseuses du ventre dans leurs voiles verts et roses; Norod, le jeune Cambodgien réfugié politique, qui le protège

---

[5] Ce qui rappelle le personnage d'Antoine Doinel dans le film *Les 400 coups* de François Truffaut.

des autres loubards sur les marchés aux puces; Kader et Simone, couple mixte (lui algérien, elle française), propriétaires d'un café-restaurant portant leurs noms, où l'on sert cuisine française et cuisine arabe.

La liste est longue, mais ce qui compte c'est qu'elle est à double perspective: Français de souche, Français d'origine autre. Ici, tout comme dans le conte traditionnel, ces "aides bénéfiques" permettent au héros-voyageur de continuer son parcours, en dépit des formes d'adversité diverses qu'il rencontre sur son chemin. De tous ces "aides bénéfiques", la plus importante est la jeune Myra (anagramme phonétique de Marie?) qui joue en quelque sorte le rôle de princesse mais de princesse pensante, généreuse et égalitaire. Myra, qui a le même âge que Momo, vit avec son grand-père, Emile Cordier, vieux communiste aujourd'hui à la retraite. Elle est, elle aussi, d'origine multi-ethnique puisque sa grand-mère maternelle était une Italienne immigrée et que son père est marocain. Myra se présente à Momo comme "croisée et fille de croisée". Ses parents sont divorcés et constamment absents. Myra est donc une sorte de contrepoint féminin de Momo, bien que beaucoup plus protégée, puisque de souche française, par son grand-père. Au rêve du pays vietnamien correspond, chez Myra, un "rêve de l'Italie", entretenu, chez elle aussi, par sa grand-mère maternelle. Dans sa mythologie culturelle personnelle entrent le beau guerrier du célèbre tableau de Paolo Uccello, l'opéra italien, la Callas et les pâtes fraîches que sa grand-mère préparait rituellement à la maison.

Momo tombe amoureux de Myra: premier amour innocent puisque sa première déclaration consiste à encercler le mot "AMOUR", "en rouge, d'un trait épais" dans le dictionnaire; amour à distance aussi puisqu'ils ne communiquent que par de brefs messages rédigés sur des bouts de papier soigneusement cachés et par le biais de la musique (il joue du fifre, elle joue du piano; tous deux aiment l'opéra). Momo, qui voit plus souvent Myra par l'intermédiaire de son télé-objectif qu'en personne, prendra d'elle d'innombrables photos en noir et blanc, cherchant à capter la beauté de ses beaux cheveux crêpelés blond-vénitien qui la font ressembler à "une florentine de l'époque de la Renaissance italienne" et peut-être l'essence même de son identité (*LCVA* 177).

Myra fera à Momo deux grands cadeaux: celui d'un huitième nom ("Hami" qui, en français, se confond évidemment phonétiquement avec "ami") et celui d'une petite jonque miniature en bois qu'elle a fabriquée pour lui dans l'atelier de son grand-père, manifestant ainsi son désir de le mieux connaître et le mieux comprendre. Leïla Sebbar place en contrepoint au récit de cet attachement réciproque quelques références à la légende de "Tancrède et Clorinde" dans *La Jérusalem délivrée* de l'Arioste—ces deux personnages représentent un couple d'amoureux auquel l'amour est interdit puisqu'ils sont issus, dans le contexte de leur époque, de bords conflictuels (chrétien et musulman), mais tous deux de grand courage et de grande vertu. Le roman est du reste parsemé d'allusions à des couples maudits. Il n'y a pas, dans l'univers de Myra, d'affection interdite ou impossible car le bon coeur et le libéralisme politique de son grand-père protègent les deux adolescents, les libérant de tout interdit social ou raciste.

Le conte, qui est pur imaginaire, devra pourtant céder bientôt à la *réalité*, qui est ici celle du roman policier. Le roman qui a commencé avec la confiscation par la police de tous les biens de Momo va s'achever dans le noir. Parmi ces biens, que les enquêteurs perçoivent comme des indices de crime, se trouvent essentiellement des objets enfantins et inoffensifs: arcs, flèches, frondes, gris-gris, amulettes dont deux petites mains de Fatima et soixante-quinze noyaux d'abricots (noyaux que les enfants arabes utilisent traditionnellement pour jouer aux osselets). Il y a aussi des photos de guerre sans nombre, vingt-cinq cassettes de diverses sortes de musique dont, en particulier, un enregistrement de l'air de Norma, air d'opéra célèbre chanté en italien par Myra. Les enquêteurs, qui ne connaissent pas Momo, ont surnommé leur victime inconnue "le Sauvage", "le Zoulou", "l'Indien des jardins ouvriers" ou même "le Samouraï"—en raison de la nature à leurs yeux insolite des objets trouvés chez lui.

A la fin du roman, Momo réalise que la police a aussi trouvé les tout derniers objets qui lui restaient et qu'il avait cachés dans un arbre: en particulier la perle de jade léguée par sa grand-mère et la précieuse jonque miniature offerte par Myra. Ainsi, la démarche du conte traditionnel échoue en s'inversant, car non seulement le héros ne trouve pas de trésor comme fruit de sa quête, mais les "trésors" qu'il possédait lui sont enlevés.

Pourtant, tandis que se poursuit l'enquête de la police, Momo continue sa propre quête. Leïla Sebbar interrompt sept fois le fil de sa narration pour introduire un bref passage intitulé "il court"[6]. Ce parallélisme de digression délibéré souligne que la course de Momo est une fuite en avant, une fugue dans la direction de la vie et non de la peur. Après sa dernière course cependant, confronté par la police qui lui a dérobé ses derniers vestiges d'identité, le fugueur devra prendre la fuite, une fuite motivée cette fois par la peur et la colère. Sebbar écrit: "Il reviendra. S'il le trouve, il les tue" (*LCVA* 229). La révolte profonde et le désir de vengeance du jeune garçon sont confirmées par Momo lui-même qui écrit, en dernier message à Myra: "Ils m'auront pas. Je reviendrai, et je les tuerai. [...] Quand je reviens, je les tue" (*LCVA* 241). Ces déclarations issues de deux *voix* contrastées dans le récit

---

[6] La redondance de ce motif fait ressortir le thème binaire et contradictoire de la "fugue/fuite".

(celle de la romancière et celle de son personnage) marquent la rupture désormais délibérée de Momo avec la société. De l'injustice naîtra la violence: le récit policier a triomphé sur le conte traditionnel. Le criminel qu'on cherchait est désormais né.

Mais si le héros du récit a échoué, le lecteur devrait (à ce point de la lecture) avoir acquis la compétence de dominer le texte lu ainsi que la réalité socio-culturelle qu'il reflète. Les intentions pédagogiques de l'auteur sont claires tout au long du roman. On peut compter en premier parmi elles la méthode de l'inventaire (sous forme d'identification d'objets définis par les policiers comme "indices" mais perçus comme "différents" parce qu'insolites dans le cadre de la culture dominante) grâce à laquelle Sebbar nous révèle peu à peu la vie et l'identité de son personnage. Pour le lecteur (comme pour la police) l'enquête devrait, au fil du récit, se faire plus anthropologique que policière, chaque objet au premier abord insolite représentant un aspect de la vie intérieure ou affective de Momo. Ainsi, Leïla Sebbar cherche à éduquer son lecteur, à faire de lui un enquêteur, et à développer chez lui un regard autre en l'obligeant à pénétrer dans la vie coutumière d'autres ethnies pour en mieux comprendre les rituels quotidiens ou saisonniers et la vie symbolique.

L'enquête anthropologique apparaît alors comme l'envers de l'enquête policière parce qu'elle est désintéressée, donc généreuse, et produit une interprétation *de l'intérieur* plutôt qu'une interprétation de l'extérieur basée sur des pseudo-indices ou fausses apparences. Dans ce renversement des *regards* le lecteur devient en quelque sorte l'inspecteur de l'Inspecteur et enquête sur les enquêteurs. La romancière oblige son public français *de souche* à jeter un coup d'oeil de l'autre côté du miroir des ethnies tout en lui présentant le monde de la police comme un monde intellectuellement réduit, une sorte de royaume des Pieds Nickelés[7].

De plus, la romancière élabore avec le plus grand soin pour son public comme une mosaïque culturelle des groupes immigrés en France, révélant des traits particuliers de chacun, qu'il s'agisse de leurs modes de vie ou des attitudes diverses de la société française à leur égard. Il est clair qu'il y a néanmoins dans son écriture une détermination profonde d'éviter tout exotisme: ce dernier étant, par définition, un regard faussé puisqu'il est issu de stéréotypes qui, même positifs, n'en sont pas moins déformants. L'intention pédagogique de la romancière s'appuie donc sur l'identification et la valorisation des diverses formes de quotidien immigré ou *croisé* tel qu'il est vécu

---

[7] Ainsi le grotesque se mêle au tragique pour faire ressortir, par le ridicule, l'aspect caduque des institutions, même si l'Inspecteur Laruel est quelque peu valorisé parce que conscient de l'histoire coloniale de la France et de sa culpabilité inhérente.

aujourd'hui dans l'espace socio-culturel français. Pour Leïla Sebbar, de toute évidence, la seule véritable pédagogie est celle qui débouche sur la vie: tout comme il y a une école de la rue pour Momo, il devrait y avoir une école de la rue pour le lecteur. A un certain nombre des objets évoqués dans le roman correspond aussi un récit de vie. La multiplicité de ces mini-récits, sorte de flashbacks informatifs, permet à l'auteur de montrer que la marginalité est, elle aussi, plurielle. Le rejet, sous ses diverses formes, devient alors un thème quasi-musical qui enveloppe le motif du *croisement*.

Dans *Le Chinois vert d'Afrique*, la narration du récit est à plusieurs voix mais les deux *voix* poétiques qui dominent sont, de toute évidence, celles de l'auteur et de Momo, son enfant. Le chapelet de récits de vie que Sebbar égrène au long du roman (voix de l'auteur) rappelle la technique de survie par la narration utilisée par Shéhérazade dans *Les Mille et une nuits*: emprunt à la tradition orale arabe.

Ainsi pour définir, exprimer et nous aider à mieux comprendre la vie intime et déchirée d'un être à l'origine marginal et désormais marginalisé ainsi que l'état douloureux d'être autre et croisé, Leïla Sebbar fait appel à des moyens d'écriture particuliers: elle emploie comme système référentiel des paramètres littéraires ancrés dans une dichotomie. Elle fait appel à un système de références culturelles double (et contradictoire, au besoin). Cela permet à son roman de fonctionner un peu comme un kaléidoscope—mais un kaléidoscope avec des signaux doubles, précis et délibérément agencés dans un système complexe de conventions littéraires ainsi que des signes qui les accompagnent. Il y a, à la base du *roman croisé*, toute une remise en question de la notion de *civilisation* et de *culture* telles que les conçoit l'Occident moderne, mais il y a aussi toute une remise en question des genres établis et un soupçon d'idéalisme qui est essentiellement ouverture sur l'avenir.

La leçon la plus importante à tirer du roman *Le Chinois vert d'Afrique* est sans doute que l'état de *différence*, tel qu'il est vécu par les *croisés* dans l'espace social français est, comme beaucoup d'autres choses dans la vie, pur objet d'interprétation. Leïla Sebbar nous montre que la nature ethnique et sociale d'un individu peut prendre un sens différent, sinon opposé, selon la perspective à laquelle elle est soumise tout comme elle peut être valorisée de façon différente dans le cadre idéologique d'une perspective raciste ou anti-raciste. Dans le cadre du roman, cette flexibilité de perspective ne nuit en rien à l'intention documentaire ni au *récit-témoignage* mais le rend au contraire plus crédible.

Enfin, l'auteur évite sagement de clore son roman de façon définitive, laissant ainsi la possibilité symbolique d'insertion d'un avenir différent et peut-être meilleur. Si la course de Momo est linéaire et va de l'avant, le récit est, dans sa totalité, circulaire et ne se referme pas, semblable à la base d'une spirale, restant (tout comme son personnage fugueur) en mouvement constant[8]. Par ailleurs, si le roman reste "oeuvre ouverte", au sens où l'entend Umberto Eco, c'est parce qu'il y a là choix délibéré de l'auteur, choix doublement justifié puisque la vie continue et que l'oeuvre en question bien qu'inscrite dans l'Histoire veut aussi se situer dans le domaine de l'imaginaire. La non-clôture, qui est ici à la fois expression d'une attente et assertion d'espoir, est un choix idéologique de la part de Leïla Sebbar. Que sera la vie de Momo? Qu'adviendra-t-il de ses espoirs? Tout cela dépendra évidemment des proportions de *vie en rose* et de *vie en noir* auxquelles il sera exposé. Le récit policier et le conte échouent tous deux car ils s'avèrent trop limités pour circonscrire une vérité socio-culturelle nouvelle encore mal comprise. Seul le *roman croisé* triomphe, parce qu'il transcende l'ensemble de la situation, est rencontre des pluralités des différences et *regard croisé* par excellence.

L'*écriture croisée*, telle qu'elle est conçue par Leïla Sebbar est donc une écriture complexe fondée sur une idéologie généreuse. C'est une écriture qui tire ses valeurs de base d'un humanisme personnel profond dans le cadre duquel l'anti-racisme prend la plupart du temps la forme humble de gestes de bonté individuelle car toute rhétorique raciste/anti-raciste y est délibérément évitée[9]. Le concept personnel qu'a Leïla Sebbar du roman comme genre détermine dans le texte la victoire du récit poétique sur le récit policier mais aussi sur le conte qu'il dénie et renie, et dont il désamorce les mécanismes de base, après avoir contré l'un avec l'autre. C'est la victoire de l'art créateur et d'un genre tri-dimensionnel sur des conventions littéraires établies: sur la tradition du récit linéaire et sur le pseudo-réalisme. C'est aussi le dépassement d'une dichotomie littéraire fondamentale entre des termes traditionnels opposés dont même la synthèse semble inapte à exprimer la complexité du monde *croisé*, de telle sorte qu'il faut faire appel à la coïncidence des contraires. Dans le roman *croisé* tout devient triple ou impair, car il est impératif que soient transcendés les chiffres pairs qui ne sont que multiplication du double—marque et envers de la division interne. Ainsi, le chiffre "7" joue un rôle central et quasi-magique dans *Le Chinois vert d'Afrique*.

Le *roman croisé* (tant au sens de *croisement* que de *croisade*) tend vers l'idéalisme, mais cela seulement parce qu'il tend vers la vie. Il n'inclut ni dogmatisme, ni propagande mais plutôt un appel à la conscience individuelle dans la mesure où chacun doit prendre conscience de son temps. Il est invitation à la réflexion, désir d'insérer le texte roma-

---

[8] La "fugue" est perçue, musicalement, comme un genre des plus libres se fondant sur l'articulation de plusieurs thèmes secondaires (*en contrepoint*) autour d'un thème central.
[9] L. Sebbar se défend d'être un écrivain *engagé* au sens traditionnel de ce terme.

nesque dans l'Histoire actuelle, sans être pour autant roman historique. Il est la représentation métaphorique d'une société dans laquelle nous vivons et dont nous ne comprenons pas toujours la nouvelle complexité. Il nous montre l'envers du monde que nous connaissons: un monde "verlanisé"[10].

Ayant choisi de prendre *Le Chinois vert d'Afrique* comme archétype possible du roman *croisé*, on en arrive, si l'on veut examiner la nature profonde de ce texte exemplaire, à déduire quelques traits fondamentaux dont certains pourraient s'avérer caractéristiques d'une catégorie romanesque nouvelle. Il est ainsi possible de noter, entre autres choses:

1. La combinaison (sous forme d'opposition) de paramètres et conventions littéraires opposés (sinon incompatibles) s'inspirant tant de la littérature orale traditionnelle que de la littérature écrite moderne. Faudrait-il alors parler de roman post-moderne?

2. La présence comme métaphore de base de deux thèmes fondamentaux: le premier, fixe, qui est l'altérité—expression de l'état de croisement (division à la fois biologique et culturelle d'un individu issu de plusieurs groupes ethniques différents) et le deuxième de nature plus flexible pouvant recouvrir le concept de *différence, marginalité, exil, rejet, abandon, souffrance, déséquilibre, errance, non-appartenance, état ou fonction de bouc émissaire*, ou plusieurs de ces termes regroupés. Ainsi, dans *Le Chinois vert d'Afrique*, les trois thèmes fondamentaux de la fugue, de la mémoire et de l'altérité se croisent, s'entrecroisent, se rejoignent puis se quittent comme dans une composition musicale. Tous trois sont orientés vers le mystère d'un avenir en train de se faire car, chez Leïla Sebbar, le roman (à l'image de ses personnages) est toujours en devenir.

3. L'emploi d'une thématique structurelle fondée sur l'idée du voyage initiatique (ici métaphore de la vie), ce voyage étant présenté comme un parcours de *survie* physique ou émotionnelle. Combattant, passé par une série d'épreuves et de conflits, le personnage central rencontre tour à tour des "monstres maléfiques", incarnations des aspects négatifs de la société dominante ou environnante, et des "aides bénéfiques", incarnations de forces sociales et/ou émotionnelles positives. Qu'il soit résistant ou combattant, le héros ou l'héroïne du récit n'en aura pas moins à combattre éternellement ce qui est pour lui le pire des monstres: un monstre à double tête qui incarne d'une part l'hostilité sociale (et/ou parentale) à laquelle il est soumis mais aussi sa propre douleur qui le ronge de l'intérieur.

4. La présence d'une idéologie anti-raciste fort claire même si cette dernière n'est pas ouvertement formulée. La rhétorique du *roman-croisé*

---

[10] Le *verlan*, comme on le sait, est un langage artificiel et codé, résultant de l'inversion des syllabes des termes employés.

refuse (à juste titre) de s'appuyer sur une dialectique racisme/antiracisme. Il incite cependant son auteur à mettre en valeur les dimensions anthropologiques de la vie et du quotidien dans tout ce qu'elles ont de plus poétique—en deça et au-delà de tout ce qui pourrait être faux exotisme. Là où le regard littéraire échoue, le regard anthropologique jouera le rôle de filtre pédagogique, sera source d'information socio-culturelle pour le lecteur, l'aidant à faire de *l'étranger* son voisin. Le *roman-croisé* est le terrain poétique des regards qui se croisent, des regards contraires.

5. Enfin, sur le plan des stratégies narratives, l'emploi et la présence, d'une esthétique du divers, pour reprendre la formule de Victor Segalen. On pourrait même parler ici de mélange de genres, de systèmes dialogiques divergents, de systèmes symboliques multiculturels, d'inter-signes si l'on tient compte du fait que les cultures mises en jeu (et leurs paramètres symboliques) sont généralement celles-mêmes à la base desquelles s'est opérée la division affective et culturelle du personnage central, de son auteur, ou des deux.

Le *roman croisé* n'est pas sorti de rien ni de nulle part. Dans l'arbre généalogique de la littérature de langue française dite *immigrée* il semble correspondre à une branche cousine de ce qu'on a appelé le *roman beur* mais une branche plus mûre, ancrée plus en profondeur dans la poétique, plus philosophique, davantage orientée vers le collectif. Dans un excellent article Jean-Michel Ollé (1988) tentait de définir les caractéristiques de base du *roman beur* à partir d'un certain nombre d'oeuvres publiées entre 1982 et 1986. Curieusement, il ne considérait de Leïla Sebbar que *Shérazade* (1982), alors que *Le Chinois vert d'Afrique* (1984) avait déjà été publié à cette époque. Selon lui, le *roman beur* était de nature essentiellement biographique (prenant souvent la forme d'une autobiographie déguisée)—évaluation qui rejoint d'ailleurs celle d'autres critiques, dont le Britannique Alec Hargreaves[11]. Si les critères établis par J.M. Ollé sont justes, il est alors permis de dire que le *roman croisé* dépasse et surpasse en densité et complexité ce modèle romanesque particulier dans son effort de documenter et élucider l'effet du croisement sur les individus qui y sont soumis. En effet, si le *roman beur* est largement psychologique, le *roman croisé* est intrinsèquement métaphorique. Sa grandeur est qu'il n'existe pas simplement au niveau de l'individuel mais à celui du collectif: "roman du divers", il s'ouvre directement sur la littérature de la "diversalité"[12].

---

[11] Il faut noter qu'en dépit de cet article, Hargreaves n'inclut pas Leïla Sebbar dans son livre Voices from the North African Community in France, reconnaissant ainsi indirectement le statut particulier de cet auteur.
[12] Le terme est de Patrick Chamoiseau: "La Rencontre des Trois Mondes". Colloque International sur L'Amérique Latine nous interroge, Montreuil (30 nov.-1er. déc. 1992).

Si les nouvelles formes littéraires du *divers* nous laissent encore perplexes c'est parce qu'elles nous semblent échapper, tout du moins en partie, aux catégories critiques traditionnelles auxquelles nous sommes accoutumés ainsi qu'à la combinatoire habituelle de la critique littéraire française. Seule une critique interdisciplinaire, multi-générique et multi-ethnique, pour ne pas dire multi-culturelle—une critique croisée—nous permettra de mieux comprendre et élucider les dimensions de cette littérature nouvelle. Que faut-il voir dans *Le Chinois vert d'Afrique, roman croisé*? Une nouvelle sorte de roman fondé sur une combinaison inhabituelle de genres: roman policier, conte, roman à clé, roman multiculturel, bref un roman autre ou un roman à l'encontre des genres traditionnels exprimant des formes de vie actuelle? Bien des réponses sont possibles dans le cadre d'une critique nouvelle, qui se cherche encore. Mais, si une *critique croisée* doit assumer un jour une fonction sociale et éthique, il est évident qu'il lui faudra non seulement faire face aux nouveaux problèmes d'esthétique littéraire mais aussi déboucher sur la vie française et sa nouvelle diversité. Comme l'a fort bien écrit Tzvetan Todorov: "Nous ne pouvons pas seulement étudier les autres; mais il nous faut aussi apprendre à les connaître et à les juger car toujours, partout, en toutes circonstances, nous *vivons* avec eux".

Bibliographie

Hargreaves, A.G. "Beur Fiction: Voices from the Immigrant Community in France." *French Review* 62. 4 (March 1989): 661-668.
_____. *Voices from the North African Community in France: Immigration and Identity in Beur Fiction.* New York: Berg, 1991.
Miller, D. A. *The Novel and the Police.* University of California Press, 1988.
Ollé, J.-M. "Les Cris et les rêves du roman beur". *Le Monde Diplomatique* (octobre 1988): 27.
Sebbar, L. "Si je parle la langue de ma mère". *Les Temps Modernes* 279 (février 1978): 1179-1188.
_____. *Shérazade, 17 ans, brune, frisée, les yeux verts.* Paris: Stock, 1982.
_____. *Le Chinois vert d'Afrique.* Paris: Stock, 1984.
_____ et Nancy Huston. *Lettres parisiennes: autopsie de l'exil.* Paris: Bernard Barrault, 1986.
_____, Amadou Gaye et Eric Favereau. *Génération métisse.* Paris: Syros/Alternatives, 1988.
Todorov, T. *Nous et les autres: la réflexion française sur la diversité humaine.* Paris: Seuil, Coll. La Couleur et les Idées, 1989.

II
L'AUTRE DE LA CULTURE

Ex-position post-coloniale d'Orsenna à Le Clézio

CAROLINE EADES

L'exposition coloniale, roman d'Erik Orsenna, publié en septembre 1988 aux Editions du Seuil et récompensé par le Prix Goncourt 1988, constitue un double repère dans la perspective de *l'autre de la culture*, en ce qu'il présuppose une écriture sur la diversité (l'Empire économique, politique, culturel français au début du siècle) et la pervertit immédiatement par un traitement burlesque de ces assertions, par le jeu sur l'auteur, l'histoire et le livre.

L'exposition coloniale retrace la vie de Gabriel Orsenna, depuis sa naissance en 1883 à l'hôpital Saint-Vincent-de-Paul à Paris jusqu'à ses années de retraite dans une maison de Cannes-la-Bocca. Le roman commence donc au temps de la formation de l'Empire colonial français en Afrique et en Asie et entraîne ses personnages de Levallois à Saïgon en passant par Bélem. Décidément, les personnages de Céline, d'Orsenna, de Le Clézio pour ne pas citer Robbe-Grillet et Duras, ont la "bougeotte". Les plus casaniers, les piliers de banlieue finissent en Indochine, comme le père de Gabriel, Louis Orsenna, et son ami Dekaerkove, journaliste sportif: l'un y cherche un lieu pour mourir, l'autre un endroit pour construire un vélodrome.

Les plus jeunes, après un séjour d'initiation en Angleterre, se dirigent vers les terres lointaines du Brésil, de l'Afrique ou de l'Extrême-Orient. Cette expérience anglaise est cependant moins vécue comme un déplacement culturel que comme une étape indispensable à la formation du personnage sur le plan affectif. Dans trois romans (*L'exposition coloniale* d'Orsenna, *Onitsha* de Le Clézio et *Mort à crédit* de Céline), la première conscience de l'altérité se vit dans le dysfonctionnement de la cellule familiale représenté dans les trois cas par l'intervention de la grand-mère dans l'encadrement maternel. La rencontre avec les personnages anglais permet à Ferdinand, Maou ou Gabriel de découvrir un substitut du support familial et de s'initier au rapport amoureux.

Ainsi, à Meanwell College, Ferdinand trouve en Nora Merrywin l'amante et la mère. Gabriel Orsenna s'approprie avec les Knight une famille complète: Elisabeth, Markus et leurs deux filles qui deviendront ses amantes et se présenteront comme ses femmes. Maou devient mère quelques mois avant d'épouser Geoffrey Allen et quelques années avant de partager sa vie.

Pourquoi la dimension d'altérité culturelle s'ajoute-t-elle donc à l'itinéraire psychologique des trois personnages principaux? En quoi leur est-il nécessaire de découvrir parallèlement et implicitement une autre langue, une autre histoire, d'autres comportements? Cette expérience de la différence est, en effet, seulement mentionnée, à défaut d'être décrite. De plus, elle n'apparaît comme nécessaire que pour se trouver paradoxalement isolée comme exceptionnelle et enfermée dans l'échec, puisqu'elle s'achève dans le drame avec le suicide de Nora chez Céline, dans le vaudeville avec le ménage à trois de Gabriel Orsenna ou, chez Le Clézio, avec la fin symbolique de Geoffrey Allen en pleine guerre du Biafra.

Par son caractère indispensable et destructeur, par le contact avec la différence dans ce qu'elle a de plus familier et de plus inaccessible, l'étape anglaise serait en elle-même réductrice, si elle n'était déclinée en d'autres rencontres, en d'autres différences. Le passage obligé par l'Angleterre a valeur de paradigme: la traversée de la Manche par Ferdinand Destouches ou Gabriel Orsenna n'est que le premier des longs voyages qui portent Gabriel et sa très jeune épouse Clara vers le Brésil sur le paquebot *Wellington* en 1913 ou Maou et son fils Fintan vers l'Afrique sur le *Surabaya* en 1948.

Le *Wellington*, tirant son nom du général anglais, part en conquérant, en dominateur, en maître du premier Empire colonial. "Le moment est venu, alors que Gabriel, comme son illustre prédécesseur Christophe Colomb, traverse l'océan par voie de mer, le moment est venu de comparer les deux expériences" (Orsenna 185). La ressemblance vient de ce que Gabriel doit rassurer sa jeune femme, comme Christophe Colomb dut apaiser ses matelots; la différence, "capitale" précise l'auteur, tient à ce qu'"Isabelle la Catholique, prétextant des occupations officielles, était restée à terre. Tandis que moi, Clara m'accompagnait" (Orsenna 187).

Gabriel part en explorateur, à la découverte de deux continents, Clara et le Brésil, avec la maladresse, l'égoïsme et la passion de l'aventurier. Et quand le héros faiblit, son alter ego vient à la rescousse:

Patrocle au secours d'Achille devant Troie, Marcel Proust au secours de Gabriel Orsenna à Belem. Le burlesque prend le pas de l'épopée.

Dans le roman de Le Clézio, au contraire, Maou part rejoindre un souvenir et un rêve: l'amour qu'elle a vécu il y a douze ans avec Geoffrey et l'Afrique telle qu'elle existe dans son imaginaire. Le *Surabaya*, tenant son nom d'un port du protectorat hollandais à Java, représente donc le réseau colonial qui s'étend depuis l'Europe jusqu'aux continents d'Afrique et d'Asie. L'exploration a laissé place à l'exploitation systématique. Maou n'a pas besoin d'être rassurée comme Clara, mais la découverte de l'autre sera d'autant plus difficile, voire impossible, qu'elle passe par la négation de soi, de ses propres représentations du rêve de l'explorateur. L'épique a laissé place au tragique, à la solitude, à la plus cruelle des souffrances, puisqu'elle se nourrit d'elle-même.

Si les romans d'Orsenna et de Le Clézio s'achèvent tous deux par l'échec, symbolisé par le retour en France, il faut peut-être distinguer l'itinéraire des personnages de Le Clézio pour qui la rencontre avec l'autre détruit la représentation de cet autre par la mémoire, l'imaginaire ou l'histoire. Qu'il s'agisse du bon ou du mauvais sauvage, lorsque ces images s'effritent au contact de la réalité et du vécu, le principe même de l'altérité se perd. Seule semble subsister l'identification ou la relation biologique entre femmes, entre Maou, Oya et Marima, au delà de l'échec du rapport social marqué par la séparation, la fuite, la destruction, la guerre.

Les personnages d'Orsenna, par contre, appartiennent à un monde qui, en codifiant l'autre de la culture, a essayé de s'approprier la différence et de se ménager l'apparence de la stabilité. La volonté d'exposition donne l'effet de contrôler le processus: il s'agit d'organiser le monde, à la manière des encyclopédies du dix-huitième siècle, des anthologies du dix-neuvième siècle et des bases de données du vingtième siècle. Le caractère exhaustif et universel du projet a obligatoirement un caractère totalitaire: l'autre de la culture doit être dûment répertorié et intégré dans l'édifice.

Une exposition a pour objet, étymologiquement, de mettre en vue, de mettre en ordre et en dernière analyse de soumettre à l'action: l'Exposition Coloniale a pour mission d'intégrer l'autre de la culture, c'est-à-dire les autres cultures dans leur relation hiérarchisée avec la culture dominante qui s'arroge la fonction d'architecte et de maître d'oeuvre. Paradoxalement, les autres cultures, en acquérant un pouvoir constitutif, sont assignées à un rôle accessoire. La conséquence extrême du travail d'exposition consiste à nier l'existence des autres cultures pour les réduire à l'état de sujet, l'autre de la culture, l'ombre du réel: Gabriel ne rencontre que des colons français ou francophiles; les anciens tombeaux d'Hué ne sont que décors pour fantaisie érotique; parmi les Esprits caodaïstes, "Jeanne d'Arc, Camille Flammarion, Victor Hugo étaient les plus bavards" (Orsenna 497). Plus encore: Gabriel ne quitte jamais sa culture, celle de Levallois-Perret, qu'il s'assoit sur les bancs d'une classe de khâgne ou qu'il traverse les océans.

L'élan positiviste qui sous-tend son itinéraire, les cours de l'école coloniale et surtout les livres nécessaires à la préparation de tout voyage sous les Tropiques témoignent de ce gigantesque effort de comprendre, de compiler, d'organiser l'autre. René Thom, membre de l'Académie des Sciences, expose comme un des trois arguments justifiant la méthode expérimentale, avec le "bricolage" et l'"erreur féconde", l'"exploration exhaustive de la réalité": "Ne peut-on prétendre que l'*inventaire* de tous les phénomènes observables est le but ultime de la science?" (Thom 13). On retrouve ici Christophe Colomb, le cartographe et le chroniqueur, l'homme des relations publiques et des célébrations, tandis qu'Isabelle la Catholique est restée sur le quai, avec la reine Victoria, prétextant des occupations officielles, en l'occurrence l'assujettissement du monde à leurs nécessités politiques, économiques et morales.

A l'instar des explorateurs, Gabriel nous raconte son voyage au Brésil sous la forme d'un journal, comme Christophe Colomb, mais son voyage en Indochine prend la forme d'une déposition judiciaire. Les Français croisés par Gabriel en pleine déroute de Dien Bien Phu ne s'embarrassent pas d'objets d'art et de pièces de collection, mais de "glacières, armoires lorraines, bibliothèques, chevaux à bascule, planisphères et puis des malles cabines, des matelas roulés, une motocyclette..." (Orsenna 532).

Seuls les bibliothèques et les planisphères inscrivent la différence culturelle. Aussi est-il impératif que la Société de Géographie achemine rue Saint-Jacques ses précieuses plaques photographiques sur l'Indochine du dix-neuvième siècle, tout comme "les fragments du cadastre, les rôles fiscaux, les dossiers du personnel immigrant, les livrets scolaires [...] les comptes de l'Economat, les projets de remembrement" (Orsenna 533).

Les Expositions Coloniales couronnent cet effort national de lecture du monde par la grille administrative et géographique française. La différence s'inscrit dans le catalogue, dans une structure combinant la hiérarchie et la juxtaposition:

> Il avait fait le compte des races présentes à Dien Bien Phu, trente-sept: Marocains, Sénégalais, Thai, Cambodgien, Malgache...Je m'y perds, moi dans les couleurs, mais trente-sept, j'ai retenu le chiffre. Il disait que Dien Bien Phu était la dernière exposition coloniale. (Orsenna 526)

Toutes les couleurs de l'arc-en-ciel humain sont répertoriées par le blanc qui, comme on le sait, n'est pas une couleur...

Le roman d'Orsenna s'arrête avant que d'autres récits ne prennent le relais. En préférant le roman au reportage, l'exposition à l'expédition, la parade au défilé militaire, l'auteur propose donc une grille de lecture inhérente au temps de la narration.

L'exposition coloniale s'inscrit dans le temps de son écriture par un autre procédé: la métaphore du caoutchouc. Contrairement aux Bouvard et Pécuchet de Flaubert ou à Courtial des Péreires chez Céline, la technologie n'est pas un substitut du réel ou un instrument d'accès au réel, mais plutôt une méthode d'interprétation du réel, une écriture.

> L'auteur s'en prend à un caractère, et, celui-ci étant donné, fait pérégriner son héros à travers le monde. [...] Les vagues de la vie peuvent paraître l'enlever, le rouler, le faire descendre, il relèvera toujours de ce type humain *formé*. (Breton 6)

Gabriel rebondit, comme sa balle, le long de la trame narrative tandis que les autres personnages sont peu à peu exclus de l'espace romanesque comme par l'effet d'une force centrifuge: Madeleine la grand-mère, Markus, Elisabeth, Louis le père sont repoussés en périphérie pour disparaître sans véritablement mourir.

Loin de s'arroger la place d'un Atlas soutenant le monde ou même d'un personnage de Le Clézio dérivant le long des mythes, des fleuves et des guerres, Gabriel s'estime heureux d'avoir cessé de rebondir d'Ann à Clara pour se contenter d'osciller entre elles deux. Qui voit là le symbole de l'homme tiré vers l'avenir par les femmes oublie sans doute que Clara et Ann traînent un vieillard dans une impasse.

Enfin, la métaphore caoutchouteuse débouche sur la seule vision post-coloniale du roman, une prédiction cruelle et désespérante, rendue implacable par sa connotation scientifique: la France, "on pouvait bien la tirer, l'étirer, l'agrandir, (elle) reviendrait toujours à sa taille originelle: non pas un Empire, mais un simple hexagone, une puissance moyenne..." (Orsenna 462).

La métaphore d'ordre cinétique n'est pas pour Orsenna le seul procédé d'écriture et, dans un second temps, d'exclusion ou de réduction: l'auteur mêle sous l'appellation Gabriel le *je* de l'auteur et le *il* du personnage, entretenant ouvertement la confusion sur Erik Orsenna, le fils jamais né d'un personnage qui écrit, tantôt juge et avocat, tantôt acteur et spectateur, tantôt auteur et lecteur. L'autre est donc vécu dans une double relation filiale et littéraire.

Non pas que les femmes n'aient pas le droit à la parole ou à l'écrit: elles ont une fonction traditionnelle de personnages, dans le récit, créées par le personnage-auteur comme objets de désir et d'écrit; elles appartiennent également au processus d'écriture, ce qui les valorise en tant que personnages, sans toutefois atteindre le statut d'auteur autrement qu'en notes de bas de page et en mères d'un fils-lecteur fictif. Dans leur rapport à la trilogie (Erik, Gabriel et le texte), mères, amantes et accoucheuses de l'auteur, Clara et Ann sont les médiatrices essentielles de l'histoire non-événementielle, de la persécution des juifs au développement du capital et des investissements multinationaux en passant par les débats autour de la psychanalyse et les progrès des media visuels, tout comme la compagne polonaise de Louis incarne de manière plus passagère, mais tout aussi essentielle, le rapport du monde occidental au bloc communiste.

Le troisième procédé sert à concilier la trame d'une histoire événementielle, c'est-à-dire une chronologie, l'expression brute des dates, à un monde qui, comme on l'a vu, réduit toute altérité à la constitution de soi: il amorce ainsi une parodie du "contre-positiviste", le Sartre des *Situations* pour qui

> la vérité humaine est totale, c'est-à-dire qu'il y a une possibilité à travers des détotalisations constantes de saisir l'Histoire comme totalisation en cours. Tout phénomène étudié n'a son intelligibilité que dans la totalisation des autres phénomènes du monde historique. (Sartre 92)

Le burlesque permet à Orsenna d'ancrer ses personnages à une réalité historique, de donner à son héros un champ de bataille, un destin et même un retour presque odysséen: contrairement à Don Quichotte, Gabriel ne se bat pas contre des moulins. Sans passions ni idéaux, la rencontre avec l'histoire est un accident, insoupçonné dans l'instant et presque aussitôt oublié. L'histoire sans cesse présente tout au long du texte est aussitôt travestie par le quotidien: la mort de la Reine Victoria est prétexte à déplorer le vol des hévéas brésiliens par les Britanniques, l'Exposition de 1937 se prépare en même temps que Munich, Gabriel cherche son père dans la jungle qui entoure Dien Bien Phu. Quand il ne passe pas à côté de l'histoire, Gabriel y participe à son insu, en installant des pneus aux autobus qui conduiront une nuit de juillet 1942 des centaines de familles juives au Vel'd'Hiv' puis à Auschwitz.

> Gabriel ne parlera pas des Allemands. Tout le monde sait qu'ils ont envahi Paris. Des livres et des livres ont déjà raconté leur séjour. Le sujet semble plaire. Gabriel préfère s'en tenir à son métier, expliquer le rôle du caoutchouc dans une ville occupée. (Orsenna 403)

Par la métaphore burlesque et exclusive du caoutchouc, Orsenna satisfait au postulat d'exposition, à la volonté pseudo-scientifique de tout répertorier et organiser: le caoutchouc, fil élastique conducteur, témoigne de l'indifférence des objets, pneus de vélos et d'autos, conducteurs de génocides et de massacres comme de plaisirs et de trophées. Loin de la bête humaine ou des lendemains d'Hiroshima, les expositions universelles chantent la gloire de la technologie et les expositions coloniales célèbrent la gloire des empires en voie de disparition. Mais, lorsque leurs portes se ferment pour toujours, l'ordre parfait d'un monde artificiel s'écroule, faute de personnages et de spectateurs. L'histoire finit sans que naisse le fils de Gabriel, Clara, Ann, petit-fils de Louis, Elisabeth et Markus. Le dernier lecteur n'est pas l'héritier, mais l'exécuteur testamentaire. Si au chaos, à l'absurde, Gabriel a répondu par l'ordre, l'exhaustif et le rebondissement, il ne reste après lui que le flou, le hasard et l'infini.

L'exposition coloniale se justifie alors comme exposition au sens littéraire du terme, en présentant au lecteur les circonstances de l'action à venir, les protagonistes et les thèmes développés. "Choisir comme principe explicatif la seule dimension du passé (l'enfance, etc.), c'est faire de l'oeuvre une conséquence, alors qu'elle est si souvent pour l'écrivain une manière de s'anticiper", rappelle Jean Starobinski (283). Cette pause entre un passé qui se construit dans l'écrit et un futur déjà construit aide le lecteur à se situer dans la fiction et à situer la fiction dans un processus quasi historique. L'accumulation des dates, des événements, des repères, propre au burlesque confère donc à l'ouvrage d'Orsenna sa qualité d'exposition, d'avant-drame et lui permet de s'achever au moment où l'histoire de notre temps, la post-colonisation, commence, après Dien Bien Phu, tout comme *Onitsha* se termine avec la guerre du Biafra chez Le Clézio.

La scène est désormais vide, alors que les coulisses bruissent encore du fracas des batailles de la veille: les enfants ne vivent que pour fermer les yeux de leurs parents sur des mythes éteints et lire des testaments à la recherche de corps disparus. Alors que les épopées exposent aux descendants d'Enée, de Moïse ou d'Arjuna les fondements de leur civilisation, le roman d'Orsenna propose aux enfants de Gabriel Orsenna, le récit des faits et gestes de leur ancêtre, héros des temps modernes et acteur burlesque de l'histoire. Le procédé de l'exposition laisse donc à l'auteur tout son potentiel d'écriture, tout en le dispensant des responsabilités de construire le présent qui, par essence, lui échappera toujours. "Les pères sans fils sont des écrivains, Gabriel" (Orsenna 474).

Avec Orsenna, Le Clézio, l'histoire se fait désormais à l'insu des personnages qui effleurent les guerres d'Indochine ou du Biafra ou qui participent involontairement et sans aucune responsabilité aux massacres du Vel' d'Hiv' et de Dien Bien Phu.

Ce nouveau rapport à l'histoire s'effectue soit dans la souffrance, chez Le Clézio (le personnage se sent exclu de l'histoire, impuissant à défendre les opprimés, éloigné du champ de bataille), soit dans le bonheur de l'ataraxie chez Orsenna (le personnage rejette l'histoire à la périphérie de son existence). Ces deux types de relation s'articulent aisément sur l'alternative au coeur des débats de notre fin de siècle: multiculturalisme ou assimilation. Les romans d'Orsenna et de Le Clézio s'achèvent en pleine décolonisation. Ils décrivent un cheminement difficile vers la reconnaissance de l'autre, qui passe par le recul par rapport à soi, l'exclusion de l'autre, la distance, voire le repli sur soi.

La post-colonisation reste du domaine du non-dit, de la post-exposition, sans spectateur ni personnage: pour Orsenna, le procès est terminé et les acteurs absous. Si les mémoires ne manquent pas de souvenirs, si les corps sont marqués par l'expérience (brûlures de la terre ou chocs du rebondissement), il n'en reste pas moins vrai que le silence de la scène littéraire est impressionnant.

A moins qu'on ne tende l'oreille vers d'autres tréteaux: les cultures qui ont été dominées ou colonisées se font tant entendre qu'elles défient d'occuper le devant de la scène. Maryse Condé montre avec justesse comment le choix de la langue française par les auteurs antillais est précisément le signe de cette nouvelle étape: au-delà de la nécessité de communiquer soit avec soit contre l'oppresseur, il s'agit désormais d'un choix d'auteur qui se place ainsi dans la littérature où l'intertextualité annule la différenciation culturelle que peut impliquer le multiculturalisme. Un exemple de cette évolution d'une question à la fois littéraire et culturelle pourrait être la consécration récente de Derek Walcott.

Les oeuvres littéraires des années 1980 comme *L'exposition coloniale* réussissent le paradoxe de se définir comme passéistes tout en se distinguant de l'histoire-théorie ou expérience- sous le prétexte d'une paternité avortée. La famille s'éteint faute de descendants directs et laisse la place à ceux qu'on considérait comme bâtards, les autres de la culture, héritiers de fait, légitimés par le testament d'un échec.

Bibliographie

Breton, André. *Manifeste du surréalisme.* Paris: J.-J. Pauvert, 1962.
Le Clézio, Jean-Marie Gustave. *Onitsha.* Paris: Gallimard, 1991.
Orsenna, Erik. *L'exposition coloniale.* Paris: Seuil, 1988.
Sartre, Jean-Paul. *Situations, IX.* Paris: Gallimard, 1972.
Starobinski, Jean. *La relation critique, L'oeil vivant II.* Paris: Gallimard, 1970.
Thom, René. "La méthode expérimentale: un mythe des épistémologues (et des savants?)" in *La philosophie des sciences aujourd'hui,* sous la direction de Jean Hamburger. Paris: Gauthier-Villars, 1986.

Hervé Guibert, ou le corps du délit

PASCALE-ANNE BRAULT

> D'un seul coup [l'image] était là sur l'écran, bleue, métallique, à la fois chaude et glacée, irréelle, insensément belle...censurée d'elle-même à cause de la violente douche de lumière sur le champ opératoire, qui transformait la zone saignante et la boucherie en une zone abstraite, incandescente. (*HCR* 41-42)

On put le voir, ce soir-là, à la télévision, non pas en train de parler de sa carrière, de son prochain livre, en train d'être filmé par d'autres, mais, cette fois ci, en train de *se* filmer lui-même, évoquant la fin de sa carrière et même la fin de sa vie. Pour certains, le fait qu'Hervé Guibert ait pu être destiné à tourner un film sur la fin de sa vie est un accident malheureux, voire tragique, le résultat d'un virus venu d'ailleurs, de l'extérieur de la vie et de l'oeuvre d'Hervé Guibert, et dont le film serait ce produit si pathétique. En effet, avant de voir comment ce film fait bien partie de l'oeuvre de Guibert, il faudrait, afin d'éviter le risque de trop expliquer, de trop esthétiser, affirmer que oui, ce fut un accident, que oui, ce furent des circonstances dans la vie d'un écrivain qui aurait pu prendre un tout autre tour, que oui, ce film résulta bien d'une intrusion malheureuse de l'extérieur. C'est sous les apparences d'un accident terrible qu'Hervé Guibert aurait été destiné à filmer son corps ravagé par le Sida, quelques mois avant sa mort.

Mais ceci dit, ce film, dont la projection fut d'abord annulée à la demande du Conseil National du SIDA mais qu'on put finalement voir le 30 janvier 92, ce film qui montre le corps périssant de son réalisateur, participe intégralement de l'oeuvre de Guibert, oeuvre qui, au fond, ne traite—et ce, depuis le début—que de la sexualité, de la mort, du corps, du regard, et du rapport de l'autobiographie à la fiction. En effet, depuis *La mort propagande* (écrits de jeunesse), en passant par *Des aveugles*, Mon valet et moi et *Cytomégalovirus: journal d'hospitalisation*, la courte vie d'Hervé Guibert nous aura laissé une foison de livres que structure la double problématique du corps et du regard telle qu'elle s'inscrit dans la tension entre autobiographie et fiction. Du corps, Guibert en parle inlassablement, page après page; le corps, le sien ou celui de l'autre, érotisé à son extrême, animé par moments des pulsions les plus perverses, déclencheur des attirances les plus obsessionnelles, et puis aussi, source de répulsion, signe annonciateur d'un pourrissement et d'une mort inévitables. Ce corps, autobiographique ou fictif, c'est le regard qui le compose, qui l'instrumente au fil des passions de celui qui voit ou qui ne voit point, l'amant ou le photographe, le malade ou l'aveugle.

Cette indissociabilité du corps, du regard, de la sexualité et de l'autobiographie est exemplifiée par le fait que Guibert, dont les premières publications remontent à 1977, fut critique de photo au journal *Le Monde* également à partir de 1977. Il se serait livré donc avec autant d'ardeur à la photographie qu'à l'écriture, travaillant toujours depuis cette zone tremblée entre la prétendue subjectivité de l'écriture fictive et la prétendue objectivité de la photographie. Ainsi, le processus de l'écriture s'articule-t-il entre une création fictive et une révélation personnelle, les personnages déclarant leur homosexualité, leurs désirs et leurs angoisses dans ses livres avec autant d'insistance que Guibert l'écrivain le fit dans la vie.

Tout d'abord, un livre, *L'image fantôme*, livre sur la photographie mais sans image, sans illustration, livre qui n'est "qu'une amorce de pellicule vierge ... car ce texte est le désespoir de l'image, et pire qu'une image floue ou voilée: une image fantôme" (17-18). Sorte d'historiographie personnelle de la photographie, il oscille entre les descriptions d'images familiales et d'images amoureuses, fouillant la mémoire afin d'y ressusciter les premières photos érotiques aperçues en catimini tandis qu'il se trouve aux côtés de sa mère, dans une librairie, les photos ratées qu'il prit beaucoup plus tard de sa mère, photos qui au développement ne révélèrent que leur virginité intacte, et enfin, les photos d'enfance qui, elles, "ne laissent rien transparaître: ... mémoire aveugle, muette, mutilée" (*IF* 38). Et puis, après une collection de prises de vue des tantes de Guibert dans *Gangsters*, la photo s'immisce, concrète jusqu'à en être parfois choquante ou même brutale, dans *Vice*. Ces photos, situées au centre du livre, font surgir l'univers immobile et parfois effrayant du corps humain figé dans le semblant d'imitation qu'évoquent squelettes, statues et mannequins, décapités ou non. Quant à la collection d'essais de *Vice*, qui ne sont pas sans évoquer certains textes de Francis Ponge, elle décrit avec une minutie chirurgicale les objets les plus divers: le coton-tige, le masque à éther, la machine à fabriquer de l'électricité statique, le papier tue-mouche, et les endroits les plus incongrus, le Palais des mirages, le cimetière d'enfants, ou encore le Musée de l'Ecole vétérinaire. Tout comme les photos, les textes décrivent un état incertain entre vie et mort, entre réalité et imitation, tels les mannequins, les squelettes et les poupées, et dans chacun de ces textes, l'objet y est double, le masque à éther, par exemple, étant à la fois ce qui allège la douleur et provoque cauchemars et vomissements, le papier tue-mouches, à la fois lieu de mort et monument ou mobile, presque objet d'art. Ainsi ces textes, semblables en cela aux photos, expriment-ils un glissement de la fonction initiale de l'objet vers les domaines variés du plaisir, de la torture et de la mort. Par exemple, dans le bref texte sur la pince à ongles, c'est l'accident possible, l'entaille douloureuse que l'on retiendra. Les gants, quant à eux, ne sont pas seulement l'attribut du chirurgien mais aussi celui du voleur et de l'étrangleur. Le fauteuil à vibrations est à la fois instrument de plaisir et de mort, et dans le texte sur le daguerréotype d'enfant mort, on nous décrit l'enfant mort, revêtu de son costume du dimanche, ne nous révélant qu'au dernier mot qu'il est mort par étranglement. Il s'agit donc presque toujours du corps soumis, travaillé par des objets à fonction double qui peuvent se prêter à la torture et l'exercice du mal. Ainsi corps et regard, texte et image sont-ils liés, comme il est dit dans *L'image fantôme*, d'une façon quasi-indissociable, parfois interchangeables. Rien d'étonnant donc à ce que l'appareil photo s'apparente à:

> un petit corps autonome, avec son diaphragme, ses temps d'ouverture et de rétraction, son boîtier comme une carcasse, mais il est un corps mutilé, on doit le porter sur soi comme un enfant, il est lourd, il se fait remarquer, on l'aime aussi comme un enfant infirme qui ne marchera jamais seul mais à qui son infirmité fait voir le monde avec une acuité un peu folle. (*IF* 80)

Cette infirmité qui qualifie et l'enfant et l'appareil photo n'est donc cependant pas nécessairement infirmante puisqu'elle valorise d'autres formes de perception. L'infirmité du corps, du corps comme objet aveugle, vu sans être capable de voir, nous mène à un autre thème central à l'oeuvre et à la vie de Guibert—l'aveuglement. C'est non seulement dans ses livres mais, comme nous le verrons, jusque dans sa vie avec le Sida, que la peur et la fascination de l'aveuglement surgissent. Dans *Des aveugles* (1985), la cécité donne lieu à un autre discours des sens, propice à la mise en place d'un mode de narration inédit. En effet, dans ce roman, Guibert va bien au delà de la question de la cécité comme état vécu par une subjectivité particulière. Il ne s'agit pas d'une simple description de l'univers de la cécité au sein d'un Institut pour Aveugles; chez Guibert, la cécité est plus qu'un simple thème pour la narration. En effet, les modes de la narration eux-mêmes sont affectés par le milieu dans lequel ils opèrent. C'est ainsi que nous pouvons discerner plusieurs voix narratives à l'oeuvre dans ce roman, multiplicité qui n'est pas sans dérouter le lecteur. Il y a tout d'abord et tout au long celle d'un narrateur "voyant" qui décrit d'une façon extrêmement réaliste, hyper-réaliste même, le monde de la non-voyance. Puis, par moments, cette voix est entrecoupée par une autre—mais est-ce là vraiment une autre?—dont la perception semble être "aveuglée", affectée, telle par les effets d'un onirisme sans limite, en proie à des "visions" de lumière, évoquant la lumière comme masse ou figure, les bruits étant perçus comme coup ou respiration, les couleurs vécues comme instruments de musique. Une troisième voix se fait entendre vers le milieu du roman, véhiculée par un *je* impérieux dont on peut supputer que c'est là le *je* autobiographique de Guibert, à propos duquel une note paratextuelle nous dit qu'il fut, pendant quelque temps, un lecteur volontaire dans un Institut pour aveugles. Mais le *je* du roman a une conception de la lecture bien particulière. En effet, dans les journaux qu'il est censé lire à son auditoire, ce *je* intercale ses propres textes, faisant oeuvre de subversion quant à la notion de texte, la lecture devenant elle-même subversive et le texte original inaccessible. A la fin de ce livre cependant, la maîtrise que ce *je* semble posséder sur son auditoire lui est ôtée, par ce qui n'est peut-être qu'un juste retour des choses, quand il est lui-même aveuglé par ses lecteurs qui lui arrachent les yeux:

> je sentis autour de l'aine une cassure d'écartèlement et soudain mes yeux virent sous eux l'éclat mat de la cuvette d'émail qui les attendait, mon favori s'approcha et les décapsula, il me dit à l'oreille, tout doucement: nous les grefferons à un chien enragé. (*DA* 121)

Quant à nous, lecteurs *réels*, nous voilà seuls face à un texte dont les voix narratives s'effacent et se supplémentent, glissant d'un registre à l'autre sans qu'aucune démarcation précise ne soit jamais établie, sans que nous puissions tracer avec certitude les limites contextuelles du récit. A nous de découvrir qui parle et où. A nous de voir qui est aveugle et qui ne l'est pas. A nous finalement de déchiffrer où se trouvent les regards, et de trancher, dans le vif, entre objets voyants et réels, et objets aveugles et fictifs.

Livres de fiction pure ou livres à tendance autobiographique, l'oeuvre de Guibert en revient donc toujours, de façon plus ou moins indirecte, à cette problématique du regard et du corps. Déjà, les personnages qui peuplaient les premiers textes publiés dans *La mort propagande*, n'étaient rien d'autres qu'Oedipe aveugle lui-même, ou qu'un narrateur qui, à l'intérieur du musée Grévin, se photographiait dans les attitudes de mort de Marat, Marie-Antoinette et Louis XVI, ou bien encore qu'un certain H.G. retrouvé mort, baignant dans son sang et dont la peau, découpée en lanières, avait été exposée, au vu et au su de tous, sur les murs de sa chambre. Tout ce qui touche à la vue, que ce soit au niveau du regard érotique ou de l'aveuglement malade, au niveau de l'intérêt que Guibert éprouve à l'égard de la photographie et de la vidéo, ou de sa passion plus récente pour la peinture, tout cela est à lire comme une illustration et une exploration du rapport à soi et à autrui tel qu'il peut être faussé à souhait par le mode de représentation visuelle. Ainsi, le dernier roman de Guibert, *L'homme au chapeau rouge*, baigne-t-il entièrement dans le monde du marchandage, de l'acquisition de toiles et du dépistage de faussaires, décrivant les longues séances de pose de l'auteur tandis que le peintre Yannis fait son portrait en vingt-cinq exemplaires. Dès lors que l'on s'immisce dans les milieux de la peinture tels que Guibert nous les présente, on est confronté de façon inévitable à la question du vrai ou du faux, et donc, à un autre niveau, à la question toujours sous-jacente de l'autobiographie et de la fiction.

Il ne serait sans doute pas sans intérêt de rappeler que dans l'un de ses tous premiers écrits de jeunesse "Isabella", Guibert décrit une fillette qui façonne une poupée de cire à son image ainsi que de nombreuses marionnettes qui, une fois qu'elles sont pourvues de membres humains, tentent de mettre fin aux jours de leur créatrice. Pour les marionnettes, pour ces toiles dans *L'homme au chapeau rouge*, et pour les livres de Guibert, l'image, la chose représentée, vit bien plus longtemps que son auteur. Ce serait donc une erreur que de lire les textes de Guibert comme une oeuvre purement autobiographique puisqu'il semble bien, comme Raymond Bellour nous le rappelle, que "l'essentiel se joue, à partir de la confession et de ses apparences, sur un autre terrain: dans la conception, aussi simple qu'hallucinée, d'un fantastique de soi-même" ("Trompe-la-mort" 54-56). Ce fantastique de soi-même, nous l'avons vu, est en quelque sorte kaléidoscopé par toute une série d'objectifs photographiques, cinématographiques et picturaux qui font que ni les personnages, ni le narrateur, ni Guibert lui-même ne sont de simples véritables personnes, mais bien plutôt des créations fantastiques. Le H. des *Lubies d'Arthur*, ou le narrateur de *L'homme au chapeau rouge* renvoient bien sans doute à un certain Guibert mais sans en fournir pour autant une copie véridique, un double troublant de vérité—la distance ironique, la distorsion parfois fantasmagorique, alliées à toute cette question de la reproduction, de la représentation fuyante, voire de la cécité (Guibert est souvent photographié derrière une vitre, devant un miroir, de dos, etc) sont là pour inscrire la distance et la différence. Dans cet espace entre réel et irréel, le corps à la fois s'enfuit et s'érige, en état de perdition et à jamais présent, sorte de négatif sur-exposé.

A partir de 1988, date à laquelle Guibert se voit confirmer sa séropositivité, les textes de Guibert vont virer de façon décisive vers un mode presque entièrement autobiographique, affirmation qu'il faut néanmoins nuancer puisque, comme nous venons de le voir, le mode autobiographique est toujours l'occasion d'une fiction de soi. C'est la maladie réelle, en effet, qui infecte l'oeuvre fictive, mais c'est aussi elle qui est responsable de son existence. Guibert confesse à propos de *A l'ami qui ne m'a pas sauvé la vie* que "ce livre n'a sa raison d'être que dans cette frange d'incertitude qui est commune à tous les malades du monde" (11). Et il ajoute qu'à l'annonce de sa mort, l'avait saisi:

> l'envie d'écrire tous les livres possibles, tous ceux que je n'avais pas encore écrits, au risque de mal les écrire, un livre drôle et méchant, puis un livre philosophique, et de dévorer ces livres presque simultanément dans la marge rétrécie du temps, et de dévorer le temps avec eux, voracement, et d'écrire non seulement les livres de ma maturité anticipée mais aussi comme des flèches, les livres très lentement mûris de ma vieillesse. (*AA* 70)

Ces livres ne vont cesser de voir le jour jusqu'à la mort de Guibert, certains mêmes posthumes, d'autres sur le tranchant acéré entre vie et mort, certains gonflés d'espoir, par exemple *L'homme au chapeau rouge*, écrit lorsque l'un de ses amis américains à la tête d'un laboratoire producteur de vaccins lui fait miroiter la possibilité d'être l'"un des premiers survivants au monde de cette maladie inéluctable" (*AA* 9), d'autres encore désespérés, tel *Le protocole compassionnel* dans lequel il s'imagine, à la suite de l'une de ses premières prises de sang, être sur le chemin de l'abattoir chevalin, lui-même "la bête qu'on vient de saigner au cou, sanglée sous les flancs, [qui] continue de galoper, dans le vide" (*AA* 55).

Guibert se voit mourir donc, et dans ses livres et dans la vie, il se voit mourir non seulement en lui-même mais à travers les autres. Témoin du dépérissement, puis de la mort, de son ami Michel Foucault avec lequel il se dit lié "par un sort thanatologique commun" (*AA* 102), Guibert projette sa propre mort dans celle de son ami, se voit mourir d'avance. Il analyse la progression d'un mal qui ne lui est que trop propre par le biais du regard de ses amis, des étrangers, des médecins, toujours à la merci de défaillances corporelles qui se font de plus en plus fréquentes. Le rapport de Guibert à son propre corps se trouve donc exacerbé au travers de l'inéluctable, indomptable maladie, le plus douloureux demeurant "la privation du lointain, de tous les lointains possibles, comme une cécité inéluctable dans la progression et le rétrécissement simultanés du temps" (*AA* 194). Il perçoit sa vie de plus en plus comme un instantané dont le cadre couperait le moment présent de tout futur possible, faisant ainsi du présent lui-même quelque chose de quasiment insensé.

Mais alors que l'on pourrait avoir tendance à penser de l'oeuvre de Guibert qu'elle est dure, acide et même cruelle, et ce tant pour les oeuvres écrites sous le coup du SIDA que pour celles antérieures et pareillement féroces, Guibert lui-même la considérait autrement, sans doute parce que le regard, même clinique, n'allait jamais sans une certaine délicatesse:

> je ne pense pas que mes livres sont méchants. Je sens bien qu'ils sont traversés entre autres choses, par la vérité et le mensonge, la trahison, par ce thème de la méchanceté, mais je ne dirais pas qu'ils sont méchants au fond. Je ne vois pas de bonne oeuvre qui soit méchante. Le fameux principe de délicatesse de Sade. J'ai l'impression d'avoir fait une oeuvre barbare et délicate. (*PC* 112-113)

Cette fascination à la fois "barbare et délicate" pour le corps éclaté tel qu'il peut être saisi ou mis en scène tant par le texte que par l'appareil photo, est reprise à un autre niveau dans cette bande vidéo autobiographique que Guibert fit des derniers mois précédant son décès, le 27 décembre 1991, à l'âge de trente-six ans, le SIDA ayant été vécu comme "un zoom avant brutal sur le temps" (*PC* 112). De même que, selon Guibert, "faire de la torture mentale... un sujet d'étude, pour ne pas dire une oeuvre, rend la torture un peu plus supportable" (*Cytomégalovirus* 54), cette vidéo, tout en inscrivant la fin prochaine, est une tentative d'exorciser, comme tous les textes de Guibert, la dégradation, la mort et l'impuissance. Entrecoupé de retours en arrière, vers une enfance définitivement révolue, le film souligne la lente marche inexorable vers la mort, la mort de celui qui filme, qui se filme dans un dernier geste de don à son public. Et là encore, c'est du corps qu'il s'agit, d'un corps auquel le SIDA n'accorde plus aucun répit, d'un corps écrit, filmé, photographié, aimé, désiré et donc déjà divisé entre vie et mort, réalité externe et création interne, un corps qui s'est donné jusqu'à la perdition et au souvenir.

> On voit ici le circuit qui s'agence (et que le récit réitère, sans cesse, au gré de tant de fils entrecroisés) entre le corps, tous les régimes et degrés de l'image, peinture-photo-vidéo-(cinéma), et l'écriture qui en sort, en ressort... Mais on n'avait encore jamais vu—il a fallu pour cela la maladie, et la mort (si tôt entrevue) passée comme à l'état de présence réelle—, jamais on avait vu l'image innerver à ce point, dans tous les états mélangés, un corps, un vrai corps désirant et souffrant, pour en faire surgir un corps fantôme. C'est à dire aussi bien un corps déjà mort qu'un corps à jamais survivant, rendu à lui-même présent, sur-présent, par la force constante d'une capacité vivace d'hallucination. (Bellour, "Vérités" 68-70)

Bibliographie

Bellour, Raymond. "Trompe-la-mort". *Magazine Littéraire* 276 (avril 1990).
_____. "Vérités et mensonges". *Magazine Littéraire* (février 1992)
Guibert, Hervé. *L'image fantôme.* Paris: Minuit, 1981. (*IF* dans le texte)
_____. *Les lubies d'Arthur.* Paris: Minuit, 1983.
_____. *Des aveugles.* Paris: Gallimard, 1985. (*DA* dans le texte)
_____. *A l'ami qui ne m'a pas sauvé la vie.* Paris: Gallimard, 1990. (*AA* dans le texte)
_____. *Le protocole compassionnel.* Paris: Gallimard, 1991. (*PC* dans le texte)
_____. *La mort propagande.* Paris: Régine Deforges, 1991.
_____. "Isabella", in *La mort propagande.* 41-62.
_____. *Mon valet et moi.* Paris: Seuil, 1991.
_____. *Vice.* Paris: Jacques Bertoin, 1991.
_____. *L'homme au chapeau rouge.* Paris: Gallimard, 1992. (*HCR* dans le texte)
_____. *Cytomégalovirus: journal d'hospitalisation.* Paris: Seuil, 1992.

Voix et voiles dans *L'enfant de sable* de Tahar Ben Jelloun

MARTINE ANTLE

> Le désert est un lieu qui commence en nous et se poursuit en partie en face de notre visage. Nous avons donc la possibilité d'y planter quelques-unes de nos figures intérieures qu'elles soient réelles ou imaginaires.
> BEN JELLOUN

Agencé à partir d'un réseau complexe de voix narratives relevant à la fois de traditions orales, le conte et le mythe ("c'est une histoire qui vient de loin" [208]) et de traditions écrites, les lettres, le journal, *L'enfant de sable* subvertit les modes de représentation occidentaux du roman traditionnel et du roman contemporain. Cette oeuvre à structure ouverte, empreinte de motifs anciens—l'Islam est même la Perse—tisse un inter-texte dense faisant référence à la littérature arabe, persane, française, à Borges et subvertit également tout mode discursif. Les conteurs/narrateurs qu'ils opèrent au niveau intradiégétique ou au niveau extradiégétique, tentent en vain de s'approprier le récit; récit demeurant à l'état d'immanence et se transformant à l'infini. Comme l'affirme John Erickson:

> What results from this a-psychological narrative, is the enclosure of one story within another, or a phenomenon of embedding and embedded narrative, a consequence of which is, as Todorov reminds us, that characters can migrate from one story to another. ("Writing Double" 117)

La quasi-circularité de cette oeuvre prend forme à partir de micro-récits, qui s'emboîtent les uns dans les autres. Ces microrécits participent au processus infini de voilement et de dévoilement d'Ahmed.

Comme nous le verrons plus loin, ils servent aussi à mettre le texte en abîme, faisant même fonction de miroir. *L'enfant de sable* se donne également à lire comme un véritable labyrinthe intra-textuel, visuel et sonore, puisque c'est essentiellement le même texte qui est sans cesse annulé par un autre texte dont le noyau narratif repose à la fois sur un mode oral et un mode écrit.

L'enfant de sable déjoue plus loin encore ses pistes de lectures en faisant appel directement au lecteur dont le rôle se confondra à l'occasion à celui du narrateur/conteur. *L'enfant de sable* se distingue donc par la prolixité du récit, ce qui selon Genette caractériserait le paratexte ou les textes à tendances paralittéraires dans lesquels "c'est la curiosité du lecteur, qui actualise l'énergie potentielle narrative du texte" (*Fig. I* 147). Le texte d'ailleurs ne laisse aucune ambiguïté en ce qui concerne le rôle actif du lecteur qui, face aux "pages nues"[1] du texte, est placé directement en tant que scripteur. Je citerai en exemple les extraits suivants:

> cela fait quelques jours que nous sommes tissés par les fils de laine de la même histoire. De moi à vous, de chacun d'entre vous à moi partent des fils (29). [...] Dans le livre c'est un espace blanc, des pages nues laissées en suspens, offertes à la liberté du lecteur. A vous! (42). [...] J'ouvre le livre, je tourne les pages blanches. Ecoutez! (43)

Cet appel au lecteur sur le mode de l'écoute ("Ecoutez") met à nouveau l'accent sur une écriture à dominance orale. *L'enfant de sable* oscille à l'infini entre les circulations multiples de sens, les blancs du texte ("je tourne les pages blanches" [43]) et l'indicible ("cela fait huit mois et vingt-quatre jours que le conteur a disparu" [135]). Les portes qui marquent l'ouverture de plusieurs chapitres font fonction de pages; mais elle sont en fait de faux indices qui, tout comme la métaphore du sable, mettent en lumière le caractère fragmentaire de l'oeuvre:

> C'est une porte minuscule; il faut se baisser pour passer. Elle est à l'entrée de la médina et communique avec celle située à l'autre extrémité, qui est utilisée pour sortir. En fait, ce sont de fausses portes. Tout dépend d'où on vient; c'est commode de savoir que dans toute l'histoire il existe des portes d'entrée ou de sortie. (49)

---

[1] Ces références à l'absence d'oeuvre nous renvoient à l'acte d'écrire comme nous le rappelle Blanchot: "Ecrire, c'est produire l'absence d'oeuvre (le désoeuvrement). Ou encore: écrire, c'est l'absence d'oeuvre telle qu'elle *se produit* à travers l'oeuvre en la traversant. Ecrire comme le désoeuvrement (au sens actif de ce mot), c'est le jeu insensé, l'aléa entre raison et déraison" (*L'entretien* 622-623).

La dernière porte, nommée "porte des sables", ferme le livre ne faisant rien d'autre que d'inciter encore une fois le narrateur/conteur/lecteur à transmettre un récit qui ne reste jamais qu'à l'état de devenir: je "dépose devant vous le livre, l'encrier et les porte-plume" (209). La fermeture du livre affirme à nouveau la prégnance de la matérialité d'un texte dans lequel les voix narratives se succèdent se superposent et s'effacent mutuellement, mettant en page le dispositif du voile. Dans *L'enfant de sable*, les micro-récits composent un tissu arachnéen, véritable voile textuel qui tient lieu de métaphore de l'oeuvre et dans lequel opère le processus continu d'apparition et de disparition des figures et des personnages. Ainsi le voilement et/ou le dévoilement d'Ahmed—personnage qui remet d'ailleurs en cause sa propre existence ("Suis-je un être ou une image" [50]. "Qui suis-je? Et qui est l'autre?" [55]) ne peut avoir lieu qu'au niveau du mythique et du fantomatique, d'où encore la récurrence de la métaphore de la lumière et de l'obscurité dans ce texte.

En effet, si la vérité cachée d'Ahmed demeure à jamais à l'état d'énigme, cet énigme oscille entre deux pôles fondamentaux: "les ténèbres et l'excès de lumière" (85). Ahmed fuit la lumière que celle-ci soit celle du jour, d'une lampe ou encore de la pleine lune. Car la lumière agit en tant que révélateur, elle le dénude: "Il la sentait passer sur son corps comme une flamme qui brûlerait ses masques, une lame qui lui retirerait lentement le voile de chair qui maintenait entre lui et les autres la distance nécessaire" (7). La métaphore le "voile de chair" crée une association sémantique nouvelle entre voile, masque, personnage et écriture. Tout se passe comme si le texte, qui nous fait miroiter, dans tous les sens du terme, l'histoire d'Ahmed, ne restait jamais qu'à l'état de promesse d'écriture, puisque l'histoire d'Ahmed n'est jamais révélée dans son intégralité. En d'autres termes, l'écriture de *L'enfant de sable*, ne peut s'écrire qu'en masquant ce qu'elle révèle ou en révélant ce qu'elle masque. Le texte opère sous un double volet ce transparence/opacité.

Plus loin dans le texte, Ahmed se dit lui-même générateur ce lumière et d'obscurité: "Je suis moi-même l'ombre et la lumière qui la fait naître" (44). De plus, il se projette daus une "maison qui sera une cage de verre...juste une chambre pleine de miroirs qui se renverront la lumière et les images" (53). Nous avons donc ici un personnage en train de participer à sa propre fiction[2] et à sa propre théâtralisation, ainsi que Ben Jelloun l'exprime de l'oeuvre d'art en général, dans un texte critique sur Giacometti: "Les personnages créent la fiction et la

---

[2] Selon Genette, "de telles inversions suggèrent que si les personnages d'une fiction peuvent être lecteurs ou spectateurs, nous leurs lecteurs ou leurs spectateurs, pouvons être des personnages fictifs"(*Fig. I* 17).

bouleversent. Ecrire, c'est sans cesse faire et défaire l'espace de cette fiction tissée par des personnages mouvants et insaisissables" (42).

Dans *L'enfant de sable* la lumière du jour correspond également à la fois au moment de l'écriture du livre, au moment de la lecture du conteur qui lit le prétendu journal d'Ahmed, et finalement au moment de la lecture du lecteur-auditeur. La lumière, ou plutôt la tombée du jour, ferme par exemple le troisième chapitre intitulé "La porte du vendredi":

> Je referme ici le livre. Nous quittons l'enfance et nous nous éloignons de la porte du vendredi... Le jour nous quitte. La nuit va nous éparpiller... O hommes du crépuscule! Je sens que ma pensée se cherche et divague. (39)

Trois éléments participant au fonctionnement de la lumière se dessinent à présent: d'une part d'un point point de vue structurel, la lumière et l'obscurité voilant et dévoilant le personnage; d'autre part, un personnage qui à à son tour devient source d'ombres et de lumière, et finalement la tombée du jour régissant l'écriture/lecture du récit. La lumière fait partie d'un réseau sémantique complexe qui affirme le rapport existant entre le tissage, l'écriture, la ou les voix, le ou les voiles et en fin de compte l'opacité ou la transparence du ou des récits. *L'enfant de sable* est donc un texte palimpseste où "se confondent et s'enchevêtrent", dirait Genette, "plusieurs figures et plusieurs sens" (*Fig. I* 7).

Ben Jelloun confirme la place privilégiée qu'occupe selon lui la lumière dans l'écriture. Dans son article intitulé "Ecrire dans toutes les langues françaises", écrire ne serait en effet rien d'autre que la recherche d'une "parcelle de lumière" ("Ecrire" 23): "écrire par fidélité à une parcelle de lumière donnée dans le tumulte de l'enfance par un regard" ("Ecrire" 23). En fait, *L'enfant de sable* ne se révèle jamais que dans un coin de voile, le parcellaire, le fragmentaire.

Le processus de voilement et de dévoilement du personnage, au niveau structurel tout autant qu'au niveau sémantique, participe à la théâtralisation du texte. La maison—métaphore du livre—se donne à lire en tant que "décor de théâtre où on fait la lune avec un drap bleu tendu entre deux fenêtres et une ampoule allumée"(10). La virtualité de la maison (il ne s'agit que d'une "maison d'apparence"[3] [10]), nous renvoie à la virtualité de l'espace narratif et nous invite par ailleurs à errer sur chaque page comme on marche dans une rue: "chaque page est une rue" (108). C'est dans cette maison, que le lecteur/narrateur, conteur et à présent spectateur, ici confondus et réunis par le voyeur-

---

[3] Cette allusion directe à la maison d'apparence du *Balcon* de Genet met en évidence la théâtralité de l'oeuvre comme nous le verrons plus loin.

isme, s'engagent dans l'acte de dévoiler le personnage. Cependant, le personnage ne peut se manifester que par la théâtralité, le non verbal, l'écoute des pas et du souffle, c'est-à-dire, encore une fois, par l'effet de voile:

> Nous sommes à présent entre nous. Notre personnage va se lever. Nous l'apercevons et lui ne nous voit pas. Il se croit seul. Il ne se sent pas épié. Tant mieux. Ecoutons ses pas, suivons sa respiration, retirons le voile sur son âme fatiguée. (109)

Au sens strict ou littéral, le voile dans *L'enfant de sable* sert à annuler la différence sexuelle, tel le voile dont la mère se couvre pour cacher ses pleurs au moment de la naissance de la huitième fille (Ahmed)—voile qui sera immédiatement arraché violemment par le père. L'acte d'arracher le voile fait plus que marquer un acte de violence sur la mère: il signe l'entrée de la huitième fille de la famille dans l'univers des hommes sous une identité masculine. L'arrachée du voile de la mère coïncide précisément avec le voilement de l'identité féminine de la petite fille, désormais appelée Ahmed—moment où s'enclenche un processus complexe de voilement et de dévoilement de ce personnage—et moment d'illusion pour le père qui inscrit désormais par le langage, sa loi sur le corps d'Ahmed:

> regarde comme il est beau, touche ses petits testicules, touche son pénis, c'est déjà un homme (27). A cinquante ans, il se sentait léger comme un jeune homme. Il avait déjà tout oublié—ou peut-être faisait-il semblant —qu'il avait tout arrangé. Il avait bien vu une fille, mais croyait fermement que c'était un garçon. (26)

Le voile en tant que tel, sert aussi à signifier l'altérité de l'acte d'écrire. Dans son article "Ecrire dans toutes les langues françaises" Ben Jelloun reprend précisément cette problématique: "entre cette présence et moi, un voile: une langue étrangère, une passion trouble" ("Ecrire" 23). La question qui se pose alors pour Ben Jelloun, comme d'ailleurs pour la plupart de ses contemporains francophones, est de comment écrire pour un peuple qui, même s'il apprend un jour à lire lira l'arabe et non le français? C'est alors que le voile de la langue française se fait muraille chez Ben Jelloun: "Le voile de tout à l'heure est une muraille. Et il ne faut pas compter sur les mots et leur pouvoir pour ouvrir des fenêtres dans le mur épais et très ancien"("Ecrire" 23).

Les murs et les murailles prennent des sens multiples dans *L'enfant de sable*. "La muraille épaisse" (18), celle que le père a élevée entre lui et ses filles, atteste encore une fois de la loi du père mais aussi surtout celle de l'écriture. D'où la juxtaposition de deux modes de narrations, l'oral et l'écrit qui entrent sans cesse en conflit. Le livre en effet, ne serait jamais qu'un livre à l'état de devenir et impossible à écrire, ce qui explique le processus de démission du narrateur à la fin qui fait alors passer les instruments de l'écriture au lecteur:

Dans la maison—maison dans laquelle chaque fenêtre constitue un quartier, les murs auraient un tout autre pouvoir: celui de détenir la mémoire:

> Grattez un peu une pierre, tendez l'oreille et vous entendrez bien des choses. Le temps ramasse ce que porte le jour et ce que disperse la nuit. Il garde et retient. Le témoin c'est la pierre. L'état de la pierre. Chaque pierre est une page écrite, lue et raturée. Tout se tient dans les grains de la terre.[4] Une histoire. Une maison. Un livre. Un désert. Une errance. (226)

Là encore, le texte d'origine (c'est-à-dire la véritable histoire d'Ahmed qu'on ne connaît que par la médiatisation de voix et de voiles multiples) demeure insaisissable et presque illisible, ou bien ne serait lisible que sur des modes d'expression étrangers à l'écriture, c'est-à-dire sur tout ce qui relève de l'oralité. En d'autres termes, la muraille ou le texte palimpseste[5] questionne à nouveau la question de l'altérité de l'écriture. D'où la récurrence des miroirs dans le texte. Le miroir n'est qu'un instrument qui sert à opacifier l'image. Ahmed, fuit les miroirs comme la lumière car ils ne renvoient plus son image. Il ne se voit qu'au travers du voile de brouillard (créé à l'occasion pas le kif ou la masturbation):

> Une buée se forma sur la glace et je vis à peine. J'aimais cette image trouble et floue; elle correspondait à l'état ou baignait mon âme... ces caresses devant le miroir devinrent une habitude, une espèce de pacte entre mon corps et son image, une image enfouie dans un temps lointain et qu'il fallait réveiller en laissant les doigts toucher à peine ma peau. J'écrivais avant ou après la séance. (115-116)

---

[4] Ce retour à la matière élémentaire (tout "se tient dans les grains de la terre" chez Ben Jelloun) s'inscrit dans le contexte de la poétique des années 1980—poétique dans laquelle le cheminement vers la poésie s'accomplit au travers de l'expérience de la terre et de ses composants. André du Bouchet affirme par exemple dans la même perspective: "Je ne peux séparer la parole de sa poussière" (*Peinture* 163). Il en est de même dans la poétique d'Yves Bonnefoy. Selon Dominique Fisher, l'image récurrente de la pierre dans la poétique d'Yves Bonnefoy "renvoie à *l'altérité textuelle*, intertexte, intra-texte, palimpseste où s'opacifie l'image. La pierre est cet *arrière pays* textuel, où se fondent, l'autre, le paysage et la parole poétique"("Yves Bonnefoy" 58).

[5] Genette dans son étude de Proust définit le palimpseste comme un texte dans lequel "se confondent et s'enchevêtrent plusieurs sens, toujours tous présents à la fois, et qui ne se laissent déchiffrer que tous ensemble, dans leur inextricable totalité" (*Fig. I* 67).

La voix d'Ahmed (au sens strict du terme), de même que son image, n'est pas représentable en tant que telle, et problématise à nouveau les questions centrales que pose *L'enfant de sable*, à savoir l'identité et l'altérité. Voix qui se cherche, voix en mutation constante, voix dont l'origine est sans cesse remise en cause ("est-elle de moi?"), voix voilée par les intonations graves d'une voix masculine, et donc voix, faisant fonction de voile (le texte fait directement référence au "voile de la voix"), la voix d'Ahmed est à la fois objet de répulsion et d'attraction. Ahmed se dit lui-même être et ne pas être cette voix (45). Hanté par la voix "rauque" du père qu'il ne peut fuir voix "rauque ou voix sans âme" à laquelle la mère a préféré le silence définitif en se bouchant les oreilles de cire chaude), Ahmed tente en vain de se définir par rapport au modèle paternel: "Père, comment tu trouves ma voix? Elle est bien, ni trop grave ni trop aiguë" (493).

La voix d'Ahmed aurait par ailleurs le pouvoir de modifier son visage, au point de se confondre avec ce visage. La voix fait donc fonction de masque: "Mon visage est celui de cette voix. Tantôt je la reconnais, tantôt je la répudie, je sais qu'elle est mon masque" (45).

De même que l'écriture, qui, comme je l'ai déjà montré, ne peut s'écrire qu'en masquant ce qu'elle révèle ou en révélant ce qu'elle masque, la voix d'Ahmed le trahit et le révèle en le masquant. Le recours au masque, l'insistance sur les propriétés phoniques de la voix (son grain) d'Ahmed—personnage ne pouvant se manifester que par le biais du non-verbal—de même que le processus de voilement et de dévoilement de ce personnage, au niveau structurel tout autant qu'au niveau sémantique comme je l'ai montré, mettent en évidence le caractère théâtral de ce texte.

Le texte s'avance vers une théâtralisation tout en insistant sur le caractère éphémère d'une représentation théâtrale qui serait sans cesse menacée de disparition:

> Le temps est un rideau qui tout à l'heure tombera sur le spectacle et enveloppera notre personnage sous un linceul. Compagnons! la scène est en papier! L'histoire que je vous conte est un vieux papier d'emballage. Il suffirait d'une allumette, une torche, pour tout envoyer au néant, à la veille de notre rencontre. (126)

L'enfant de sable s'inscrit comme un genre limite privilégiant l'oralité aux dépens de l'autorité scripturale. L'écrit de ce fait insiste sur les modalités non verbales et visuelles (plastiques) de l'écriture. D'où l'appel à la calligraphie arabe et à la mise en espace du langage dans la mosquée:

> Les phrases y étaient calligraphiées. Elles ne tombaient pas sur la figure.... Je m'installais dans le lustre et observais le mouvement des

lettres arabes gravées dans le plâtre puis dans le bois... J'étais ainsi pris par toutes les lettres qui me faisaient faire le tour du plafond. (38)

L'enfant de sable, quête d'un récit insaisissable, serait l'opération qui consisterait à élever le mot à la puissance d'un objet visuel et inversement à réduire tout ce qui relève de l'ordre de l'objet (les personnages y compris) à un acte de nomination pure. Ainsi, la masculinité d'Ahmed (son voile) n'existe que par un effet de langage (sa voix ou son masque) ou encore par la parole du père (autre voile) qui institue la masculinité comme acte de langage (il voit une fille mais il décrit le sexe d'un garçon). De la même manière, nous pouvons rapprocher ce qui est dit de la calligraphie dans le texte de ce qui se passe dans le bain:

> Les mots et les phrases fusaient de partout... je voyais des mots monter lentement et cogner le plafond humide. Là comme des poignées de nuages ils fondaient au contact de la pierre et retombaient en gouttelettes sur mon visage. Je m'amusais ainsi; je me laissais couvrir de mots qui ruisselaient sur mon corps mais passaient toujours par-dessus ma culotte... J'ai su plus tard que c'étaient des mots autour du sexe et que les femmes n'avaient pas le droit de les utiliser: "sperme...", "couilles...", vagin... (33-34)

Les paroles des femmes entendues au bain par Ahmed se présentent comme une véritable mise en scène où les mots-objets sont les seuls acteurs. En ce sens *L'enfant de sable* rejoint les conceptions théâtrales et poétiques d'Artaud. Ce n'est donc pas un hasard si Ben Jelloun dans *Giacometti* en réfère directement à Artaud (et même à Genet). En effet, Ben Jelloun y parle de la voix de Billie Holiday comme d'une véritable écriture:

> C'est la voix d'une mémoire très ancienne...cette voix a rencontré des mains, un regard profond et une grande compassion. Comme les cris d'Antonin Artaud...comme la rigueur insolente et rebelle de Genet, comme le ciel qui se penche sur le village natal de Giacometti avec ses cauchemars et rêves de violence, la voix de Billie Holiday a rendu visite à cet homme. (Giacometti, 72)

Bibliographie

Ben Jelloun, Tahar. *L'enfant de sable*. Paris: Seuil, 1985.
_____. "Ecrire dans toutes les langues françaises". *La Quinzaine Littéraire* 436 (16-31 mars 1985): 23-24.
_____. *Giacometti*. Paris: Editions Flohic, 1991.
Blanchot, Maurice. *L'entretien infini*. Paris: Gallimard, 1969.

Du Bouchet, André. *Peinture*. Paris: Fata Morgana, 1983.
Erickson, John D. "Writing Double: Politics and the African Narrative of French Expression". *STCI* 15.1 (hiver 1991): 101-122.
Fisher, Dominique. "Yves Bonnefoy, l'image et la lecture du palimpseste: Passage dans l'opacité et la déchirure". *L'Esprit Créateur* 32.2 (été 1992): 55-65.
Genette, Gérard. *Figures I*. Paris: Seuil, 1966.
_____. *Introduction à l'architexte*. Paris, Seuil, 1982.

Annie Ernaux ou le don reversé

SANDA GOLOPENTIA

L'écriture plate

Dans l'une des rééditions postérieures à 1987, à la fin de *La place* (dont la publication remonte à 1983), c'est le sous-titre "roman" qui accompagne et classe chacun des ouvrages énumérés sous l'indication "Du même auteur": *Les armoires vides* (1974), *Ce qu'ils disent ou rien* (1977), *La femme gelée* (1981) et *Une femme* (1987). Dans la réédition, en 1991, de *La femme gelée*, il n'y a que *Les armoires vides* et *Ce qu'ils disent ou rien* qui sont présentés en tant que romans à la fin du livre; *La place* et *Une femme* ne portent pas de sous-titre. Par contre, toujours en 1991, à l'occasion de la parution de *Passion simple*, aucun des textes d'Annie Ernaux ne sera sous-titré dans la liste des ouvrages antérieurs de l'auteure. *Passion simple* lui-même—comme tous les autres livres d'Annie Ernaux si l'on se rapporte à l'économie directe de leur texte—n'a pas de sous-titre.

Alors qu'il est indubitable que *Les armoires vides*, *Ce qu'ils disent ou rien* et *La femme gelée* sont des romans à forte charge autobiographique—ce qu'on appelle couramment des romans d'auto-fiction—le statut de *La place*, *Une femme* et *Passion simple* reste plus difficile à cerner. Annie Ernaux s'est posé d'ailleurs la question et ceci dans le corps même de ses livres. Dans *La place*, elle écrivait déjà, signalant implicitement l'abandon du genre et le mettant en relation directe avec "la matière" de son écriture:

> Depuis peu, je sais que le roman est impossible. Pour rendre compte d'une vie soumise à la nécessité, je n'ai pas le droit de prendre d'abord le parti de l'art, ni de chercher à faire quelque chose de "passionnant", ou d' "émouvant". Je rassemblerai les paroles, les gestes, les goûts de mon

père, les faits marquants de sa vie, tous les signes objectifs d'une existence que j'ai aussi partagée. Aucune poésie du souvenir, pas de dérision jubilante. L'écriture plate me vient naturellement, celle-là même que j'utilisais en écrivant autrefois à mes parents pour leur dire les nouvelles essentielles. (*LP* 24)

Dans *Une femme*, la voix auctoriale ajoute au mouvement négateur précédent (qu'elle continue d'ailleurs avec une fermeté égale par rapport à la biographie) un geste affirmateur. Le récit en train de se faire serait un texte de croisement, situé entre la littérature et les sciences humaines vouées aux collectivités. De genre innomé et innommable, il résulterait d'une rupture implicite entre l'écriture de l'écrivaine et la panoplie des jeux littéraires-et-scientifiques[1] en vigueur, d'une re-définition personnelle non-brevetée du contrat auctorial: "Ceci n'est pas une biographie, ni un roman naturellement, peut-être quelque chose entre la littérature, la sociologie et l'histoire" (*UF* 106).

On comprend, rétrospectivement, que, dans la perspective d'Annie Ernaux, *La place* n'avait pas eu le statut de biographie. Les commentaires de la voix auctoriale éclaircissent d'ailleurs par accumulation la nature du *no man's land* littéraire pour lequel a opté l'auteure. Il s'agit de rester délibérément *au-dessous* de la littérature des "beaux livres" proustiens, de pratiquer une littérature démunie (rappelant le *théâtre pauvre* de Grotowski) qui serait aussi une littérature *séparée* (comme l'*amour séparé* dont parle Ernaux dans *La place*), bref de pratiquer une littérature esseulée dans laquelle se dirait avec lucidité et sans parti-pris, sur le ton du constat, l'ineffable et comme le résidu d'une distance de classe (*UF* 23).

Dans *Passion simple* enfin, Ernaux oppose le *roman vivant* qui se trame en nous sous forme de scénarios et récits imaginaires à son résidu écrit qui, transcrit pour raccompagner le vécu qui nous quitte, n'a pas et ne saurait avoir de profil rigoureux:

Tout ce temps, j'ai eu l'impression de vivre ma passion sur le mode romanesque, mais je ne sais pas, maintenant, sur quel mode je l'écris, si c'est celui du témoignage, voire de la confidence telle qu'elle se pratique dans les journaux féminins, celui du manifeste ou du procès-verbal, ou même du commentaire de texte. (30-31)

Dans la perspective que dessine *Passion simple* l'écriture n'est nécessaire qu'en tant que vécue, dans le dépouillement de son émergence secrète et solitaire, pas encore orientée vers la rencontre des valeurs "normales" du monde. La forme romanesque permet d'en maintenir invisible la portée véritable, le mystère intentionnel (ou illocutoire, car

---

[1] Tels ceux de Sollers, Kristeva, ou Pinget, parmi d'autres.

de même que Nathalie Sarraute, Annie Ernaux interroge l'intentionnalité auctoriale au plus près des jeux scripturaux spécifiques et des agissements langagiers fragiles qui l'informent). Le roman est ici vu comme masque culturel non pas de l'autobiographie[2] mais de l'autofiction vécue, de la parole intérieure romanesque où se disent le pâtissement et la relève qui rythment l'existence élémentaire du scripteur. Comme dans *La lettre volée* d'Edgar Poe, le *roman littéraire* étale devant ses lecteurs l'enveloppe abandonnée d'un *roman vivant* afin de cacher plus sûrement ce dernier. Les lecteurs n'y voient que du feu, pris comme ils sont par les jeux spéculaires de l'interprétation châtiée—autonome, littéraire, variant selon le savoir-lire de chaque époque—de ce qui fut en fait et reste partiellement la parole douloureuse, spontanée et vivante d'un sujet s'éprouvant/s'énonçant en toute innocence. Renonçant au mimétisme romanesque, la littérature *au-dessous de la littérature* ajouterait à la distance *de classe* par rapport à l'art élitaire une distance existentielle par rapport au moule du roman. Elle se définirait ainsi comme maintien contrôlé de l'énonciation dans le magma[3] de l'expression vécue, du dire "dans l'état de l'apparition" pour parler l'idiolecte de Marguerite Duras, bref comme écartèlement calculé entre un vécu qui s'absente et une autonomie artistique dont on fait volontairement l'ascèse[4].

De ce qui a été dit ci-dessus, il ressort que d'ores et déjà, l'oeuvre d'Annie Ernaux se laisse partager en deux zones auctoriales: la première, celle des romans, où l'auteure s'engage partiellement—on pourrait dire professionnellement—par personnage prudemment interposé; la deuxième, celle de l'écriture plate, où Annie Ernaux dit "je" au plus près de sa vie et des risques qui informent celle-ci.

Ce partage est renforcé par une distinction thématique. Il me semble, en effet, que les romans de la première période sont âpres et fonceurs, avec leur parole râleuse, tous les trois dominés par le thème de la déréliction: celle ayant pour horizon l'avortement clandestin de l'héroïne des *Armoires vides*; celle débouchant sur la dépression nerveuse de la jeune fille humiliée par ses amants dans *Ce qu'ils disent ou*

---

[2] Dans l'une des parenthèses auctoriales de *Passion simple* Annie Ernaux parlera cependant de l'alibi romanesque qui permet de contourner les risques d'une ouverture autobiographique par trop intime et par trop évidente: "Il est possible que l'obligation de répondre à des questions du genre 'est-ce autobiographique?', d'avoir a se justifier de ceci et cela, empêche toutes sortes de livres de voir le jour, sinon sous la forme romanesque où les apparences sont sauves" (69-70).

[3] Nous utilisons ce terme dans un sens rapproché de celui de Castoriadis et d'Irigaray.

[4] Le maintien de ce hiatus jamais comblé entre le vécu et le texte exige un travail d'agencement tout à fait différent de celui de la narration. Dans *Une femme*, Annie Ernaux souligne la complexité d'une écriture qui doit éviter la mise en forme d'une existence et garder l'informe organique de la vie en acte (43-44).

rien; celle aboutissant à l'épuisement de l'épouse poursuivant sans relâche une égalité qui s'esquive dans *La femme gelée*. Par contre, les textes de la deuxième période constituent, chacun à sa manière, une relève: la relève du père dans *La place*; la relève de la mère, dans *Une femme*; la relève, enfin, de l'autre aimé en tant qu'autre sinon d'une hypostase de soi-même qui a eu le courage d'aller le plus loin possible vers l'autre dans *Passion simple*.

La mort est l'horizon du texte dans les trois premiers livres. Elle est l'un des dénouements possibles de l'avortement clandestin dont Denise Lesur—la protagoniste des *Armoires vides*—vit les ravages dans la solitude et le désarroi. Le livre finit dans l'angoisse et l'impuissance. La débâcle intérieure que somatise par l'aménorrhée la petite Anne de *Ce qu'ils disent ou rien*, est une forme de la mort affective; la remémoration s'achève à nouveau sombrement, dans l'agonie d'un élan supprimé. Enfin, dans *La femme gelée*, le titre—doublement repris dans la dernière partie du texte—indique métaphoriquement[5] la condition de morte-vivante ("juste un regard") qui est devenue celle du personnage principal.

Par contre, la mort se situe à l'origine du livre dans *La place*, *Une femme* et *Passion simple* (la séparation des amants dans *Passion simple* s'effectuant une fois pour toutes, à jamais, ce que le texte va souligner d'ailleurs en permettant une rencontre posthume à la passion et son "rejet" anticlimaxique dans l'épilogue méta-textuel). Ecrits "d'une mort l'autre", les livres de la deuxième période appartiennent en le dépassant au vécu du deuil: deuil du père, dans *La place*, deuil de la mère dans *Une femme*, deuil enfin d'un moi vivant la passion (Ernaux évite le mot amour[6]) sans s'en défendre—et, peut-être aussi, d'un moi auctorial plus spontané se plongeant dans son écriture sans prendre les précautions censées protéger son être social dans *Passion simple*:

> Je ne ressens naturellement aucune honte à noter ces choses, à cause du délai qui sépare le moment où elles s'écrivent, où je suis seule à les voir, de celui où elles seront lues par les gens et qui, j'ai l'impression, n'arrivera jamais. (42)

---

[5] La métaphore du gel apparait, dans une formulation saisissante, au début de *Et l'une ne bouge pas sans l'autre* de Luce Irigaray: "Avec ton lait, ma mère, j'ai bu la glace. Et me voilà maintenant avec ce gel à l'intérieur" (7). Odile Marcel a recours à la même métaphore lorsqu'elle évoque l'apprentissage asphyxiant des "jeunes filles bien" dans *Une éducation française* (151).

[6] Cf., dans *Les armoires vides*, une explication partielle de cet évitement: "J'aurais pu appeler ça l'amour. Amour, amoureuse, c'était Delly, *Confidences* ou *Le Grand Meaulnes* qu'on venait de me prêter. Lamartine, Musset aussi, en classe. L'analyse des sentiments, c'est mon fort en dissert" (138-139).

De la première à la deuxième période, le temps de l'écriture tend à se rapprocher de celui du vécu que celle-ci exprime. Ou, pour le dire autrement, le roman vivant, qui se fait et se défait dans la pensée, tend à être capté au plus près de son épuisement par l'auteure qui le "transcrit sur place", luttant à la fois pour l'oublier et contre son oubli. Ainsi, si nous nous fions aux indices autobiographiques ou déchiffrables comme tels dans l'oeuvre d'Annie Ernaux, on peut dire que *Les armoires vides* et *La femme gelée* ont été écrits respectivement à une distance de trois (ou dix), cinq (ou dix) années[7] par rapport au moment qu'ils explorent. Rendu possible par *Les armoires vides*, *Ce qu'ils disent ou rien* semble par contre renouer avec un passé plus éloigné, accédant à un enfouissement mémorial datant de plus de vingt ans au moment de sa mise en écriture. Dans la deuxième période, *La place* s'écrit quinze ans après la mort du père, qui en est le pivot vécu (et que le divorce et l'accident de la mère auront réactualisée dans la mémoire de l'écrivaine). Elle sera suivie, en 1987 et 1991 par deux livres dont l'écriture, strictement datée dans le corps du texte, enchaîne sur l'événement qu'ils exposent avec un hiatus de moins de deux semaines par rapport à la mort de la mère dans *Une femme* (la période de transition entre le roman mental et sa transcription, voire sa synthèse, survenant entre le lundi 7 avril quand s'éteint la mère et le dimanche 20 avril 1986 quand commence l'écriture) et de deux mois par rapport au départ de l'amant dans *Passion simple*.

S'ensuivrait ainsi que la dominante de l'écriture de Annie Ernaux est représentée progressivement par la tendance à interroger un vécu de plus en plus immédiat. En effet, aussi bien *Les armoires vides* et *La femme gelée* que, spectaculairement, *Une femme* et *Passion simple* côtoient de près la vie de l'auteure. Ernaux est ainsi à associer en tant que créateur à ceux qui pratiquent le reportage, l'aquarelle, la mise en signe instantanée, non-solennelle et vibrée. Concernant les deux livres qui sont distanciés de leur vécu respectif—*Ce qu'ils disent ou rien* et *La place*—on peut d'ailleurs se demander si, dans chaque cas, l'éloignement du présent ne s'explique pas par un processus d'évitement. Si, par exemple, la plongée temporelle de *Ce qu'ils disent ou rien* n'aurait pas été effectuée pour éviter momentanément de donner une forme littéraire au subissement—encore plus difficile à comprendre et surtout à assimiler—qui alimente *La femme gelée* et qui semble avoir été plus ou

---

[7] Dans *Passion simple*, où l'écriture du texte est donnée comme se faisant entre 1989 et mai 1990, Ernaux évoque le moment existentiel pris en charge dans son premier roman: "Une fois, le désir violent m'est venu d'aller passage Cardinet, dans le XVIIe, là où j'ai avorté clandestinement il y a vingt ans. Il me semblait que je devais absolument revoir la rue, l'immeuble, monter jusqu'à l'appartement où cela s'était passé. Comme espérant confusément qu'une ancienne douleur puisse neutraliser l'actuelle" (64). L'action des *Armoires vides* se situerait donc autour de 1970.

moins contemporain de son écriture. Si, de même, narrer la mort du père et, en amont, la vie de celui-ci, n'aura pas aidé à surmonter-éluder les années de maladie de la mère et le récent divorce qui, en tant que moments, se refusaient encore au dire.

Des trucs inracontables

Les armoires vides, *Ce qu'ils disent ou rien* et *La femme gelée* sont des romans d'anamnèse dans lesquels un personnage féminin interroge pour se l'expliquer le parcours qui l'a acculé à l'impasse. Ce parcours est, pour chacune des protagonistes, celui d'une *émigration culturelle* en deux temps. Dans un premier temps, la petite fille, propulsée par ses parents au dehors de son milieu, travaille à se re-socialiser. Dans un deuxième temps, l'adolescente esseulée s'auto-extrait de l'enfance travaillant âprement à rencontrer son autre masculin et à acquérir l'expérience de la jouissance féminine. Les deux temps sont également clandestins et inracontables.

Le devenir social de l'héroïne va inclure, dans un fondu que chacun des romans module selon une autre tonalité—celle de la révolte impuissante et râleuse dans *Les armoires vides*; celle du découragement ombré dans *Ce qu'ils disent ou rien*; celle, enfin de la voix "blanchie" ou "brûlée" dans *La femme gelée*—cinq phases essentielles: la phase de l'unité paradisiaque avec les parents; la révélation de la différence (marquant la perte de l'innocence sociale); l'aliénation, l'option pour l'autre se soldant par l'abandon de soi, du même, la trahison de ses proches et l'entrée dans la culpabilité; l'immigration, effectuée dans le transport, toujours à refaire, jamais clos, infini dans l'espace inhospitalier de l'autre; et le questionnement final.

D'un roman à l'autre, la fluidité du devenir s'accentue et les phases que nous venons de démarquer se fondent et se croisent dans une interpellation mémoriale tiraillée par la douleur et la révolte. C'est donc *Les armoires vides* qui, en les installant une fois pour toutes dans l'écriture d'Annie Ernaux, permet l'appréhension la plus aisée de ces scansions de l'arrivisme culturel du "personnage combattant".

Dans la première phase, les parents et l'enfant des *Armoires vides* vivent la même vie et habitent la même maison (de chair d'abord, pays de Cocagne ensuite, lorsque la petite fille en vient à comprendre sa chance, le privilège d'être née dans le royaume semi-rural du café-épicerie).

La deuxième phase, initiée par l'école religieuse pour enfants de "gens bien" dans laquelle la mère inscrit sa fille, est celle de la différence maîtrisée, où la petite Lesur se rend compte de l'existence de deux codes, de deux langues, et s'essaie à déchiffrer leur utilisation contextuelle.

L'opposition entre le café-épicerie et l'école commence par être celle entre la richesse solide du réel et le factice du *comme si* ("comme si c'était drôle, comme si c'était intéressant", etc. [54]). De huit à douze ans l'héroïne réussit à maintenir l'équilibre entre les deux mondes— celui de l'épicerie-café et celui de l'école-église. C'est la saison du jongleur, de la vie double, de l'alternance encore possible entre la vie personnelle et le rôle social. Mais c'est aussi la saison des humiliations culturelles, de la chasse aux codes secrets qui doivent être arrachés, inférés, car ils représentent des mots de passe, des secrets de caste.

L'école est l'endroit où Denise Lesur cesse d'exister ouvertement, se replie: "Ne plus être Denise Lesur, ça commence seulement" (*AV* 62). L'église ressemble à l'école. Les paroles "sèches, grouillantes", ahurissantes de l'aumônier (65), la scène du confessionnal et son aboutissement ("plus un coin de clair et d'heureux." [66]) sont autant de moments où l'écriture d'Ernaux recoupe et rejoint l'interrogation sarrautienne des tropismes, des crimes locutoires quotidiens, avec leur charge illocutoire amorphe et jamais assumée. Sauf que dans ce cas il s'agit de tropismes institutionnalisés.

L'école, l'église sont aussi l'endroit où commence la dissimulation (68), l'acceptation arrachée par compensation (comme la mère, la fillette apprend à faire des cadeaux pour se faire accepter). Se dit, en passant, dans le texte, la différence irréconciliable entre le don de l'entr'aide par lequel la mère supplée aux besoins de ceux qui sont démunis et qui font néanmoins survivre le café-épicerie, et le cadeau qui achète un instant de trêve dans un continuum de mépris indifférent et hautain.

Abandonnant graduellement la stratégie initiale de l'alternance des rôles, Denise Lesur assumera par la suite la lutte scolaire, la compétition sans merci qui se dit et s'élabore dans l'idiolecte paternel des claques en pleine poire. Le désir de l'enfant devient celui de *réussir contre*, de prendre sa revanche sur les "filles bien" qui la briment. Dans *La place*, dix ans plus tard, Ernaux suggérera le caractère héréditaire de cette attitude, le lien profond qui unit l'agressivité de la petite écolière à l'opposition désormais épuisée du père (qui avait cependant gardé dans sa poche jusqu'à la mort, en tant que signes équivalents et également importants de sa révolte, la photo d'une grève à laquelle il avait participé dans sa jeunesse et la coupure de journal où sa fille, deuxième sur la liste des candidats qui avaient remporté le bac, s'affirmait péremptoirement *contre* et *supérieure à* ses camarades bourgeoises).

S'installe, de par la conscience de cette duplicité sans trêve et de son incessante diversification et prolifération agressive, la culpabilité de la réussite. C'est, d'abord, la culpabilité d'être la première à l'école. Ce sera ensuite la culpabilité du corps féminin, celle du trop-plein que l'amour révèle comme creux, que l'avortement doit évider.

La deuxième phase est aussi le moment où commencent—par un déplacement ludique de la duplicité alerte requise pour l'adaptation— les rêves, les "contes de schizophrènes" (*AV* 82), bref la littérature en tant que jeu compensatoire:

> Les autres filles s'agitent, gribouillent, empruntent des gommes, des taille-crayons, pendant ce temps-là, je me livre à mon jeu favori. En imagination, je les transforme, les filles, je les manipule, changeant une coiffure ici, une robe là, je fais de Jeanne un garçon, de Roseline, de plus en plus bête la pauvre, un autre garçon, très blond. Je rêve, si l'école était mixte... (*AV* 73)

La troisième phase sera la phase trouble et au mouvement d'abord hésitant du rejet des parents. Le passage du plein au vide est vague, en bande Moebius, l'inversion du schéma initial de la loyauté enfantine s'accomplit en sourdine:

> Cinq ans, six ans, je les aime, je les crois. Bon Dieu, à quel moment, quel jour la peinture des murs est-elle devenue moche, le pot de chambre s'est mis à puer, les bonhommes sont-ils devenus de vieux soûlographes, des débris... Quand ai-je eu une trouille folle de leur ressembler, à mes parents... Pas en un jour, pas une grande déchirure... (*AV* 50)

Graduellement, le code inférieur est imputé aux parents, dans un mouvement de rejet à la fois douloureux et culpabilisant. L'encouragement admiratif des parents ne compense pas le fait que c'est en essayant de leur ressembler et parce qu'elle leur ressemblait que l'enfant a subi des humiliations, que sa socialisation a été différente de la *norme* définie par les manuels, les écrivains étudiés à l'école, les magazines, ou les propos de ses petites camarades à l'école catholique.

Ce rejet, accéléré sans s'en rendre compte, ou plutôt éclairci par la mère qui achète avec ferveur des livres à sa fille ("sans savoir que ces livres me fermaient davantage à elle, m'éloignaient d'eux et de leur café-épicerie, me montraient leur mocheté" [*AV* 116]), est à son tour divisible en plusieurs moments distincts: celui où la petite élève espère encore éduquer ses parents, les former au beau langage et améliorer leurs manières; celui où, désespérant d'y parvenir, elle en vient à habiter la maison familiale comme un vague hôtel et à considérer ses parents comme des étrangers, des pauvres, des paumés dont on niera l'existence par la fiction scolaire des rêveries-compositions; celui où, enfin, détachée, l'héroïne s'irréalise sous le regard ébloui des parents qui triment. L'aliénation s'est accomplie, on y a travaillé de toutes ses forces, dans le bonheur et l'humiliation, la mère à l'égal de l'enfant, c'est la maison qui est devenue maintenant le lieu du faire comme si, dont on va passer sous silence désormais l'existence:

> Pour m'en sortir, il fallait fermer les yeux, faire comme si je mangeais, lisais, dormais dans un vague hôtel. Surtout ne pas voir ce qui était moche, cracra, dépenaillé. Je ne parle jamais de mes parents, de ma maison (*AV* 100).

Le café-épicerie restera par la suite le symbole du destin inéluctable, de la peur de ne pas "sortir de la crasse, des litrons" (106).

Chacun des mouvements ci-dessus, mis à part le dernier, a son contre-mouvement, de remords, d'angoisse, de conjuration. Ainsi, la phase du rejet des parents et de son milieu social s'accompagne chez Denise Lesur d'auto-condamnations acerbes:

> Ça suffit d'être une vicieuse, une cachottière, une fille poisseuse et lourde vis-à-vis des copines de classe, légères, libres, pures de leur existence... Fallait encore que je me mette à mépriser mes parents. (*AV* 99)

Ce qui est intéressant c'est que chez Ernaux les cinq phases ci-dessus se retrouvent aussi bien dans "l'arrivisme" social-culturel que dans "l'arrivisme" sexuel du personnage. Il y a un isomorphisme apparent, montre l'auteur, entre l'ascension sociale, l'accession à la culture et l'ascension sexuelle, l'accession au monde des hommes.

Dans le deuxième temps (que *Ce qu'ils disent ou rien* amplifie), l'émigration culturelle instrumente le devenir sexuel d'une héroïne adolescente. Denise Lesur, tout comme Anne, agissent cette fois-ci non plus à l'injonction des parents mais *contre* les préceptes de ceux-ci (plus particulièrement contre un interdit maternel archaïque et tenace) s'inscrivant dans un mouvement décidé et secret de "chasse aux garçons", d'acheminement vers la rencontre sexuelle de l'autre masculin. Privées de modèle, ignorant le code qui les dévalue, autodidactes de la sexualité, Denise Lesur tout autant qu'Anne vont assimiler la chasse aux garçons à la compétition scolaire et sociale.

Tout comme dans l'effort d'échapper à la classe de ses parents, l'héroïne renonce à la belle unité dans laquelle elle avait vécu par rapport au féminin et fournit l'effort d'acculturation en assimilant le langage et la culture de la Garçonnie[8]. L'accès à la culture et l'accès au masculin se produisent simultanément, par des efforts en grande partie isomorphes. Ce qui les sépare c'est que le personnage qui s'est proposé de *réussir contre* (contre les filles de l'école libre qui appartiennent à une autre culture et à une autre catégorie sociale; contre les garçons qui doivent devenir sa proie) découvre, en faisant l'amour la bouffée de certitude et le bonheur tout uni de la confirmation de soi par autrui.

---

[8] Le mot est de Montherlant.

La deuxième différence consiste en ce que la réussite sociale est *vraie* et durable[9]—l'héroïne conquiert finalement sa place de professeur et, avec elle, sa prise sur le monde bourgeois qui est devenu le sien, alors que la réussite de la jouissance, vécue avec ferveur par l'adolescente, risque d'être *apparente* et factice (car non-assumée dans ses conséquences d'égalité et de solidarité humaines par le partenaire masculin). C'est pourquoi, de même que chez Simone de Beauvoir ou dans *La Musica* de Duras, la déréliction reste le dernier mot, l'horizon du livre dans chacun des romans que nous avons évoqués. Il incombera aux textes de la deuxième période, et surtout à *Passion simple*, de détacher la réussite de la relation du comportement du partenaire masculin et de constituer un solipsisme amoureux qui représente, avec des différences parmi lesquelles c'est le respect de l'autre qui est essentiel, l'homologue féminin de celui du Narrateur proustien:

> grâce à lui, je me suis approchée de la limite qui me sépare de l'autre, au point d'imaginer parfois la franchir. J'ai mesuré le temps autrement, de tout mon corps. J'ai découvert de quoi on peut être capable, autant dire de tout. (*PS* 76)

La défaite (qui est aussi une dé-fête) fait suite à un travail d'émigration lucide et hardie—culturelle et sexuelle—que le personnage féminin a voulu âprement, poursuivi avec ténacité, dans lequel il s'est engagé à part entière aspirant, impatient, coupable et contradictoire, à la fois à dépasser et à trahir la complicité avec la mère, la fraternité des filles, la classe sociale et culturelle des parents, en route vers plus de vie, plus de beauté, plus de savoir. Plutôt que d'un apprentissage, il s'agit finalement dans les trois premiers livres d'Annie Ernaux de la destruction indifférente et comme allant de soi d'un individu-femme qui croit progresser, et se découvre immanquablement broyé, floué pourrait-on dire en utilisant le mot-bilan de Simone de Beauvoir, à la fin du roman. Les trois romans de la déréliction sont ainsi le contraire d'un *Bildungsroman*. Car ce qu'ils montrent n'est pas l'échec individuel d'un personnage qui pourrait continuer à croître de par le simple fait qu'il l'intériorise. *Les armoires vides*, *Ce qu'ils disent ou rien* et *La femme gelée* exhibent en fait la déformation-destruction inéluctable, banale et nontragique d'une subjectivité féminine, malgré le fait que celle-ci est héroïque à sa manière, active et vigilante, d'exception et qu'elle réussit à s'approprier—par effraction—la culture dominante des "gens bien" et des mâles. Ils dessinent l'espace social toxique aussi bien que le ravis-

---

[9] Même si rognée par le fait que, "femme-prof",l' héroïne continue à se mouvoir, non pas entre deux langues (codes) cette fois-ci, mais entre deux voix: la voix autoritaire qui est la sienne à l'école et la voix soumise d'épouse de cadre dans les autres circonstances de sa vie.

sement confiant dans lequel le sujet féminin rencontre son autre masculin. La destruction s'effectue dans l'ignorance—au moins momentanée—et de celle qui en deviendra la victime et de l'agent destructeur. Qui plus est, la jeune fille ou plus tard la femme y coopère, doit en fait y coopérer sous risque de stopper sa croissance biologique, et y trouve un bonheur de jouissance qu'elle n'acceptera pas de rayer de son existence.

L'angoisse auctoriale qui traverse l'écriture est que le non-sens biographique de la déformation désirée, du travail confiant[10] se soldant par l'auto-destruction, va en contaminer le dire, que celui-ci à son tour en viendra un jour à être perçu comme faussé et aliéné dans son mouvement le plus intime. L'assombrissement final que j'évoquais en parlant du thème de la défaite est ainsi doublé car il est à la fois celui du personnage qui ne saurait gagner, perdant d'office malgré sa force, sa vitalité et son intelligence et celui de l'auteure qui met en doute son énonciation, et interroge avec scepticisme l'interprétation qui sous-tend sa parole.

La mémoire humiliée

Indépendamment de l'identité des salopiots figurant dans la dédicace de *Ce qu'ils disent ou rien* ou de celle du dédicataire de *La femme gelée* (dans lesquels on peut être tenté de retrouver les fils respectivement l'époux de la narratrice), de par le fait que ces deux romans sont adressés à des hommes, Ernaux a ménagé une certaine ouverture, un certain espoir à la communication entre le même féminin et son autre masculin. Alors que la dédicace des *Armoires vides* ("J'ai conservé de faux trésors dans des armoires vides / Un navire inutile joint mon enfance à mon ennui / Mes jeux, à la fatigue" [Paul Eluard]), qu'elle soit en relation de consonance ou de dissonance avec la substance du roman, maintenait et la clôture littéraire et le "flottement"[11] de la souffrance féminine, les dédicaces des deux romans suivants (respectivement "Aux Salopiots, Éric et David" et "A Philippe") donnent à celle-ci une prise sur le réel, à l'écriture comme une vague mission et au texte une orientation dialogique.

Ces traits vont s'accentuer dans les écrits de la deuxième période. Adolescente et révoltée dans *Les armoires vides* ou *Ce qu'ils disent ou rien*, meurtrie et distanciée dans *La femme gelée*, la parole de l'auteure conquiert, à partir de *La place*, une force et une urgence simples qu'elle

---

[10] Car l'héroïne *travaille* pour sa jouissance, apprend les patois culturels de la Garçonnie ainsi que les idiolectes de ceux dont elle aspire à faire "sa proie", au début, ses partenaires sexuels par la suite.
[11] Ernaux a parlé à plusieurs reprises de ce sens du verbe flotter, particulier à la parole de l'entre-femmes.

n'avait pas connues auparavant. Il s'agit de procéder sans plus tarder au rachat d'une trahison de classe qui, pour inévitable, car voulue et guidée par ceux même qu'on a trahis, et, à côté d'eux, par l'école, la société et la culture dans son ensemble, n'en est pas moins la forme nouvelle et inodore de l'aliénation. *La place* porte en exergue les mots de Genet: "Je hasarde une explication: écrire c'est le dernier recours quand on a trahi", et initie la Rédemption par la mémoire.

Parce qu'humiliée, la mémoire a conservé avec ténacité le passé dont l'oubli docile avait conditionné l'acceptation de l'auteure dans sa classe culturelle d'adoption. Renouer avec ce passé abandonné, "mettre au jour l'héritage que j'ai dû déposer au seuil du monde bourgeois quand j'y suis entrée" (*LP* 111) s'avère ainsi possible justement à cause du fait qu'entravée, interdite, non-résolue dans l'expansion heureuse du discours quotidien, la mémoire interdite ne s'est pas résorbée dans l'oubli et est prête à alimenter le flux de la parole enfin libératrice:

> Le déchiffrement de ces détails s'impose à moi maintenant, avec d'autant plus de nécessité que je les ai refoulés, sûre de leur insignifiance. Seule une mémoire humiliée avait pu me les faire conserver. Je me suis pliée au désir du monde où je vis, qui s'efforce de vous faire oublier les souvenirs du monde d'en bas comme si c'était quelque chose de mauvais goût. (*LP* 72-73)

La littérature française des années 1980 a enregistré d'ailleurs massivement ce phénomène de la mémoire qui revient. S'y rattachent, à côté des livres d'Ernaux ou d'Odile Marcel, *L'amant, Eden cinéma, La douleur* ou, plus récemment, *L'amant de la Chine du nord* de Marguerite Duras, *Etrangers à nous-mêmes, Histoires d'amour* ou *Les Samouraïs* de Kristeva, *La conquête de l'Amérique* ou *Critique de la critique. Un roman d'apprentissage* de Todorov, *Le miroir qui revient* de Robbe-Grillet, *Enfance* ou *Tu ne t'aimes pas* de Sarraute, *Voyage chez les morts* de Ionesco et un nombre considérable d'autres romans, essais, autobiographies, pièces de théâtre dans lesquels les auteur(e)s retrouvent un passé qu'ils ont longtemps gardé sous silence en vue de la réussite dans ou, plus simplement, de l'adaptation à un autre milieu social, voire à un autre pays et à une autre culture.

Il y a cependant, et souvent, des trous de mémoire. En plus, centrés sur un autre que soi, *La place* et *Une femme* ne sauraient convoquer qu'indirectement, par le biais d'un souvenir d'enfance tronqué, partiel et égoïste, l'intériorité secrète des parents habitués à garder le silence sur eux-mêmes. Ernaux y pallie par des reconstitutions qui prennent comme point de départ les gestes quotidiens de la vie sans fard chez les contemporains anonymes de son écriture:

C'est dans la manière dont les gens s'assoient et s'ennuient dans les salles d'attente, interpellent leurs enfants, font au revoir sur les quais de gare que j'ai cherché la figure de mon père. J'ai retrouvé dans des êtres anonymes rencontrés n'importe où, porteurs à leur insu des signes de force ou d'humiliation, la réalité oubliée de sa condition. (*LP* 100-101)

La place et *Une femme* deviennent ainsi le lieu non seulement d'une mémoire humiliée qui s'obstine à revenir, mais aussi d'une mémoire enfouie qu'on réinvente par approximation grâce, paradoxalement, au savoir acquis au prix de son refoulement. Les livres d'Annie Ernaux s'acheminent ainsi vers l'écriture d'un possible, d'un *comme si* mémoriel que les circonstances vécues ne sont plus à même de mettre à l'épreuve (dans le cas de *La place* et *Une femme*), qu'elles pourraient encore vérifier, quoique de façon peu significative pour l'économie interne du dire[12], dans *Passion simple*.

Une femme et *Passion simple* ont en commun le fait qu'ils sont, tous les deux, le moyen de continuer à vivre en mémoire, pour un délai qu'on sait devoir être bref et d'une manière qu'on reconnaît stylisée, avec la femme et l'homme qui ont le plus compté dans la vie du sujet écrivant. Ce qui se raconte, dans le premier livre, c'est, plus ou moins, comment on se détache de sa mère, tout en n'oubliant à aucun moment qu'on est les mêmes. Ce qui se dit dans le second c'est comment on se rapproche au plus près d'un homme, tout en n'oubliant à aucun moment qu'il est l'autre et l'étranger.

Dans *Une femme*, comme dans *Passion simple*, l'écriture est ainsi non pas un moyen de pallier à l'absence mais plutôt de goûter la présence impossible de la personne évoquée, de vivre avec elle dans un passé miraculeusement récupéré. Le rapport entre l'écriture et la mort se joue, cette fois, aussi bien au niveau de l'histoire (il s'agit bien, dans chaque cas, de la mort ou de l'éloignement définitif d'un être aimé) qu'au niveau de l'énonciation. Aussi longtemps qu'elle se fait, l'écriture conjure l'acceptation de la mort de l'être aimé. Une fois conclue, l'écriture se rigidifie, devient elle-même un élément de fixité et de mort, un monument de mémoire. C'est pourquoi, malgré leur substance commune, car voués à des vies qui communiquent—celle de la mère, du père, de l'enfant—les livres d'Ernaux ne vont jamais proposer plusieurs interprétations d'un même événement. Ils diffèrent en ceci de ceux de Duras, où, à plusieurs reprises, l'auteure fait volte-face et modifie de fond en comble le format de l'histoire familiale. Il y a comme un élément de testament affectif dans cette séparation à jamais

---

[12] C'est ce qu'exprime le post-épilogue dans la structure narrative de *Passion simple*. Le récit se refuse à incorporer les rencontres ultérieures au dénouement de la passion.

de l'être décrit-exposé-mis au monde. C'est à cette séparation scripturale voulue définitive et complète que se rattache, chez Ernaux-auteure, le désir de ne pas apprendre de nouveaux détails sur les vies des protagonistes de ses livres, sur la jeunesse du père ou de la mère par exemple.

Finalement, dans *Passion simple*, Ernaux écrira, non pas sur quelqu'un—car cette personne est vivante et résiste à son inscription littéraire—ni sur soi-même, mais plutôt pour re-verser dans la réserve commune des dons mémoriels ce dont on a bénéficié passagèrement:

> Il m'avait dit "tu n'écriras pas un livre sur moi". Mais je n'ai pas écrit un livre sur lui, ni même sur moi. J'ai seulement rendu en mots—qu'il ne lira sans doute pas, qui ne lui sont pas destinés—ce que son existence, par elle seule, m'a apporté. Une sorte de don reversé. (*PS* 77)

La culture serait ainsi devenue pour Ernaux la mise en circulation des dons existentiels que l'écriture, la peinture, l'art en général, permettent de conserver au plus près de leur simplicité essentielle dans une mémoire partagée et ouverte. Don reversé, le livre libérerait la mémoire consentante pour un face à face plus direct avec le vécu à venir.

Bibliographie

Ernaux, Annie. *Les armoires vides*. Paris: Gallimard, 1974. (*AV* dans le texte)
———. *Ce qu'ils disent ou rien*. Paris: Gallimard, 1977. (*CQD* dans le texte)
———. *La femme gelée*. Paris, Gallimard, 1981. (*FG* dans le texte)
———. *La place*. Paris: Gallimard, 1983. (*LP* dans le texte)
———. *Une femme*. Paris: Gallimard, 1987. (*UF* dans le texte)
———. *Passion simple*. Paris: Gallimard, 1991. (*PS* dans le texte)
Irigaray, Luce. *Et l'une ne bouge pas sans l'autre*. Paris: Minuit, 1979.
Marcel, Odile. *Une éducation française*. Paris: PUF, 1984.

III
VOIX DE FEMMES

Annie Ernaux: autrement dit/e

MICHÈLE R. MORRIS

Dire est important pour Annie Ernaux, comme pour bien d'autres femmes-écrivains qui l'ont précédée (Marguerite Duras, Annie Leclerc, Marie Cardinal, etc.) Ce verbe paraît d'ailleurs dans un de ses titres, *Ce qu'ils disent ou rien*. Mais que dire? et comment?

D'abord se dire, plutôt qu'inventer ou qu'imaginer. La matière des livres d'Annie Ernaux est toujours elle-même: ses six livres sont, romans ou récits, tous à la première personne. Trois romans autobiographiques: dans *Les armoires vides* (1974) c'est Denise Lesur, étudiante attendant d'avorter, qui se dit en rétrospective, enfant de petits épiciers normands. *Ce qu'ils disent ou rien* (1977) insiste sur l'expérience, les révoltes et interrogations de l'adolescence par la voix d'Anne. Cette Anne se rebiffe: "il faut que je sois ce qu'ils disent, pas ce qu'ils sont" (*CQ* 10-11), en l'occurrence institutrice et non ouvrière comme ses parents. Enfin, dans *La femme gelée* (1981), la narratrice, cette fois anonyme, trace à nouveau son cheminement en le poussant jusqu'au stade d'épouse de cadre et jeune mère devenue finalement professeur de lettres. Dans ces trois brefs romans, variations du *Bildungsroman*, l'accent est mis sur le développement. Ernaux se tourne ensuite, comme Beauvoir, vers une sorte de littérature-témoin, évoquant son père (*La place*, 1984) puis sa mère (*Une femme*, 1988). Mais c'est encore se dire en fille, enfant et adulte, tout en racontant ses parents. Elle se dit donc au passé bien plus qu'au présent, sauf dans ses derniers livres, en particulier *Passion simple* (1991), où elle relate, toujours à la première personne, une liaison récente avec un étranger.

Pour se dire avec vérité, pour faire entendre sa "parole de femme", il lui faut écrire. L'écriture lui permet d'abord d'expier une certaine culpabilité. L'épigraphe de *La place* est de Jean Genet: "écrire c'est le dernier recours quand on a trahi" (9). De même, *Une femme* se termine sur ces déclarations: "Est-ce qu'écrire n'est pas une façon de donner". Et "Il fallait que ma mère [...] devienne histoire, pour que je me sente moins seule et factice dans le monde dominant des mots et des idées où, selon son désir, je suis passée" (106). Cette dernière phrase est capitale, qui explique l'orientation et le propos de l'auteur. C'est non seulement pour enrayer l'oubli de sa mère qu'elle en a fait l'histoire, mais aussi pour mieux se comprendre et s'accepter elle-même, car l'écriture est le miroir qui parle et qui renoue les liens. "L'*écriture* fait adhérer l'écrivain à la trame de son propre destin", observait récemment Michel Beaujour (15). En fait, l'écriture est devenue si importante pour Ernaux qu'elle l'associe maintenant à la vie: "Souvent, j'avais l'impression de vivre cette passion comme j'aurais écrit un livre: la même nécessité de réussir chaque scène, le même souci de tous les détails" (*PS* 23).

Remarquons tout de suite que ce qu'Ernaux choisit de dire, même avec toute l'exactitude et la précision qu'elle y apporte, ne révèle en fait qu'une part d'elle-même: à sa franchise elle mêle une grande retenue, tout comme si, à côté de certaines facettes de sa vie qu'il fallait éclairer, certains problèmes qu'il fallait résoudre, il importait de préserver soigneusement du regard public sa vie privée. Qu'elle ne dise rien de son expérience maternelle après les toutes premières années d'"élevage" (*FG* 144), par exemple, semblerait indiquer que ses rapports avec ses fils ont dû être vécus plus aisément que ceux qu'elle avait eus avec ses bébés—ou, qui sait, encore plus difficilement?

Ecrire sa réalité, fort bien. Mais quels sont, pour paraphraser Marie Cardinal, les "mots pour *la* dire?" S'il est axiomatique que l'écrivain, suivant Claude Simon, "ne dispose que de mots" pour faire son livre (152), c'est bien d'abord dans les mots que résonne la réalité d'Ernaux. Elle confiait récemment à la traductrice des *Armoires vides* qu'elle y avait voulu "franchir toutes les frontières, dire l'indicible—qu'on a honte de ses parents—, parler du corps féminin et surtout ne pas utiliser le style raffiné d'un professeur de littérature mais une langue qui, étant brutalement directe, ouvrière et parfois obscène, s'insurgerait contre la tradition française de la phrase polie, du bon goût en littérature" (*CO* 125). Son style frappe par sa justesse et une incontestable puissance. Dès *Les armoires vides* Ernaux recrée le franc-parler des parents: "Tu perds ton temps à des foutaises... Si j'étais pas là vous mangeriez de la merde..." (26-27). Elle transcrit la syntaxe populaire: "nous irons au pâtissier"(37). Le monologue intérieur de la fillette que fut la narratrice est émaillé, comme sans doute son parler, de termes crus: "Qu'elle revienne chercher ses tifs dans le trou des chiottes..." (36); "jusqu'à sept ou huit ans, je leur ressemblais, à celles qui viennent aux commissions en blouse, qui plantent leurs cinq doigts dans le camembert pour voir s'il est fait. Gosse mal embouchée, vicieuse, et je leur pisserais à la gueule tout accroupie..." (46). La force de ce discours provient d'une dose savante de langue verte et d'une narration en apparence parlée et spontanée qui a une résonance authentique. L'ellipse en est un procédé caractéristique: du sujet—"faut t'arracher les mots de la bouche"—; de la principale—"La boucler perpétuellement pour ne pas leur faire de la peine"—; du verbe—"pas un sou moi pour ranger ma chambre"—; du *ne*—"c'était que de la littérature" (*CQ* 11, 34, 63, 37).

Pourtant, et Jacques Bersani l'a bien remarqué à propos de *Ce qu'ils disent ou rien*, elle "n'écrit pas comme parle son écolière, elle transforme en écriture, pour mieux la faire entendre comme parole, ce que serait la parole d'Anne si ... si Anne pouvait parler" (97). Car Ernaux (alias Anne) devra attendre l'âge adulte pour le faire: l'adolescente du deuxième roman se heurtait toujours aux mots qui ne collaient pas à la réalité, que ce soient ceux de Jimi Hendrix, des romans ou des chansons, et qui s'effrayait "de toutes ces choses que je ne sais pas encore et qu'il faudra dire et écrire" (*CQ* 10). Et elle concluait, avouant son découragement devant sa tâche d'écolière: "J'ai la trouille de tout maintenant [...] Jamais je ne vais finir ma dissert, la prof me collera un zéro" (*CQ* 154). Si Annie Ernaux veut "dire l'indicible" elle en traduit bien l'expression inadéquate: Anne autant que *La femme gelée* encore enfant sont souvent à court de mots. Les réalités sexuelles, par exemple, sont mal ou imparfaitement désignées. "Les mots ne m'ont pas semblé bons [...] Je trouve que c'est mieux de ne pas nommer, ou alors inventer" (*CQ* 95). Le sexe féminin n'est qu'un pronom, "le mien" pour les fillettes, quand il n'est pas entièrement occulté, "montrer ton" (*FG* 42, 35). La fillette l'euphémise en "carabi" (*CQ* 65) et sa mère en "quat'sous" ("catsou" pour l'imagination enfantine) (*FG* 40). Le membre viril est "le truc" des garçons, que la mère nomme "misère" (*FG* 43). Faire l'amour est "faire ça" (42). Tout indique donc la dévalorisation (en termes réellement monétaires) de l'amour physique par la mère et, partant, l'appréhension et la honte de l'enfant vis-à-vis du sexe. De même, les réactions d'une amie qui critique implicitement la domesticité imparfaite de la famille de la narratrice sont exprimées par des clichés et des indéfinis: "*Eh ben dis donc*, ta brosse à cheveux elle aurait besoin d'un bon coup!" Ou la remarque de Brigitte devant le "spectacle insolite" du père écrasant la purée: "c'est vous qui faites *ça*?" (*FG* 74). "Un homme popote *ça alors*" (75). Ces indéfinis que nous soulignons traduisent le manque de moyens d'expression, de langage adéquat, tout au moins au delà de l'à-peu-près oral.

La langue écrite d'Ernaux reste donc dans ses trois premières oeuvres résolument ancrée dans l'oral. Outre la langue directe et même grossière du milieu familial, elle contient de nombreuses expressions de patois normand telles "carcaillot" (*AV* 53), "ragognasses", "drouines", d'argot comme "nana ou boudin", "cradingue", "le gnouf", "gamberger" (*FG* 28, 35, 109, 145, 153, 171), bref de français régional parlé, et on sent que comme bien d'autres (qu'ils se nomment Rabelais, Céline ou Albertine Sarrazin), elle y trouve une source de richesse et de vérité. Lebrun et Prévost, dans leur récente et excellente mise au point sur Ernaux, ont bien remarqué que, dans *La femme gelée*, l'évolution de sa rhétorique est parallèle à son évolution personnelle (59). Mais il faut en souligner l'évolution sociale: le discours de la dernière partie du livre s'est allégé (et sûrement appauvri) de ses nombreuses caractéristiques orales. C'est pourquoi, avant de se geler en "petit cheval maté" (*FG* 31), elle renâcle et cherche à "retrouver un langage perdu, violence et désir d'autre chose" (167).

Le professeur de lettres qu'elle est devenue est pleinement conscient du clivage linguistique qui accompagne cette ascension sociale. Depuis son premier ouvrage, elle perçoit et souligne la fonction sociale de la langue: celle de son enfance et de son milieu n'est acceptable ni à l'école (libre), ni à l'université (laïque), non plus que dans les milieux que ces institutions représentent. La belle langue française qui, traditionnellement à l'école, unifie et intègre (en particulier les enfants d'immigrants ou les défavorisés), est donc vue ici comme élément de dissociation. Dès ses premiers contacts scolaires, Denise ne reconnaît rien dans cet autre monde dont la langue même est différente: celle de la maîtresse—"Suspendez votre vêtement à la patère!"—n'a rien en commun avec celle de sa mère—"fous pas ton paletot en boulichon, qui c'est qui le rangera?" "Il y a un monde entre les deux" observe Denise grandie(*AV* 53). "La maîtresse parlait, parlait, et les choses n'existaient pas, le vantail, le soupirail, j'ai mis dix ans à savoir ce que c'était..." (54). Cette différence de classe demeurera un thème constant dans les quatre oeuvres suivantes:

> Crier, se cacher dans des endroits où personne ne vous trouvera, tant pis pour la robe, oser, le grand mot, chiche que t'oses pas, sonner à la porte de la mère Lefebvre, dire ça tout haut, montrer ton, faucher la pêche. Je ne savais pas que dans un autre langage cette joie de vivre se nomme brutalité, éducation vulgaire. (*FG* 35)

De plus, si la langue parlée domine les trois romans, la langue écrite des magazines comme *Confidences*, des photo-romans et des romans (ceux de Delly, *Autant en emporte le vent*) lus durant l'enfance, puis celle des écrivains étudiés au lycée et en faculté se pose en contre-point. F. de Martinoir l'a bien vu: "L'élan de son imaginaire se heurte aux phrases figées, issues pourtant peut-être de l'imaginaire des autres" (1981: 126). La réalité est tellement représentée par ces phrases écrites qui s'y substituent qu'elle a du mal à trouver sa propre parole. Anne ne comprenait pas "comment des mots pouvaient me faire autant d'effet" (*CQ* 32) et aurait "bien voulu écrire des choses comme ça [...] que ce soit tout fait, facile à raconter" (33). Contrairement à Sarraute écolière qui se reposait avec plaisir dans les mots des livres "revêtus de beaux vêtements" qu'elle se plaisait à utiliser dans ses compositions de français (*Enfance* 210), Anne se sent mal à l'aise avec "ces mots de bouquin" (47). De même, les mots écrits que la "femme gelée" essaie de tracer pendant le somme de son petit garçon ne semblent pas réels: "Je n'arrive pas à croire à la réalité de ce que j'écris [...] Du faire-semblant de création". Les activités maternelles sont "le sérieux", le reste "la pause-littérature" (*FG* 176). Ayant intériorisé l'idéal de la "femme totale"—mère, épouse, professeur—la femme gelée est devenue prisonnière des clichés et de ses illusions, elle n'a découvert dans le mariage et la maternité ni la liberté, ni l'égalité, ni la fraternité qu'en bonne lectrice du *Deuxième sexe*, elle y avait rêvées[1]. Pas plus que la Céline des *Stances à Sophie* de Rochefort (dont la satire est par ailleurs bien plus mordante et forcée), notre narratrice n'atteint le bonheur dans ce mariage bourgeois[2]. En effet, cette "femme gelée" a renié ses antécédents. Et c'est ici qu'Ernaux se démarque des stéréotypes beauvoiriens, car sa réalité est différente de celle de ses consoeurs plus aisées: sa mère, "née dans un milieu dominé, dont elle a voulu sortir" (*UF* 106), n'a pas été seconde, mais égale à son père. Alors que les femmes de sa famille n'étaient pas des femmes au foyer "normales" mais des êtres qui avaient "le verbe haut" (*FG* 9), "pas des femmes d'intérieur, rien que des femmes du dehors, habituées dès douze ans à travailler comme des hommes" (15), elle a épousé un bourgeois, et à sa deuxième grossesse va abdiquer, se précipiter dans "ce merveilleux refuge des femmes-profs qui veulent-tout-concilier, le collège, de la sixième à la troisième, nettement plus pénard. [...]'Faire carrière', laisser ça encore aux hommes, le mien est bien parti pour, c'est suffisant" (181). C'est là ce que Beauvoir nommait le "défaitisme" (461) des femmes qui sacrifient leur ambition à celle de leur mari. Ce roman typifie dans bien des sens le trajet de celle que Beauvoir appelle la

---

[1] Il est remarquable que ces trois mots-clés, fréquents eux aussi dans l'étude de Simone de Beauvoir, reviennent dans le récit de la vie conjugale: espérant trouver "l'oiseau rare" (103) qui deviendra son mari un "frère" (118, 127), elle s'illusionne en pensant que "l'égalité des sexes" (108) de la fac va continuer dans le mariage et que sa "liberté" y sera préservée.

[2] La réaction de chacune de ces filles indépendantes à la demande de mariage est presque identique: "Oh ma faiblesse! Pourquoi suis-je molle, soudain sans forces? Qu'est-ce qu'il y a donc dans ce mot? Quelle magie—quel poison?" (*Stances* 17) ; "Cette mollesse qui me liquéfie subitement dans mon fauteuil de rotin, ma joie inavouable masquée d'un 'il faut qu'on y réfléchisse'..." (*FG* 122)

femme "transie, [...] abandonnée dans un présent glacé" (80) qui "n'est jamais aux prises qu'avec des images et des mots"(310). La trahison évoquée dans l'épigraphe de *La place*, est donc double: il ne s'agit pas seulement de trahir sa classe sociale. Ayant trahi ses aïeules, femmes égales, féministes sans le savoir, l'héroïne d'Ernaux vit ainsi l'impasse et la contradiction. Au sommet de sa montée vers la réussite, elle s'aperçoit qu'elle a fait fausse route et que le visage des femmes vieillies qui lui font horreur au salon de coiffure, c'est "déjà moi ce visage" (*FG* 182).

Annie Ernaux avait peut-être aussi atteint une impasse dans sa vie. Ses trois romans autobiographiques avaient retracé, et illuminé par le langage, l'écartèlement constant de la jeune femme luttant pour réconcilier "ce qu'ils disent" et ce qui est. Ils forment un tout, et un tout achevé. Sa parole, elle, ne s'était pas gelée, mais elle s'est assagie dans le retour aux sources que constituent les deux livres suivants: Ernaux y a adopté une autre voix. "Je n'ai pas le droit de prendre le parti de l'art", explique-t-elle, "le roman est impossible" (*LP* 24). Dans ces récits, elle utilise une langue plus neutre, dépouillée, factuelle, dont le ton évoque celui de *L'étranger* et d'*Une mort très douce*. Il n'est que de comparer les phrases suivantes pour s'en rendre compte: l'étudiante qu'avait été *La femme gelée* jouissait de sa nouvelle indépendance: "Luxe de me rabibocher avec une mère qu'il m'est indifférent de trouver maintenant gueularde et peu féminine, j'ai ouvert les yeux, les mères douces, comme celle d'Hilda qui pleure pour un rien, quel fardeau, toujours gaffer de ne pas leur faire de souci, de peine" (110). C'est d'un ton plus fidèle à sa réalité actuelle et peut-être empreint d'un besoin de pardon qu'elle écrit dans *Une femme*: "J'étais contente de la revoir, elle ne me manquait pas. Je revenais près d'elle surtout quand j'étais malheureuse à cause d'histoires sentimentales que je ne pouvais pas lui dire [...] Entre nous, la gentillesse, presque la timidité de ceux qui ne vivent plus ensemble. Pendant des années, je n'ai eu avec elle que des retours" (66-67). Mais sa propre caractérisation de son style en "écriture plate" (*LP* 24) n'est peut-être pas très exacte, car l'émotion reste toujours perceptible dans cette langue "économe", "épurée" (Lebrun 66), dont la subjectivité apparaît dans la brièveté des notations, ses litotes, ses expressions en italique, et surtout dans l'amalgame très particulier et personnel de "dit" et d'"écrit" qui la caractérise toujours. La tension entre représentation verbale et réalité est toujours sous-jacente. Mises en italique dans *La place* et entre guillemets dans *Une femme*, ce sont surtout les expressions de ses parents (*s'encroûter, ne pas prendre un ouvrier, en avoir un coup dans le nez, ouvrière mais sérieuse*) qui ressortent ainsi du texte. Elles reflètent une façon de penser, un système de valeurs qui emprisonnent comme un carcan. Cet "enfermement dans les mots" (de Martinoir 1984: 112) définit maintenant ses parents, car l'auteur, elle, s'en est libérée. Parlant une autre langue, elle pense autrement, et vice-versa. Elle est plus tolérante, sa rancoeur s'est éteinte. Mieux, elle comprend maintenant qu'elle avait vécu "sa révolte adolescente comme si [ses] parents avaient été des bourgeois", qu'elle avait été "une ennemie de classe" (*UF* 64-65).

Enfin, dans *Passion simple*, la langue est celle qui colle le mieux à l'auteur, langue d'un professeur certes, mais aussi d'une femme moderne toute simple. Parmi ses phrases solides, factuelles, même parfois élégantes, on retrouve encore des mots tels que "des fringues" (22), "draguer" (46), "le jogging, la boum" (47), qui évoquent son passé, maintenant assimilé. Si le lecteur peut avoir, comme tel critique de la presse hebdomadaire, l'impression qu'elle raconte "des histoires et malheurs qui sont arrivés à tout le monde"[3] ce n'est pas sa moindre réussite: elle atteint ici l'universel par le particulier[4]. Elle se défend de faire le récit d'une passion, d'une "obsession" (le mot revient comme un leitmotiv), elle en "accumule seulement les signes", sans ironie ni dérision, "comme si cet inventaire allait me permettre d'atteindre la réalité de cette passion" (31). Ce faisant, elle la démystifie, l'analyse et s'analyse lucidement, refusant de couronner son amant d'une auréole romanesque: "je ne serais jamais sûre que d'une chose: son désir ou son absence de désir. La seule vérité incontestable était visible en regardant son sexe" (*PS* 35). Cette lucidité inexorable permet d'inscrire *Passion simple* dans la lignée des romans français d'analyse.

Le texte, dépouillé au maximum, fait intensément revivre le vécu dans la patiente accumulation des détails significatifs: "Dans le R.E.R., le métro, les salles d'attente, tous les lieux où il est autorisé de ne se livrer à aucune occupation, sitôt assise, je tombais dans une rêverie de A. A la seconde juste où je tombais dans cet état, il se produisait dans ma tête un spasme de bonheur" (41). Si "le temps de l'écriture n'a rien à voir avec celui de la passion", Ernaux s'est "mise à écrire, [...] pour rester dans ce temps-là" (61). Et pour souligner que "dans le monde dominant des mots et des idées" la passion réclame aussi sa valeur. Le féminisme qui perçait dans les premiers romans[5] (surtout dans *La femme gelée*) s'estompe derrière les exigences de la féminité.

Alors que les féministes des années 1970 telles Cixous, Irigaray et Leclerc, revendiquaient un langage de la différence dans le discours de la femme, Ernaux se trouve prise entre deux langages de classe plutôt

---

[3] A. H., compte-rendu dans *L'Express*, 2117 (30 janvier 1992): 110. Ce critique (est-ce un homme?) mésestime cette oeuvre.
[4] Ecrivant sur Cesare Pavese, Annie Ernaux expliquait que la "quête désespérée du réel s'accomplit à travers la conscience et la sensibilité d'un seul personnage" (voir Lebrun et Prévost 65). Elle atteint ainsi à l'universalité dans ses propres oeuvres.
[5] Loraine Day a bien souligné cet élément de contestation féministe dans *Les armoires vides*.

que de genre. D'ailleurs les références littéraires (à l'exception de celles à Simone de Beauvoir et d'une rare mention de Virginia Woolf) sont à des auteurs masculins, et les passages choisis comme épigraphes sont signés Genet, Eluard, Hegel. Ce qui ne veut pas dire que la langue d'Ernaux soit masculine. Mais elle n'est pas non plus systématiquement "écriture féminine". Elle possède bien, nous l'avons vu, ce que Béatrice Didier a appelé "oralitude"—élément très positif de l'écriture féminine qui permet d'éviter la trahison de l'écriture par rapport à la parole (32). Par ailleurs, si elle dit le corps, c'est tout à la fois son corps-sujet vécu (surtout dans les deux premiers et le dernier de ses livres) et son corps-objet[6] (dans les aspirations de la jeune "femme gelée"). Elle dit sa réalité féminine, nous l'avons montré, par des mots de fillette puis de femme, mais ce sont des mots et des phrases qui lui viennent de son père autant que de sa mère: comme ses parents, ils sont égaux, ils ne sont pas différents. D'ailleurs, l'oralitude des premiers romans se tempère, le style s'assagit, se décante dans les oeuvres plus récentes. Cette écriture, plate ou non, n'a guère de genre. On pourrait la nommer "post-féminine".

En terminant, je dirai que c'est autant par sa langue et par son style que par ce qu'elle dit si bien, les joies exubérantes de l'enfance, l'ennui et les tâtonnements de l'adolescence, la résignation quasi-désespérée d'une jeune mère isolée, la passion d'une femme mûre, qu'Annie Ernaux a conquis son public. Elle ne cherche pas à forger un langage différent, mais à s'exprimer par des mots aussi directs, authentiques et robustes que possible. Si les problèmes de langue qui la hantent depuis longtemps ont souligné la distance qui la sépare de ses origines, l'écriture lui a permis d'assumer enfin ses racines, de franchir autrement cette distance, de donner forme et sens à son expérience. C'est dans cet essai d'adéquation entre dire, écrire et vivre que réside la tension créatrice manifeste dans chacune de ses oeuvres.

Bibliographie

Atack, Margaret, and Phil Powrie, eds. *Contemporary French Fiction by Women*. Manchester: Manchester University Press, 1990.
Beaujour, Michel. "Le drame de l'écriture". *Nouvelle Revue Française* 467 (1 décembre 1991): 14-20.
Beauvoir, Simone de. *Le deuxième sexe* II. Paris: Gallimard, Coll. Idées, 1949.
Bersani, Jacques. "Romans de parole: Ernaux, Raczymow, Hyvrard". *Nouvelle Revue Française* 297 (1 octobre 1977): 95-101.

---

[6] J'emprunte ici les définitions de Christiane Makward, p. 136.

Day, Loraine. "Class, Sexuality and Subjectivity in Annie Ernaux's *Les armoires vides*" in Atack and Powrie. 41-55.
Didier, Béatrice. *L'écriture-femme*. Paris: PUF, 1981.
Ernaux, Annie. *Les armoires vides*. Paris: Gallimard, Coll. Folio, 1974. (*AV* dans le texte)
———. *Cleaned Out*. Trad. Carol Sanders. Elmwood Park, Ill.: Dalkey Archive Press, 1992. (*CO* dans le texte)
———. *Ce qu'ils disent ou rien*. Paris: Gallimard, Coll. Folio, 1977. (*CQ* dans le texte)
———. *La femme gelée*. Paris: Gallimard, Coll. Folio, 1981.(*FG* dans le texte)
———. *La place*. Paris: Gallimard, Coll. Folio, 1984. (*LP* dans le texte)
———. *Une femme*. Paris: Gallimard, Coll. Folio, 1987. (*UF* dans le texte)
———. *Passion simple*. Paris: Gallimard, 1991. (*PS* dans le texte)
Lebrun, Jean-Claude et Claude Prévost. *Nouveaux territoires romanesques*. Paris: Messidor/Editions Sociales, 1990.
Makward, Christiane P. "Corps écrit, corps vécu: de Chantal Chawaf et quelques autres" in Suzanne Lamy et Irène Pagès, eds., *Féminité, subversion, Ecriture*. Québec: Remue-Ménage, s.d.
Martinoir, Francine de. "Annie Ernaux: *La femme gelée*". *Nouvelle Revue Française* 341 (1 juin 1981): 123-126.
———. "Annie Ernaux: *La place*". *Nouvelle Revue Française* 375 (1 avril 1984): 111-114.
Rochefort, Christiane. *Les stances à Sophie*. Paris: Grasset, Livre de Poche, 1963.
Sarraute, Nathalie. *Enfance*. Paris: Gallimard, Coll. Folio, 1983.
Simon, Claude. *Histoire*. Paris: Minuit, 1967.

Plaisir et chorégraphie de l'inter-texte: *Sphinx* d'Anne Garréta

GEORGIANA M. M. COLVILE

> Je trône dans l'azur comme un *sphinx* incompris;
> J'unis un coeur de neige à la blancheur des cygnes
> CHARLES BAUDELAIRE (32)

> la FICTION n'a plus cours: les personnages
> disparus dans les pages se transforment
> en références doubles
> **OBJETS MULTIFORMES**
> ANNE-MARIE ALBIACH (127)

Ce double exergue poétique d'un homme et d'une femme, du dix-neuvième et du vingtième siècles, se référant l'un à l'esthétique, l'autre à une fiction évanescente, réitère l'hybridité et le réseau d'énigmes annoncés par le titre d'Anne Garréta. Le sphinx de Baudelaire "trône … incompris", parce que sa devinette demeure sans solution, Oedipe n'étant pas encore passé par là; la beauté baudelairienne tend vers un mystérieux ailleurs, prélinguistique peut-être, vers l'ordre hermétique des symboles de "Correspondances". Et pourtant, le looping perpétuel du texte de *Sphinx*, qui se tisse, se défait et se retisse au gré de sa chorégraphie, tel l'ouvrage de Pénélope, fait régresser le lecteur en sens inverse avec Barthes, car "Tout récit ne se ramène-t-il pas à l'Oedipe?" (Barthes 75). Comme la réponse négative du critique à lui-même: "Aujourd'hui on balance d'un même coup Oedipe et le récit" (76), l'histoire de *Sphinx* entre en conflit avec la danse macabre, mimé- tique et éclatée qui vient dissoudre le discours narratif et rompre le récit.

Par un tour de force stylistique et grammatical devenu sa signature[1], Garréta dissimule d'un bout à l'autre de son roman le sexe des deux protagonistes amants anonymes: A***, l'objet aimé, danseur/se professionnel(le) noir(e), new-yorkais(e), et "Je", l'amoureux/se[2] qui raconte l'histoire, blanc(he), français(e), étudiant(e) en théologie, puis disquaire, en passe de devenir "une sorte de professeur étrange" (130) et vagabond. Il n'est pas évident de désexualiser la langue française qui, paradoxalement, n'émergera que plus érotisée de cette expérience. Forcément "Je" est un(e) autre. Cependant le texte appelle un certain mimétisme et tend un miroir au lecteur, qui y projettera sa propre préférence sexuelle ainsi que son désir diégétique correspondant. Pour moi, "Je" est un homme et A*** une femme. Mon analyse se déroulera donc en fonction de ce pari, tout en invitant mes lecteurs à y inscrire leurs parenthèses personnelles. Anne Garréta brouille constamment les pistes sur ce plan. Par exemple, "Je" fréquente des clubs de tous bords: "J'entrais indifféremment dans les boîtes hétéros et les boîtes homos, mâles ou femelles" (48) et le patron de *L'Apocryphe*, où "Je" travaille quelque temps, s'appelle George, sans *s*, est-ce un homme ou une femme, français(e) ou anglo-saxon(ne), qui sait?

L'intrigue-même, isolée de sa forme et de son contexte, ne serait qu'un pauvre mélo banal: las des hypocrisies de sa faculté de théologie, "Je" traîne dans les boîtes de nuit de Paris, en compagnie d'un Jésuite vautrinesque, le Padre. La mort soudaine de Michel, disquaire à l'*Apocryphe*, lui procure un travail et un rôle dans ce monde des plaisirs nocturnes, où il rencontre A***, danseuse à l'*Eden*. Ils deviennent inséparables, mais A*** diffère longtemps la consommation de leur amour, qui finit par avoir lieu, après un voyage à Munich, sans diminuer pour autant l'obsession torturée de "Je" à l'égard de A***. Ils goûtent leurs moments idylliques hors-contexte, en visite à New York, où vit la famille de A***, ou en voyage à travers l'Europe. Après une dispute en coulisse, A*** fait une chute sur scène et se tue. "Je", redevenu intellectuel, parcourt le monde en donnant des conférences; il n'oubliera jamais A***. Un jour, avisé de l'agonie de la mère de cette

---

[1] Son deuxième livre, *Pour en finir avec le Genre humain*, est écrit de la même manière.
[2] Dans *The Ballad of the Sad Café* (26-27), Carson McCullers, écrivain androgyne par excellence, fait une distinction devenue célèbre entre "the lover" et "the beloved". Selon la romancière sudiste, le second ne sert que de prétexte au premier et la plupart des gens préfèrent le rôle de l'amoureux, même si celui-ci se fait souvent craindre et haïr de l'objet aimé. McCullers choisit deux monstres pour son couple modèle, une femme hommasse et un nain bossu. Un triangle s'instaure, car un deuxième homme aime la femme, tout en étant aimé du bossu que la femme adore, et la nouvelle a un dénouement tragique. Anne Garréta, qui connaît bien la littérature américaine, a sûrement pensé a cette histoire d'amour tourmenté et d'ambiguïté sexuelle en écrivant *Sphinx*, qu'elle a dédicacé en anglais "To the third".

dernière, il se précipite à Harlem pour la soigner. Il l'enterre, emporte les lettres de A***, puis s'installe à Amsterdam, "en bordure du quartier rouge" (149), pour écrire le récit de son amour. Le manuscrit terminé, "Je" erre dans la ville, tentant de se remémorer un poème de Mallarmé, puis meurt sous les coups de couteau de deux truands noirs.

La fascination que le roman exerce sur le lecteur pose donc une première énigme et invite à un travail de détective. J'ai déjà mentionné la danse macabre: l'histoire est ponctuée des quatre morts—de Michel, de A***, de sa mère et de "Je" en finale. Il n'y a que la dernière qui soit le résultat d'un crime, or le seul doute entourant le meurtre de "Je" provient de ce qu'il le raconte lui-même, comme le Villon de la "Ballade des pendus". L'aspect policier du roman réside ailleurs, dans l'étrange sensation de "déjà vu" qui revient sans cesse au niveau du signifiant. L'histoire se détache sur un patchwork d'intertextualité multiple qui sous-tend la diégèse.

Le mystère tourne autour de l'identité du sphinx. D'une part, il s'agit de la langue, décrite en tant que monstre, par exemple lorsque "Je" essaie d'adapter son anglais britannique au parler du ghetto noir de New York: "Cette langue que je parle est un hybride monstrueux; j'ai mêlé Oxford et Harlem, Byron et le Gospel" (89). Par contre, la langue d'Anne Garréta aspire à la beauté baudelairienne, miroir aux alouettes pour piéger les critiques: "Car j'ai pour fasciner ces dociles amants,/ De purs miroirs qui font toutes choses belles" (Baudelaire 38).

Le plaisir de ce texte vient en partie de la jubilation du lecteur, qui y reconnaît d'autres lectures. Examinons d'abord le registre du mythe. Contrairement à l'Egyptien, qui combinait un corps de lion avec une tête d'homme, le sphinx grec du mythe d'Oedipe, auquel Garréta se réfère, a un torse et une tête de femme, des ailes d'oiseau et un corps de félin. Le tableau décadent et fin de siècle (1896) de Fernand Knopff, "La Caresse" (Christian 28-29) situe une créature hybride, mi-femme, mi-léopard, dans une configuration incestueuse avec un jeune homme au visage identique: "Mon enfant, ma soeur, songe à la douceur...", dirait Baudelaire (73). Au début du roman, une amie strip-teaseuse, Tiff, appelle "Je" "mon enfant" (15), puis l'entraîne "au travers d'un dédale de portes et d'escaliers, vers les loges particulières des meneuses de revue et des danseurs" (17).

C'est au coeur du labyrinthe des caves parisiennes que "Je" aperçoit A*** pour la première fois. La rencontre, c'est à la fois celle de l'A(mour fou) préconisé par Breton et celle d'Oedipe avec le Sphinx. Le rite de passage de ce dernier consiste à se reconnaître dans le mot caché par l'énigme: "Homme", laissant derrière lui l'ambiguïté sexuelle de l'adolescence pour aller droit au but(in): la femme. Impitoyable, le destin fera que cette femme soit la seule interdite: sa mère. Or, la passion que partagent les protagonistes mal assortis de *Sphinx*, comme chez les héros de tragédies classiques, paraît les tourmenter malgré eux. Ce n'est pas par hasard que "je" emploie de temps en temps des termes raciniens, tel "funeste" (100). Pas tout à fait sa mère, A*** a dix ans de plus que "Je" (84), et à cause de leur différence de couleur, la relation A***/"Je" fait scandale: "le sentiment général d'une union contre nature" (55). L'engouement d'un jeune blanc pour une Vénus noire se lit ici comme tabou social et comme cliché littéraire, empreint d'exotisme mythique: on se rappellera Jeanne Duval, les diverses *négresses* des poèmes de Baudelaire et de Mallarmé, les belles esclaves des romans sudistes, Mardou dans *The Subterraneans* de Kerouac, etc.

Le mot *Dédale*, cité plus haut, nom de l'architecte du labyrinthe de Crète, nous rappelle les nombreux labyrinthes littéraires, dont ceux de Borges, de Durrell et de Robbe-Grillet, puis évoque le mythe du Minotaure, autre monstre hybride. A*** elle-même incarne le sphinx à différents niveaux, dont le sens secondaire de "sphinx tête-de-mort": "Grand papillon de nuit crépusculaire au vol puissant, dont le thorax porte une tache, rappelant une tête de mort" (*Petit Robert*). Comme Icare, fils de Dédale, ces créatures sont irrésistiblement attirées par la lumière et se brûlent les ailes aux luminaires. Le mythe et la mite, toujours l'androgynie et encore la tension Eros-Thanatos. Entourée d'éclairages crus au music-hall, A*** meurt précipitée du haut d'un grand escalier, dans "un amas frissonnant de plumes" (100). "Je" analyse la mort de A*** comme l'aboutissement d'une relation mortifère, sans pouvoir pour autant se libérer de son obsession: "Je porte le deuil d'une existence funèbre, adonnée à la vampirisation d'une chair qui me faisait éprouver l'atroce impuissance à pouvoir la posséder autrement que dans le meurtre et la momification constante" (107).

"Je" porte aussi la marque du sphinx. Si A*** demeure une énigme pour lui, il ne la voit qu'à travers lui-même. Le sphinx se jette du haut de son rocher et se tue dès qu'Oedipe a résolu l'énigme. A*** meurt dans un mouvement analogue après la scène suivante:

> A***, de la porte... me jeta cette question...: "Comment tu me vois, hein?"... Après sa sortie... mon regard vint se fixer sur un grand miroir, face à la porte qui venait de se refermer sur une question. Je voyais dans le miroir cette porte, dans l'encadrement de laquelle A*** venait de m'interpeller. Il me vint sur les lèvres une réponse que je murmurai songeusement dans le silence: "Je te vois dans un miroir".
>
> J'attendais que finisse le spectacle pour annoncer à A*** cette réponse qui me satisfaisait sans que je susse pourquoi. Elle n'était pas une réponse: elle avait tous les traits d'une énigme... (99)

Ce moment de vérité, comme la réponse d'Oedipe, indique que "Je" retrouve son identité d'homme. N'a-t-il pas réinventé A*** à sa propre image, à la manière du Narcisse de Pausanias évoqué par Baudrillard? (97). Dans cette version du mythe, le jeune homme substitue le reflet de sa propre forme à celle de sa soeur jumelle morte, dont il était amoureux. Le narrateur découvre alors inconsciemment ce que Baudrillard appelle "l'autoséduction" puis, au-delà de cette dernière:

> ...la mort elle-même qui nous guette à travers l'inceste et sa tentation immémoriale, y compris *dans la relation incestueuse que nous entretenons avec notre propre image.* (98)

Après la mort de A***, "Je" s'abîme "trois heures durant" (102) à se contempler dans le miroir à côté du cadavre, qui "donnait l'illusion de surplomber mon regard". Petit à petit à la tombée de la nuit "le reflet fondait en une même lividité le corps de A*** et mon visage à son flanc", reconstituant ainsi l'image du sphinx et trouvant dans la mort la réponse à l'énigme de la possession amoureuse. Ce "stade du miroir", malgré le contexte macabre, exprime la jubilation du sujet, vers le milieu du récit, lequel sera mis en abyme à la fin, et que le narrateur présente la plupart du temps comme flou et fragmenté, au gré de sa mémoire incertaine: "Je ne parviens pas à me remémorer exactement les premières visions que j'eus de A***" (12), "De cette première nuit à l'*Apocryphe* et de ce que j'en vis, je ne gardai qu'une impression fragmentaire" (29); les premières fois qu'il la voit danser: "Je n'éprouvais nul besoin de voir le spectacle autrement que par fragments, brèves échappées" (23); à propos de son travail de disquaire: "De tout cela je garde un souvenir *morcelé*. Toutes ces nuits ont fini par se fondre en une seule" (45); de la première étreinte: "Je ne saurais raconter précisément ce qui advint" (78). Après la mort de A***, "Je" est conscient de n'avoir vécu auprès d'elle qu'une "reconstruction imaginaire" ("étrange sensation que j'avais de ne l'atteindre, de ne l'étreindre que dans le tableau que je recomposais") (106). Ces citations indiquent, en termes lacaniens, la métamorphose de la jubilation en hallucinations du corps morcelé, d'où l'incapacité du sujet de reconstituer l'*imago* d'origine. Il est intéressant de rappeler dans ce contexte le titre complet de l'essai de Lacan: "Le Stade du miroir comme formateur de la fonction du Je" (Lacan 89).

Le nom d'un parfum dont "Je" se délecte, "Parure"[3] (19), qualifie admirablement la textualité du roman qui, au-delà de la parodie et du plagiat, s'exhibe par moments en tant qu'ornementation empruntée.

---

[3] "La Parure", c'est aussi le titre d'une nouvelle très connue de Maupassant, histoire d'une femme qui travaille toute sa vie, afin de rembourser un collier emprunté, puis perdu et qui s'avère trop tard n'avoir été que du "toc".

Thème essentiel du livre, la danse donne également sa forme mimétique et rythmique à l'écriture de Garréta. La figure huit illustre bien le mouvement du texte, qui se croise et revient sur lui même au moment spéculaire décrit plus haut. L'atmosphère fin-de-siècle se manifeste dans une arabesque réversible de futur-antérieur: la France du dix-neuvième siècle, des poètes maudits et de la décadence croise l'Amérique post-moderne, comme si des danseurs de Harlem, habillés en voyous, exécutaient un étrange ballet autour des voiles de Loie Fuller. Une simplicité se détache de la densité du style pour marquer l'attrait irrésistible de la danse, chez Garréta: "A*** dansait: j'ai passé des soirées entières à guetter son apparition à l'Eden" (12), comme chez Flaubert, lorsque paraît Salomé: "Une jeune fille venait d'entrer... Puis elle se mit à danser" (178). Deux phrases consécutives de la première page de *Sphinx* évoquent les deux siècles et le double mouvement du texte à venir par le biais de la danse (macabre): "A l'époque, si je me souviens bien, je décrivais le monde comme un théâtre où auraient dansé, au bal macabre des pulsions, des théories de cadavres. Contemplation et vocifération ne m'empêchaient pas de traquer la décomposition de valse en valse amoureuse". Elle les invite tous à la valse, Anne Garréta, par le "jeu" de son "Je" en contemplation perpétuelle de A***, avant, pendant et après sa mort; ils signent tous son carnet de bal: Balzac, Rimbaud, Verlaine, Huysmans, Nietzsche, Céline, Cendrars, Proust, Camus, Lacan, Faulkner, les Beatnik et tant d'autres, mais surtout Mallarmé. Comme cette phrase insolite au milieu de *L'amant* de Marguerite Duras: "Il y avait là, quelquefois, un mallarméen" (80), des traces de plus en plus visibles du poète de l'azur et de l'absence sillonnent *Sphinx*.

Mallarmé a produit deux essais critiques sur la danse: "Ballets" (1886) et "Les Fonds dans le ballet" (1893)[4]. Le premier précède de deux ans *Le crépuscule des idoles*, où Nietzsche exalte la danse, et devance *Sphinx* d'un siècle. Mallarmé a sans doute contribué à une idéalisation métaphysique de la danse chez Nietzsche, Cendrars[5] et Céline[6]. Il suffit

---

[4] *Oeuvres complètes* 303-312. Les deux textes sont reproduits l'un après l'autre dans le chapitre intitulé "Crayonné au théâtre".

[5] Le cinquième des "Dix-neuf Poèmes élastiques" de Blaise Cendrars, écrit in 1914, s'intitule "Ma Danse" et constitue une sorte d'art poétique. Les vers qui nous intéressent figurent dans la première strophe:
La femme, la danse que Nietzsche a voulu nous apprendre à danser
La femme.
Dans son édition annotée des *19 Poèmes élastiques* (49-50), Jean-Pierre Goldenstein remonte aux sources, c'est-à-dire à un passage du *Crépuscule des idoles* de Nietzsche, qui écrit, par exemple, que: "l'art de penser doit être appris comme la danse, comme une espèce de danse".

[6] Dans son livre *Céline, le rappel des oiseaux*, Philippe Bonnefis fait la remarque suivante: "Céline, qui a lu Mallarmé, sait que la danse est poème . . ." (87).

d'un coup d'oeil aux textes du poète, pour retrouver les sources d'Anne Garréta, à commencer par le nom allégorique du cabaret où danse A***—"L'Eden"—également celui du théâtre où Mallarmé a vu la Cornalba "qui danse comme dévêtue" (*Oeuvres complètes* 303). "Je" déshabille continuellement A*** du regard et note que pour danser, elle n'est vêtue que de "ces délicats petits riens qui éludent la nudité" (22). Mallarmé insiste sur la fascination complexe de "la ballerine", que ce soit la Cornalba, la Loie Fuller, Mademoiselle Mauri, ou une autre. Pour lui, la danseuse est une créature paradoxale et énigmatique. D'une part elle a un aspect céleste, divin, proche de l'azur: "elle paraît, appelée dans l'air, s'y soutenir" (*Oeuvres complètes* 303), mais en même temps, elle danse "avec une écriture corporelle" (304) et une "divination mêlée d'animalité" (305). Mallarmé qualifie la ballerine d'"illettrée" (307), qui "s'exprime par des pas, ne comprend pas d'éloquence autre, même le geste" (306). On retrouve chez Garréta jusqu'au vocabulaire de Mallarmé dans les descriptions de A*** dansant lorsqu'elle interprète "une chanson anglaise... intitulée *Sphinx*" (80):

> ... je revois A*** parcourant la scène et, dans l'errance féline de sa chorégraphie, donner corps à une énigmatique figure de silence... Il y avait du chat et de la divinité dans ce corps qui, mû par quelque inquiète volupté, exprimait dans la nonchalance du pas une languide damnation ou immémoriale fatalité faite geste... A avait alors du sphinx (ou de l'image que j'en avais), la pose dédaigneuse, l'esthétique aiguë. Je... l'apostrophai ainsi: "mon sphinx" comme j'aurais dit "mon amour". (81)

Le Baudelaire de "la Beauté" et des divers poèmes sur les chats est également présent dans ce texte. Pour Mallarmé le mystère de la danse demeure difficilement déchiffrable: "à proprement parler, pourrait-on ne reconnaître au Ballet le nom de Danse; lequel est, si l'on veut, hiéroglyphe" (*Oeuvres complètes* 312) et la ballerine, comme A***, s'offre au spectateur en tant que Signe spéculaire: "elle te livre à travers le voile dernier qui toujours reste, la nudité de tes concepts et silencieusement écrira ta vision à la façon d'un Signe, qu'elle est" (307). Ce signe abstrait est inséparable de son homonyme concret et symbolique si prisé dans le domaine de la danse, l'oiseau en exil du poème de Mallarmé que "Je", agonisant, cherche à reconstituer: "Le vierge, le vivace et le bel aujourd'hui":

> Fantôme qu'à ce lieu son pur éclat assigne,
> Il s'immobilise au songe froid de mépris
> Que vêt parmi l'exil inutile le Cygne. (*Poésies* 90)

Ce long poème, même si "Je" n'en retrouve que les deux premiers vers: "Le vierge, le vivace et le bel aujourd'hui/Va-t-il nous déchirer avec un coup d'aile ivre", constelle les pages finales de Garréta, saupoudrées de termes mallarméens comme de givre (mot qui termine le troisième vers): "Je" "agonise" à la manière du cygne "dans ce décor glacé... Sous cet effet de givre... dans l'espace transparent où le temps s'est figé quand la succession des instants s'est prise en la glace d'un cristal" (156-57), etc. Jeté dans "un trou d'eau vierge d'englacement" par les deux noirs, "Je" exécute un ultime looping de Mallarmé à Faulkner: "Tandis que j'agonise"/*As I lay dying* condensant ainsi, dans le miroir de sa dernière danse macabre, sa propre mort, celles de A*** et de sa mère. La "souffrance" physique qu'il ressent mire sa torture sentimentale d'autrefois, et les deux "noirs" anonymes qui l'achèvent apparaissent comme l'ombre des deux femmes noires qu'il a enterrées. Lorsque "Je" soigne la mère de A*** à New York, dans un hôpital "labyrinthique" (133), évocateur du "triste hôpital" des "Fenêtres" de Mallarmé (*Poésies* 28), et qu'une nuit on le réveille pour lui annoncer l'agonie de la vieille, il se répète les mots "*die, dying*", échos de l'histoire d'Addie Bundren, puis se regarde dans la glace et hallucine sa propre mort: "Dans le miroir je me vis pâle... je crus voir sur mon visage, dans mes yeux, la mort" (140). Les vers des "Fenêtres":

> Je me mire et me vois ange! et je meurs et j'aime
> — Que la vitre soit l'art, soit la mysticité — (*Poésies* 29)

jouent le rôle du miroir où se croise le huit: la mort restitue la glace narcissique, où "Je" se regarde après le décès de A***, puis juste avant celui de la mère qui "lay dying"; l'"ange" androgyne pourrait compléter le nom de A***, dont "Je" s'approprie l'identité, comme, par exemple, lorsqu'elle refuse momentanément de lui céder: "L'inversion ce soir-là fut complète: je me fis démon, A*** empruntant symétriquement le masque d'ange que j'abandonnais" (63); "la vitre" des "Fenêtres", c'est celle que heurte "Je" dans sa chute (157) et "l'art" la mise en abyme constituée par le manuscrit du narrateur. Oui, *Sphinx* tout entier se mire dans Mallarmé, mais pas exclusivement: les reflets à la surface du texte sont changeants, comme les formes et les couleurs d'un hologramme ou les motifs mouvants d'un kaleidoscope.

Dans ce premier livre, Garréta inscrit une immense nostalgie du dix-neuvième siècle. Même si Mallarmé et Baudelaire détiennent une clé du texte, la romancière se réfère à plusieurs autres poètes, Symbolistes de préférence, comme Rimbaud. Le sonnet "Voyelles" commence ainsi: "A noir...", le rapport avec *Sphinx* se passe de commentaire. Dans une scène d'amour à New York s'inscrivent des échos du poème d'initiation métaphorique de Rimbaud, "Aube" (233):

Rimbaud: J'ai embrassé l'aube d'été.
            ...J'ai marché, réveillant les haleines vives et tièdes...

Garréta: ...une excitation juvénile me prenait, comme l'envie de jouer... de perdre haleine pour quelque essentielle futilité. (85)

Rimbaud: ...je l'ai entourée avec ses voiles amassés, et j'ai senti un peu son immense corps. L'aube et l'enfant tombèrent au bas du bois. Au réveil il était midi.

Garréta: Mon corps était immense, il aurait pu étreindre l'Amérique tout entière... Lorsque nous nous retrouvâmes enfin côte à côte... Il était une heure du matin... (86)

Dès le début du récit, "Je" reprend et adapte à sa propre vie la métaphore du "Bateau ivre":

> Je me ruais à la poursuite d'une image: celle de voilures inquiètes qui se désancrent comme bateau fantôme sur mer d'huile, dérivent, s'englacent, décollent à l'injonction d'imperceptibles alizés, baladent une peine infinie aux quatre coins de la scène. Et que le navire fût une galère, une goélette, une nef marchande ou un vaisseau corsaire m'importait peu. Son errance seule m'émouvait; qu'il se chargeât de toile ou s'en dénudât progressivement, que m'importait?
>
> Je passai la nuit à errer de port en port. (16)

A la même page, on retrouve le Baudelaire de "La chambre double" et des *Paradis artificiels*:

> ... la vision d'un canapé de velours rouge troué, brûlé par les mégots d'innombrables cigarettes, cette atmosphère d'exil entre des murs bleus maculés d'empreintes de mains sales me mena au plus près de ce sentiment vénéneux, si difficile à isoler: le spleen. Cette nuit m'en versa dans l'âme la quintessence; j'en jouis tout mon soûl, jusqu'à l'ivresse.

L'intertextualité mise en évidence permet à Garréta de se délecter dans le lyrisme qui caractérise le siècle dernier, de Châteaubriand à Mallarmé. L'allusion aux murs et aux mains sales, titres sartriens, préfigurent un passage où "Je" exprime ouvertement son dégoût de l'Existentialisme, mouvement apoétique par excellence, et de la célèbre faune du café de Flore:

Mon aversion pour cet intellectualisme navrant, qui tient du remugle, entendu sous le nom d'existentialisme, s'alliait à ma méfiance envers ces lieux communs où la notoriété publique assigne l'espèce hybride des artistes et des intellectuels. (61)

La prose du dix-neuvième donne le ton à la triste histoire d'amour et au narcissisme solennel du narrateur: "Je courtisais comme on le faisait dans les romans du siècle passé" (21). Les lectures de "Je" soulignent cette affinité: "Relisant alors Stendhal, Flaubert, leur parole me traversant ouvrait un abîme où s'engouffrait plus violemment encore l'impuissance qui me dévastait" (115). Le nom de Stendhal dans ce texte spéculaire renvoie à son ultime cliché du miroir qu'on promène le long d'un chemin. Une autre allusion plus ludique à cet auteur survient dans la description de l'*Apocryphe*: "Nuit rouge et non pas noire. Rien ne s'y dévoilait jamais de son essence ambiguë, entre bordel et boucherie, qu'à qui savait déchiffrer le reflet des miroirs" (23). Narrateur indigne de confiance et imbu de lui-même, romantique incurable, "Je" rappelle Julien Sorel et le Lucien de Rubempré de Balzac, comme l'atteste la relation équivoque avec le Padre vautrinesque.

Sphinx est imperceptiblement imprégné d'un autre modèle balzacien, nouvelle étrange et fascinante, où s'inscrit une sexualité ambiguë et perverse, à la fois comme absente et comme omniprésente, texte-sphinx qui pose une énigme toujours recommencée aux lecteurs et aux critiques. Selon Cendrars,

... c'est cette rencontre inopinée de l'Hermaphrodite endormi ou Eros qui donne une sensation de plénitude au lecteur et qui fait le charme et la séduction de la lecture, ce qui expliquerait la terrible passion dont sont possédés les hommes pour le monde imaginaire. (*Bourlinguer* 361)

Il s'agit de «Sarrasine», texte rendu célèbre par l'*S/Z* de Barthes. Dans l'édition dont je me servirai ici, publiée trois ans après *Sphinx*, la nouvelle est suivie d'un métatexte de Michel Serres, *L'hermaphrodite*. *Sarrasine* et *Sphinx* se ressemblent par le fond et la forme, à quelques différences près: une histoire d'amour "contre nature", racontée par un seul narrateur anonyme, en marge de la diégèse principale de *Sarrasine*, protagoniste de *Sphinx*. L'objet aimé A*** dans *Sphinx*, danseur/se dont le sexe n'est jamais dévoilé au lecteur, se refuse longtemps à "Je", puis lui cède et finit par mourir dans une chute; par la suite le narrateur écrit le récit de leurs amours, puis succombe à son tour, poignardé par des malfaiteurs; chez Balzac, la cantatrice Zambinella se refuse catégoriquement au sculpteur Sarrasine, qui exécute une statue d'elle, la courtisant toujours. Lorsque l'amoureux et le lecteur découvrent que Zambinella n'est qu'un castrat, Sarrasine, désespéré, tente en vain de détruire la statue, puis expire sous les coups des garde-chiourme du chanteur. Garréta imite parfois le style de Balzac:

> Balzac: J'eus la douleur de la voir abîmée dans la contemplation de cette figure. (29)
> Garréta: Je m'abîmais dans la contemplation de cet être. (117)

La mise en abyme de modes d'expression artistique généralement non-linguistiques, comme la sculpture, la musique et la danse, joue un rôle important dans les deux textes: les deux amoureux ont le coup de foudre pendant que l'objet aimé se produit sur scène, où il/elle chante ou danse. Les deux amoureux fétichisent l'autre en image: la statue, le récit. Ils traitent l'aimé(e) d'ange, terme qui le/la désigne comme asexué(e) et inaccessible. A***, dont les "passades" sont connues, est également méprisé(e) pour la couleur de sa peau; Zambinella, qui "était presque une courtisane" (49), devient objet de moquerie en tant qu'eunuque. On voit aisément que la chorégraphie des deux histoires est analogue. Les miroirs de *Sphinx* remplacent la structure emboîtée de *Sarrasine*, où le narrateur raconte l'histoire de Zambinella à une marquise aussi réticente que la chanteuse. Dans *L'hermaphrodite*, Michel Serres relève la figure de "l'énantiomorphie" ou symétrie inversée et donne l'exemple des deux moitiés du corps: "Le monde et les corps saturés de miroirs se multiplient et se divisent, ainsi l'univers porte sa propre image. Pourquoi oublions-nous toujours que notre corps se mire mi-partie dans mi-partie...?" (80), il cite la lettre "A autour de son axe vertical" (81), puis revient à *Sarrasine*: "la sculpture rencontre la musique et s'en sépare, comme énantiomorphes entre elles: voilà l'histoire de Sarrasine et de Zambinella" (80). Serres assimile ainsi l'androgyne ou l'hermaphrodite au castrat, en appliquant cette théorie à la langue et à l'art (le huit revient ici frapper à la vitre de Mallarmé):

> Souvent la langue garde trace du sexe par le genre, masculin ou féminin, articles, noms, pronoms femelles ou mâles; la musique, libre de genre parce que libre de langue, peut se dire androgyne et hermaphrodite, neutre et complète. (144).

Balzac inscrit dans son texte un castrat qui chante comme une femme, le sculpteur amoureux d'une illusion en fait une femme de pierre, inaccessible comme la musique, comme la beauté baudelairienne. Garréta châtre son lecteur, qui, comme Sarrasine face à Zambinella, comme le berger poursuivant sa bergère sur le vase grec de

Keats, n'aura jamais accès au sexe de A***, lettre énantiomorphe. *Sphinx*, texte travelo, perpétue la déception et la *différance*.

Avant de boucler la boucle, revenons au vingtième siècle et à l'âge du roman américain. Une déambulation solitaire de "Je" dans Manhattan évoque irrésistiblement "Les Pâques à New York" de Cendrars:

> Garréta: Je pris la 42ème Rue vers l'ouest, j'avais renoncé à chanter. Je marchai un certain temps la tête vide et les pieds gelés. Un vieux blues me revint... (139)
>
> Cendrars: Je descends à grands pas vers le bas de la ville,
> Le dos voûté, le coeur ridé, l'esprit fébrile...
> ... Et je me remémore un cantique allemand (*Du Monde entier* 17)
>
> ... Seigneur, je ferme les yeux et je claque des dents je suis trop seul. J'ai froid. Je vous appelle. (26)

Dans un autre passage, "Je" se compare au Christ: "Le Christ, j'y pense soudain, n'était pas seul, il avait sur moi l'avantage de souffrir en compagnie, entouré par deux voleurs" (114), comme Cendrars: "Je pense aux deux larrons qui étaient avec vous à la Potence" (*Du monde entier* 20). "Je" incarne la solitude de l'individu face aux grands espaces physiques et métaphysiques, caractéristique de la littérature américaine.

Du côté de la France, tout un chapitre-pause, après la mort-chute de A***, se construit autour du roman de Camus, *La chute*, autre miroir pour le narrateur:

> ... je me fais à moi-même l'effet de ce héros de roman des années 50 qui s'intitulait, je ne sais plus pourquoi, *La Chute*. Belle âme, tout de grandeur, masque ironique et souffrant, jouant le sublime à peu de frais, dans la confusion chaotique des bonnes intentions et pieuses lucidités. (109)

Tout compte fait, "Je" ressemble assez au lamentable Clamence, dont la dernière chute, imaginaire, se fait également dans l'eau froide et qui choisit, lui aussi, de faire son récit au bord des canaux d'Amsterdam. Le nom de Camus n'est jamais mentionné dans *Sphinx*, alors que le titre *La Chute* réitère une des principales obsessions du narrateur. Le Sphinx est mort d'une chute et Oedipe roi en fait une notoire. Le cabaret où danse A*** se nomme l'*Eden*, et Garréta insiste sur la mort lapsarienne de L'ange/A*** en utilisant les mots "choir" et "chute" pour la décrire (101). Le disquaire de l'*Apocryphe* (ce qui signifie texte exclu des évangiles ou simplement inauthentique), Michel, porte le nom d'un archange et dans son faux-contexte fait une chute qui rappelle davantage William S. Burroughs que Milton, lorsqu'il meurt d'une *overdose* dans les cabinets. "Je" venait juste d'écouter *don Giovanni*, autre histoire de chute.

Trop c'est trop, l'intertextualité de *Sphinx* est inépuisable, se proliférant à la manière de l'entropie pynchonienne. Le "bal macabre des pulsions, des théories de cadavres", évoqué par "Je" dès la première page, met tous les littérateurs dans le même sac, qu'ils soient critiques ou créateurs. Entre Villon et Bakhtine, ils défilent tous au "Carnaval décharné" de l'*Apocryphe* (23). Au "something rotten" de Hamlet répond le spectre de Verlaine: "De la musique avant toute chose... le reste est littérature". Telle des Esseintes de Huysmans, "Je" reconstitue des sensations fortes dans sa "cage de verre" (53) de disquaire, par l'amalgame de musique qu'il y concocte, mais, ironie suprême, son dernier refuge sera la littérature, la sienne puis celle de Mallarmé. L'amour se dissout en idée: "A*** n'était que corps parasite interposé entre ma conscience et mon indéfectible tendance à diffracter le réel" (106). Le texte, comme le Sphinx, est un monstre hybride, tel la foule dansant à l'*Apocryphe*: "Des corps dénombrables, innombrables composaient un monstre à cent têtes, aux membres enchevêtrés et dont la seule cohésion et animation provenait de l'impulsion rythmique que je lui assénais" (45).

Temps retrouvé en se remémorant les auteurs du passé? Hélas, ce ne sont que des cadavres, et même la petite madeleine de Proust s'est américanisée: "Me revient, alors que s'affadit et se dissout la pure réminiscence gustative qui a surgi en moi à l'évocation du thé et de la patate douce..." (89). Garréta irait-elle cracher sur leurs tombes?

Que reste-t-il de *Sphinx* dépouillé de sa trame intertextuelle? Ce roman ne serait-il que du toc? Cette fiction se lit aussi bien comme métafiction, comme commentaire sur l'évolution de la littérature, d'une fin-de-siècle l'autre. Le livre *Sphinx* nous pose une énigme dont la réponse est éparpillée dans le texte. Pendant sa mort lente et violente (n'oublions pas Apollinaire), "Je" rêve, songe, obsédé par un vers de Mallarmé qui s'esquive et qui réitère la mort du narrateur/protagoniste/auteur implicite, la fin du livre, la disparition de l'art et le vide/azur qui s'ensuit. En voici les fragments: scène dans un café, au début avec Tiff: "Dans l'entrechoc des *sonorités* arabes et des ordres que lançaient les serveurs, je crus qu'une détonation allait suspendre le cours du monde" (14). Plus loin "Je" décrit sa contemplation de A***: "agrément esthétique que je ne saurais attribuer qu'à une *légèreté d'être* qui ne savait pas se garder de l'*inanité*" (54). *L'insoutenable légèreté de l'être* de Kundera venait de paraître avec ses définitions du "kitsch". Or, A*** avait, d'après "Je", "un goût un peu naïf pour tout ce qui relevait du monde *aboli* de l'aristocratie" (76). Finalement, "Je" devenu lucide, qualifie ses années de vie nocturne d'"*inanité* morne"

(93). Manque un seul mot, métaphore pour "Je" jeté dans un trou, pour l'objet aimé, pour le livre et pour le vers de Mallarmé ainsi reconstitué: "Aboli bibelot d'inanité sonore" (*Poésies* 91).

A quoi cette table rase fait-elle place? Pourquoi, dans cette richesse intertextuelle ne trouve-t-on pas une seule femme écrivain? Revenons à Proust, lorsque Swann, autre modèle pour "Je" fait le bilan de sa liaison avec Odette: "Dire que j'ai gâché des années de ma vie, que j'ai voulu mourir, que j'ai eu mon plus grand amour, pour une femme qui ne me plaisait pas, qui n'était pas mon *genre*" (252). Quel était le "genre" de Swann? Il ou elle? "Si je n'étais pas une femme?" lance Zambinella à Sarrasine (Balzac 55). "La danseuse n'est pas une femme qui danse", écrit encore Mallarmé (*Oeuvres complètes* 304). Qui est A***? Ange? Anon? Arts? Azur? Anne (Garréta)? "Je" l'associe à deux chansons. D'abord celle de Piaf, qu'elle chante: "la Ville inconnue" (123), écho de l'"énigme topographique" de l'*Apocryphe* (29); dirait Duras: "Harlem, NewYork. C'est ton nom"... "Ton nom à toi est Paris, Paris en France"[7]. A*** danse sur la deuxième chanson, anglaise, *Sphinx* (80). Un troisième air imprègne imperceptiblement le texte: il s'agit d'une valse de Music-hall de Francis Popy, intitulée aussi "Sphinx" (1906)[8] aux paroles délicieusement kitsch. Dans un duo homme-femme, cette dernière est adressée comme "créature étrange... ni ange ni démon" et, après de longs marivaudages, elle répond en finale: "Je suis une femme". La partition d'époque est illustrée avec un portrait de vamp, dont le front est orné d'un immense papillon sphinx-tête-de-mort! De toutes façons, A*** est un(e) autre, comme le sphinx, il/elle a un corps d'animal, de félin. A*** s'exprime par la danse et communique avec «Je» disquaire, lorsque "... j'expérimentais en toute liberté, je posais les bases d'un langage nouveau que personne ne m'avait enseigné" (44). Quand "Je" réintègre sa vie d'intellectuel, la relation se dégrade. Dans l'interview intitulé "Chorégraphies", Jacques Derrida et Christie McDonald s'arment de la métaphore de la danse contre le sexisme de la société et du logos; ils concluent par une question, dont la réponse demeure ouverte:

> ... what kind of a dance would there be, or would there be one at all, if the sexes were not exchanged according to rhythms that vary considerably? In a quite rigorous sense, the exchange could not suffice either,

---

[7] Voir Marguerite Duras, *Hiroshima mon amour*:
    Elle: Hiroshima, c'est ton nom ...
    Lui: C'est mon nom. Oui ...
    Ton nom à toi est Nevers. Ne-vers-en-France. (124)
[8] Partition de "Sphinx", valse de François Popy, paroles adaptées par Pierre Chapelle (Berlin W.: Paris Musical, Verlag von C.M.Roehr, 1906).

however, because the desire to escape the combinatory itself, to invent incalculable choreographies, would remain. (76)

Ce que Cixous appelle "l'autre bisexualité" et/ou "l'amour autre" dans "Le rire de la Méduse" devient une réalité sous la plume de Garréta, qui, au-delà de l'*écriture féminine*, a créé un texte hermaphrodite: "... suspense écrit entre un corps d'homme et un corps de femme... Rêve et pense, à la vie à la mort, tu deviendras androgyne" (Serres 175). Il faudrait écrire un autre essai pour déceler l'humour du texte, pince-sans-rire et tout en clins d'oeil, basés, eux aussi sur l'intertextualité...

Bibliographie

Albiach, Anne-Marie. *Mezza voce*. Paris: Flammarion, 1984.
Balzac, Honoré de. *Sarrasine*, suivi de Michel Serres, *L'hermaphrodite*. Paris: GF Flammarion, 1989.
Barthes, Roland. *Le plaisir du texte*. Seuil, 1973.
Baudelaire, Charles. *Les fleurs du mal*. Librairie Générale Francaise, Livre de Poche, 1972.
Baudrillard, Jean. *De la séduction*. Paris: Galilée, Folio, 1979.
Bonnefis, Philippe. *Céline, le rappel des oiseaux*. Lille: Presses Universitaires de Lille, 1992.
Camus, Albert. *La chute*. Paris: Gallimard, 1956.
Cendrars, Blaise. *Du monde entier/Poésies complètes: 1912-1924*. Paris: Gallimard nrf, 1967.
_____. *Bourlinguer*. Paris: Denoël, Livre de Poche, 1948.
Christian, John. *Symbolists and Decadents*. New York: Park South Books, 1985.
Cixous, Hélène. "Le rire de la Méduse". *L'Arc* 61 (1975): 38-54.
Derrida, Jacques et Christie V. McDonald. Interview: "Chorégraphies". *Diacritics* 12 (été 1982): 66-76.
Duras, Marguerite. *Hiroshima, mon amour*. Paris: Gallimard, 1960.
_____. *L'amant*. Paris: Minuit, 1984.
Faulkner, William. *As I Lay Dying*. New York: Vintage Books, 1964.
Flaubert, Gustave. "Hérodias". *Trois contes* (1877). Paris: Garnier Flammarion, 1965.
Garréta, Anne. *Sphinx*. Paris: Grasset et Fasquelle, Livre de Poche, 1986.
_____. *Pour en finir avec le Genre humain*. Paris: Bourin, 1987.
Goldenstein, Jean-Pierre. *19 poèmes élastiques*. Paris: Klincksieck, 1986.
Kerouac, Jack. *The Subterraneans*. New York: Grove Press, 1958.
Kundera, Milan. *The Unbearable Lightness of Being*. Traduit du tchèque par Michael Henry Heim. New York: Harper and Row, 1984.

Lacan, Jacques. "Le stade du miroir comme formateur de la fonction du Je". *Ecrits I*. Paris: Seuil, 1966. 89-97.
Mallarmé, Stéphane. *Oeuvres complètes*. Paris: Gallimard, Pléïade, 1943.
_____. *Poésies*. Paris: Gallimard nrf, 1952.
McCullers, Carson. *The Ballad of the Sad Café*. New York: Bantam Books, 1951.
Proust, Marcel. *Un amour de Swann*. Paris: Gallimard, Livre de Poche, 1919.
Rimbaud, Arthur. *Poésies*. Paris: Librairie Genérale Française, Livre de Poche, 1972.

Cultural Mixing, Exile and Femininity in Paula Jacques's *Lumière de l'oeil* *

SUSAN COHEN

In *La libération du Juif,* Albert Memmi cites a serious joke: "Un Juif dit à un autre Juif: Je pars en Amérique du Sud. —C'est loin! dit l'autre. —Loin d'où? demande le premier" (Memmi 254). Throughout history any number of countries have forced the Jews to leave.

Historians estimate the Jewish population of Egypt between the two world wars at between seventy-five and eighty thousand in a Muslim population of approximately twelve million. Twenty thousand left due to the hostile environment created by the 1948 Arab-Israeli war. The Suez war provoked mass expulsions and departures of forty to fifty thousand Jews in 1956-1957. By the 1980s there remained only between three to four hundred elderly Jews in Alexandria and Cairo (Kramer 9).

Before 1948, Egypt's cities contained a mosaic of religious, linguistic, and ethnic minorities: Copts, Jews, Greeks, Maltese, peoples from the Levant, Italians, Turks, not to mention the British rulers. The fertile Nile valley had always attracted immigrants. The Arab conquest had taken place in the seventh century. Mamluk rule extended from 1256-1516. Except for a brief French incursion under Napoleon in 1798, the Ottomans controlled Egypt from 1516 until 1805, when the state system began. After occupying Egypt in1882, the British maintained its hegemony until 1952 (Al-Sayyid Marsot).

The Jewish minority itself comprised a multiplicity of national origins and rites. In addition to "indigenous" Jews[1] and Sephardic

---

* This is a shortened version of my article which appeared in *The French Review* in April 1994 and is reprinted here by permission of the editor.
[1] Kramer qualifies as "indigenous" only Jews who had "always" inhabited Egypt, (since pharaonic times), as opposed, for example, to those living there since the fifteenth

Jews,[2] there were Italian, Greek, North African, Iraki, Yemeni Jews, some Ashkenazi refugees from Russia and Europe, and the Karaites (Kramer 22-26). Each group spoke its own dialect or language. This created a linguistic chaos which subsided in the middle and upper classes with the adoption of European languages. In 1905, French took precedence, becoming "the lingua franca of the local foreign minorities and the Turko-Egyptian elite alike" (Kramer 27)

Nearly all Jewish Egyptians also spoke Arabic, in their daily contact with their Muslim neighbors. As for why so many turned to Europe, their inferior status as Jews goes far by way of an explanation. No matter how indigenous they were, Jews in Islamic societies had always suffered institutionalized political and social discrimination as non-Muslims. Although the Ottomans generally treated Jews better than did Europe, and Egypt better than most Muslim lands, they depended on the capricious good will of their rulers and neighbors. Under the Ottoman system of Capitulations, many Jews sought the security of foreign nationality or protection. With the advent of Egyptian statehood after World War I, fewer Jews applied for foreign nationality because they identified, as Egyptians, with the nation of Egypt and/or because they hoped to ensure their safety by remaining inconspicuous. Nevertheless, anti-Semitism, exacerbated by the creation of the state of Israel and the Islamification of Egypt, provoked the dispersal of the country's Jewish population.

Through their choice of schools, it was Jewish women who opted for French rather than Arabic or Hebrew as their main language. Yvette Chamache attributes this to a perhaps unconscious desire to free their daughters from a patriarchy which confined them to the home, forbidding them access to the public sphere as well as to the religious sphere (Chamache). The Bible, the very thing that defined them as Jews, was denied and denied them as women. If the departing speaker in my opening joke is a Jewish woman, the ending query resonates with another dimension: far from where?

Paula Jacques's first novel, the 1980 *Lumière de l'oeil*, treats these questions in the Egyptian context. A Jewish Egyptian Francophone writer living in Paris, Paula Jacques has gained recognition in France, most recently with the award of the 1991 Prix Fémina. All her novels center on Egyptian Jews. *Lumière de l'oeil* conflates issues of minority status, insertion, and uprooting with a problematics of individual

century expulsion from Spain (Sephardic Jews). This usage is troublesome. Would the former have more claim to being indigenous than the Arabs, who did not arrive until the seventh century A.D.?
[2] Jacques Hassoun notes the frequent misapplication of the designation "Sephardic" to all non-Ashkenazi Jews, whether or not they trace their origins to Spain.

identity posed in terms of gender and exacerbated by the historical conjuncture of the 1950s. A woman narrator's depictions of the life of her Jewish family in Cairo, with a focus on herself as a little girl, shows how being female inflects the dialectics of belonging and exclusion, from the personal to the wider cultural context, and how this intersects with the issue of language as the key mediation of individual and cultural identity.

The text is divided into two parts. Part 1 presents events during the year 1952, when Mona Castro is five years old; part 2 those of 1956-1957, when she is on the brink of puberty at ten. Each of these years corresponds to critical ruptures for the Jewish collectivity and for the child as a female within that community. Third person narration is employed for these Egyptian sequences. The narrator's "I" never appears, but is implied in the eight speeches by Mona's mother Rébecca, explicitly addressed to "you," the grown-up Mona in Paris in 1977, twenty years after their expulsion from Egypt. Monologues in form only, they function dialogically, for they consist of answers to questions about their past put to Rébecca by the narrator, though Mona's voice is not rendered. The mother speaks to a daughter present in her Parisian apartment "now," listening to her. Interspersed throughout the novel, these scenes introduce narrative and spatio-temporal dimensions which show what feminist theorists have called the relational qualities inherent in women's texts concerned with the construction of female identity, and the centrality of the mother-daughter relation in that process.[3] By occupying the position of narratee of the mother's discourse about their past, the narrator gives us access to a voice crucial to the daughter's self formation, to her ability to say "I."

1. An Egyptian Jewish Family in Modern Egypt

On every textual level in Jacques's novel, historical contextualization passes through an array of tales. History as narrative. Storytelling as the means to interpret and live history as it happens. *Lumière de l'œil* avoids master historical discourses. We witness momentous historical events as recounted, and mostly submitted to, by those usually silenced: a small yet heterogeneous group of inside outsiders (A Jewish family partly well to do and partly poor) and a few of the politically powerless Muslims with whom they interact daily. I shall first consider some of the key stories that situate Mona Castro's Jewish Egyptian family in Cairo.

---

[3] See on the mother-daughter bond, Nancy Chodorow and Shirley Nelson Garner *et al.* On female selfhood as mediated through psychoanalytic, social, and political factors, see Françoise Lionnet, Sidonie Smith, and Bella Brodzki and Celeste Schenck.

It is January, 1952. Cairo is burning, set afire by angry mobs after the famous incident at Ismailyya in the British controlled Canal Zone. The ensuing anti-Semitism incites the otherwise a-political Jacques Castro to call a family meeting. Exasperated by her family's lack of political consciousness, Jacques's Marxist niece Bolissa calls them puppets and lackeys of imperialism, and invokes the imminent uprising of the masses of her Egyptian "brothers" through a Marxist parable. The bread on the table, which is the "fertile garden" of Egypt, figures the people, "workers, gardeners of the Nile," reduced to sickness and hunger by the avid salt—the English imperialists, along with their accomplices the pepper: feudal land-owners and the government. A pitcher of water is the king, swollen and transparently illegitimate. Bolissa adjures her family to join with the people to break it, rid the country of the three bandits and "return the garden to the gardeners." Her reductionist Marxism remains ignorant of the dynamics that will make the "revolution" come from the top in the form of successive military coups, be nationalist and sectarian, entail her imprisonment as a *Jewish* communist and the expulsion of all of them irrespective of the diversity of their views. When Bolissa warns her sceptical family, "Nous vous chasserons tous"(49), Jacques reacts to the threat of exile: "Si tu veux nous faire traverser le désert à la nage, je ne veux plus t'écouter. [...] Dis-moi, mon enfant, quel est mon crime? Quels vols, quelles spéculations, quelles infamies ai-je commis sur cette terre où je suis né?" (50)

In the ensuing brouhaha Sayeda, the French speaking Muslim governess, reassures them: "Mais aucun de vous ne partira [...] Les damnés sont les Anglais" (50). She offers her version of history through a fable evoking the perennial perseverance of Egypt, on which the depredations of English imperialism will have no more enduring an effect than that of a passing insect devouring the fruit of a fig tree firmly rooted in its native soil. Sayeda's naiveté matches Bolissa's. Both fail to grasp the specificity of the precarious position in which events placed all Jews *qua* non-Muslims in Egypt.

The interchanges between Sayeda, who doubles as a ladies maid, and Rébecca, herself from a poor family, indicate the degree to which Jewish daily life consisted of an amalgam of local Muslim and Jewish components, especially in the lower and lower middle classes. Popular beliefs, superstitions, language, dress, etc, intermingled in an age-old cultural "braiding," to borrow Françoise Lionnet's productive interpretation of Edouard Glissant's term (1-18).[4] Aspirations towards

---

[4] See Glissant's "métissage culturel" (*Le discours antillais*), from "métissage" or racial mixture. Although rarely a racial *métissage* in Egypt, since intermarriage remained almost

Europeanization, a question of class for both Muslims and Jews as well as of self-preservation for the latter, brought another yet far more recent and relatively more superficial strand to the weave.[5] Rébecca tells Sayeda that her pregnant sister Bahia, confronted with her husband's threat to leave her if she doesn't have a son, has consulted Soraya la Rouge. This Jewish abortionist, healer, and reputed magician incarnates cultural braiding in her person—her nickname "The Red One" is motivated by the henna coloring her hands and body, a common Arab practice—and in her function in a society prizing male offspring, interdicting female sexual activity, and excluding women from the mosque and the synagogue.

Together these stories form the composite historical picture of the Castro family's setting in Egypt. They also frame the insertion of a little Jewish girl into history. When she finally gains voice, as a narrating writer, Mona will intertwine all the threads in a language as "braided" as her cultural formation. *Lumière de l'oeil* is not written in the French of metropolitan France, but in a French inflected syntactically and semantically by the "isms" combining to form Jacques's culture: arabisms, hispanicisms, hebrewisms. The very title manifests the "creolized" nature of this French, to transpose Aimée Césaire's term.[6] A translation from Spanish, the term of endearment "lumière de l'oeil" reflects the Sephardic Jewish heritage which colored the French spoken by many Jewish Egyptians.

2. A Little Jewish Girl in her Egyptian Jewish Family

To the menacing policeman who has just sacked his office, Jacques cries out: "C'est exact, je suis Juif. C'est exact, je ne suis pas Musulman. Est-ce un crime à passer par les armes?" (193). To her twin cousins whose pregnant mother fears her husband's wrath if she gives birth to another daughter, Mona objects: "Il [the husband] n'allait tout de même pas faire passer sa femme en jugement, ou jeter le bébé en prison pour cause d'appartenance féminine!" (109). The word "belonging" (*appartenance*) is key in the little girl's struggle against contradictory interdictions forbidding her access to discursive community because of a femininity treated as axiomatic yet unrecognized. Here as well everything gets articulated through storytelling.

---

wholly tabou to both Jews and Muslims, *cultural* métissage or braiding informed Jewish life.
[5] Hassoun refers to the "Arabo-Islamo-Egyptian-ness" of Jewish Egyptians as their "enracinement" and the European aspect as an "arrachement" (113).
[6] See Césaire quoted in Keith Walker: "Il faut plier le français au génie noir [...] J'ai voulu mettre le sceau imprimé, la marque nègre, la marque antillaise [...] sur le français. J'ai voulu lui donner la couleur du créole" (20-21).

During the month five-year-old Mona spends with her grandmother Farida, this seventy-two-year-old model of maternal and sexual well being[7] lavishes love on her in two connected areas crucial to self constitution, the physical and the verbal. In turn, when the adoring child helps the old woman bathe, she finds her body magnificent, in its femaleness, and voices her wish to have similarly beautiful genitals, which have given so much life. Farida's assurance that she will promises inclusion. She provides inclusion through shared stories. Farida tells her a parable central to the interpretation of the novel. A little boy searches for his mother, whom an ogress has carried off. Upon discovering her prison, he plants a tree outside. He entreats it to grow so that he can climb up and see his mother inside(88). Years pass, the boy climbs the tree, and calls his beautiful mother. Seeing only an old woman, he weeps with despair and anger. Not recognizing his now aged mother, he descends and kills the tree. "What an idiot!" exclaims Mona, and she and her grandmother mock the little boy's blindness (89). He has cut down his phallic visual aid because it did not measure up; it did not facilitate male Oedipal vision: possession of a reified mother immobilized in the prison of Oedipal time, an inert image over and against which the son would constitute himself. Mona and her grandmother laugh at the futility of this symbolic self-castration, at the boy's (Oedipal) blindness, and at the "traps of time" (89) that thwart the Oedipal project. Notably, the mother remains in a prison from which it never occurs to the son to extricate her. He had wanted to see her, not to free her.

Mona's experience of female community with her grandmother is an isolated one. Even circumscribed compensation for the offense of "appartenance féminine" is denied her at all other times, by her mother, because, for Rébecca, the five or ten-year-old child is not yet a woman. Excluded for not being a woman, from the female domain to which she is exiled by patriarchal society for being female, she struggles with excruciating questions of what she is, what she will be. Her mother turns a deaf ear, since for her the answer goes without saying. But the silence replacing the mother's "saying" is experienced by the daughter as absolute rejection, further aggravated by loquacious maternal affirmation of her brothers.

In the harem-like setting of a scene in which Sayeda waxes Rébecca's legs and arms, Mona again witnesses physical and verbal feminine discursive practices, but the mother bars her from the exchange, enjoining her not to listen. This throws her into an anguished limbo of identity discursively concretized in stories which, in the absence of any

---

[7] At seventy-two, Farida has a passionate lover. Peeking through a keyhole, Mona observes the two lavishing tender caresses on one another (90).

forthcoming from the mother, the child tells herself. During the waxing, both women luxuriate in Rébecca's opulent female body, especially her breasts, which Sayeda caresses expertly. This occurs after Rébecca complains about her husband's sexual ardor. They agree that women submit sexually to their husbands "sans envie."[8] From men they get security and babies. Yet female children, accorded far less structural and symbolic value than boys by the patriarchal system, may endanger their fragile security, as the uncle's threatened abandonment of his pregnant wife illustrates. Mona is what no one wants, a little girl. Within the "harem" women may gain complicitous if marginalized pleasure from each other. But Mona is not a woman. Convinced she will never become one, she resolves to become a monster. She tells herself a story in which monstrosity splits into male and female, active and passive.

An ugly old widower with six scrofulous children pays Soraya la Rouge to find him a wife worthy of him. When he lifts his bride's veil and finds a woman as ugly as he, he beats her, "pour lui apprendre à devenir belle" (105). She begs him to consider her inner beauty, and claims that each of her fingers figures a special gift, from cooking to cleaning to childbearing to healing, etc. The man declares "Non, ta laideur doit être châtiée comme elle le mérite," cuts off her fingers and repudiates her (106).

Like the fable of the boy and the tree, this tale raises questions of vision and possession and acts of symbolic castration in response to a woman's "ugliness." (Re)created in a context of happy female complicity, Farida's story provokes laughter at the male who cuts himself off because of his blindness to a female beauty utterly obvious to the narrator and her narratee. In the second context, the mother (Rébecca) has cut the child off. The valorizing discursive mirror her grandmother had provided is replaced by the opaque silence of her exclusion from the mother's discourse. Turned back upon a self for which she has only negative images, Mona occupies both positions of narrator and narratee. This halving is transposed to the gender division in her story of disastrous mirroring. The flat-chested woman in her story reflects the little girl in her monstrous lack of breasts, *the* metonymy for womanly beauty in this novel. Monstrously ugly, Mona will be monstrously mean. As narrator and hero she will castigate the woman who reflects guilty ugliness, by casting her away, cutting her off,

---

[8] The mutual heterosexual pleasure witnessed at her grandmother's is an exception greatly outnumbered by negative evocations by Jewish and Muslim women. Cf: (1) The Muslim seamstress's accounts of her husband's brutal sexuality and her father's deflowering of her with his fingers, a rural custom (85); (2) Sayeda's reluctance to marry, "pour passer derrière l'âne et la concubine, non merci" (56); (3) Marcelle suffering from the neglect of her married lover; (4) Bahia's fear of her husband.

like herself. In attributing the role of punisher to a man, Mona shows that she has grasped something of the gendered nature of power subtending her mother's exclusion of her. Real agency belongs to men. Men have the power to impose their sexuality on women, to punish women for the monstrous act of giving birth to little girls instead of reproducing men, and for not reproducing them in a different way, for not reflecting through their own beauty the projected image men desire of themselves. The man in Mona's tale hates the woman because her ugliness will reflect his, to himself, for she is "ce miroir qui le regarde, reflet de ses propres disgrâces" (105) and to other men: "Que m'importent tes saucisses laborieuses, au nombre de dix [her fingers] si je dois être la cible des moqueurs? Ne dit-on pas que l'âme du mari se lit sur le visage de sa femme?" (106).

If in part 1 Mona resolves at the age of five to become a man in order to take revenge against her mother, in part 2 the pre-adolescent ten year old determines to become a woman, for similar reasons. She will triumph over her mother by becoming what Rébecca is not, an active woman in control of her own destiny, and of men. This shift is elaborated in fantasy stories the child invents in bouts of solitary tale-telling following new incidents of discursive exclusion. But, still lacking an interlocutor, she remains without a communal discursive ground within which to build her self.

When a man enters her narrative and manipulates her text, Mona loses control, and suffers, again in her femaleness. Significantly, her relationship with Edmond Hutler, elderly, Jewish, Polish, survivor of a concentration camp which left him lame, begins in an encounter in a bookstore where Mona is in the act of stealing a book. This signals a shift towards the male symbolic order. She has rejected the stultifying readings designated for little girls. Denied entry into female-maternal discourse, Mona turns to the paternal, figured by Hutler, who becomes her purveyor of books. He also weaves a web of stories which fascinate, charm, and horrify her, all within the "frame narrative" of his "story" of fatherly love for her.

The tale within the tale surfaces when Mona happens upon obscene photographs in Hutler's closet. Threatening, "Voilà ce que je te ferai [sic] si je ne t'aimais pas comme ma fille," he strikes her with the shoe of his lame leg, symbol of his victimization and twisted perversity. He then "tells" her the "real" story, showing her the pictures, while molesting her until she bursts into sobs, then reiterating the innocence of his intent. If Mona misses one of the weekly rendez-vous, Hutler punishes her with more narratives, concentration camp stories so terrible that she weeps in horrified pity, and promises to return regularly. Gradually Mona demands that Edmond give her money, so that she may choose her books herself (179).

This initiative shares a trait common to the entire series of fictions Mona authors. From resolving at age five to become a man, to identifying with the male role in her story of the widower, to taking "masculine" attributes in her pre-pubescent fantasies of activity and mobility, to stealing books, all these constitute attempts to appropriate dominant discourse, with the prerogatives it bestows. However, instead of manipulating it freely, Mona is not only manipulated by it, but also brutally punished for her attempts.

When she refuses to enter Hutler's apartment one day, he beats her with his cane: "Entre, sale petite. Petite putain. Putain. Tu veux me tuer. Toi aussi. Femme bientôt. Femme salope" (234). This conflation of women with prostitutes marks Hutler's insertion into the history of European Jews. Sander Gilman has written about a mechanism of European Jewish self hatred, by which it becomes externalized among assimilated Jews, who project it onto non-assimilated, "Eastern" Jews (Polish and Russian). He also discusses the European Christian discursive move to feminize Jews through association with categories of the impure. The discursive force of feminization, as devalorizing erotization or devirilization of the oppressed is recognized by theorists today.[9] Hutler projects his internalization of nazi anti-Semitism not towards unassimilated Jews as in Gilman's model, but towards women.

This Hutler/Hitler text is far too complicated for ten year old Mona. This father figure loves her because she is a little girl yet molests her as though she were a woman. When she refuses him *because* she is a little girl, he again (mis)treats her like a woman, i.e. an impure whore deserving punishment. Mona returns home to discover that her parents know about her "liaison." She expects blows from her mother, but none come. Jacques, the real proprietor, of discourse and of Mona, leaves his sickbed to beat her with a wooden hanger. Hutler beats her for saying no, Jacques for saying yes. Making the connection, she fancies in a delirium of pain that the hanger is Hutler's cane (240). Mona has broken the law of the fathers by the mere act of speaking. She incurs phallic sanctions for the attempted robbery of male discursive privilege: saying and doing with one's body what one will. She is indeed punished for "appartenance féminine." Like the woman in the tale of the boy and the tree, Mona must remain in the prison of limits for females.

Still, it is the mother's ongoing "punishment" Mona resents the most. After fainting from her father's blows, she wakes in her room surrounded by women. Within these "women's quarters," maternal discursive exclusion continues to forbid full entry. Rébecca rejects the

---

[9] See Rana Kabbani, on how this functions in orientalist discourse concerning North African Muslim and Jewish women. See also Sander Gilman, Gayatri Spivak, Hazel Carby, and Barbara Johnson in *Critical Inquiry: Race, Writing and Difference* 12.1 (Autumn 1985).

child's speech, refusing to take her word that she is still a virgin. With Soraya's intimate examination, ordered to verify Mona's virginity, the mother violates the daughter, while still withholding the discursive mirror she so badly wanted. Instead, the glass on the cold instrument penetrating Mona reflects to the mother's satisfaction that which confirms she is still a child, and ensures her continued exclusion.

3. Conclusion. Out of Egypt into Language: Exile and Return

"Là où séjourne l'exilé, il n'ouvre pas la bouche. Il ne boit que l'amertume des mots, car partout il est étranger"(50), objects Jacques Castro when his niece holds up the spectre of banishment. What he dreads most is the loss of discursive power, the "bitterness" of passive speech, of "drinking words" not his own, which would exacerbate his foreignness. Paradoxically, perhaps, what for Jewish Egyptians *qua* Jews constituted a traumatic expulsion, functioned positively for Mona *qua* female. The specific Jewish Egyptian patriarchal configuration releases its hold over her when that very exclusion is pushed beyond the limit. Her father dies and the family is expelled almost simultaneously. Moreover, the context collapses before she can be absorbed in the prescribed subgroup, before the language into which she will be initiated can be restricted to the discourse of the "harem."

An educated woman earning her living through writing, and living with a lover in Paris in 1977, Mona the narrator has been spared the choice between the life of a loved object (her mother) and that of an unloved subject (her cousin Bolissa was too smart to be loved). The vehicle of Mona's insertion into France is the language provided by her mother(s): French. In Egypt, the French language could function mythically as *the* language of culture, liberty, equality and fraternity, less conflictually for Jews than it did in French North African colonies, because of the absence of the French in Egypt. This absence sustained the myths believed by the young boys *and* girls attending the French schools. At once a language of insertion and a language of return, the language of the country of exile ends Mona's exile. Women in France in the sixties demanded the inclusion and freedom denied Mona in Egypt but implicitly promised in the mythic French she had learned there. We don't witness the process of Mona's integration into France but one appreciates the effect: she has achieved self expression sexually and discursively in the country of exile, through her own mother tongue. Through that tongue, the narrator returns to her people. She writes the spoken French of Egypt, the "creolized," "braided" French which was the product of the cultural-linguistic braiding I have described. *Lumière de l'oeil* is at once a refusal to repress, through assimilation, a language dying out because of the destruction of its context, and a documentary gesture of writing a language whose very inflections on the page preserve it historically.

Lastly, through the mother tongue the narrator returns to her mother. Mona constitutes her self through the heterglossia of the third person voices that shaped her past in Egypt, and through her mother's voice in the second person sections. Rébecca's dialogic monologues help situate Mona not through a narcissistic mirror, but through the looking glass of another perspective: the mother's voice. The mother's narratives about the poverty of her childhood, and about her first, disastrous marriage contextualize her materialism and her internalization of the structures which afforded her a happy resolution in her second marriage. As a poor Jewish Egyptian woman at that time, she could escape poverty and the shameful life of a divorcée only through a lucky marriage. In her social class and historical context, the concepts of independence, romantic love and sexual freedom for women did not exist.[10] Rebecca's narratives help the daughter understand her mother's inability to comprehend her "story" with Hutler, or women's claim to the right to sexual desire today.

Unlike the boy who severs communication and loses his mother, Mona reaches hers by extending the branch of narrative. She sees her by listening to her, and her mother's words will help her see and say herself. Conversely, the mother will "see" the daughter, "listening" to her by reading her book, which she promises to do. The daughter's writing forms the pre-text enabling mother and daughter to engage at last in discursive exchange. The mother's stories form another voice in the text's heterglossia, another essential strand in the multicolored braiding with which the narrator constitutes herself, through relation—of stories, and in relation—to familial, historical, cultural contexts and texts.

---

[10] Chamache affirms that this held for the immense majority of Jewish women in Egypt: "Et même si la vie devenait insupportable, elle [the Jewish woman] ne songeait pas au divorce, elle ne pouvait même l'envisager. Cela ne se faisait point. D'ailleurs, où aller, que faire? Et les rares femmes qui avaient osé défier la coutume n'étaient-elles pas couvertes de l'opprobre général [...] une seule voie s'ouvrait à la jeune épouse: 'tenir sa maison' et faire des enfants. Le couple, l'amour? Rêveries futiles qu'elle enfouissait bien vite sous le poids des valeurs ancestrales, omniprésentes" (201-202).

Bibliography

Al-Sayyid Marsot, Afaf Lutfi. *A Short History of Modern Egypt*. London: Cambridge University Press, 1985.

Benstock, Shari, ed. *The Private Self: Theory and Practice of Women's Autobiographical Writings*. Chapel Hill: University of North Carolina Press, 1988.

Brodzki, Bella and Celeste Schenck, eds. *Life/Lines: Theorizing Women's Autobiography*. Ithaca: Cornell University Press, 1988.

Chamache, Yvette. "Contrepoint" in Jacques Hassoun., ed., *Juifs du Nil*. Paris: Le Sycomore, 1981. 115-207.

Chodorow, Nancy. *The Reproduction of Mothering*. Berkeley: University of California Press, 1978.

Gilman, Sander. *Jewish Self-Hatred*. Baltimore: The Johns Hopkins University Press, 1986.

Glissant, Edouard. *Le discours antillais*. Paris: Seuil 1981.

Hassoun, Jacques. "Chroniques de la vie quotidienne" in Jacques Hassoun., ed., *Juifs du Nil*. Paris: Le Sycomore, 1981. 107-195.

Jacques, Paula. *Lumière de l'oeil*. Paris: Mercure de France, 1980.

Kabbani, Rana. *Europe's Myths of Orient*. Bloomington: Indiana University Press, 1986.

Kramer, Gudrun. *The Jews in Modern Egypt, 1914-1952*. Seattle: University of Washington Press, 1989.

Lionnet, Françoise. *Autobiographical Voices: Race, Gender, Self-Portraiture*. Ithaca: Cornell University Press, 1989.

Memmi, Albert. *La libération du Juif*. Paris: Gallimard, 1966.

Nelson Garner, Shirley, Claire Kahane, and Madelon Sprengnether, eds. *The M(o)ther Tongue: Essays in Feminist Psychoanalytic Interpretation*. Ithaca: Cornell University Press, 1985.

Smith, Sidonie. *A Poetics of Women's Autobiography: Marginality and the Fictions of Self-Representation*. Bloomington: Indiana University Press, 1987.

Walker, Keith. *La cohésion poétique de l'oeuvre césairienne*. Tubingen: Narr Verlag, 1979.

Année 1990: romans féminins et sensibilités littéraires

ANNIE RICHARD

Mon objectif, en choisissant ce sujet, est de tenter de clore les études consacrées au roman français des années 1980 en proposant un survol de la production féminine romanesque en France en 1990. J'ai, en conséquence, limité mon corpus aux livres édités en France et nouvellement parus en 1990. Ma recherche est la suivante: peut-on, à partir de la diversité des romans, dessiner un paysage littéraire susceptible de rendre compte des choix d'écriture? Recherche que j'ai abordée par une double question: premièrement, à quoi le roman féminin s'intéresse-t-il en 1990? deuxièmement, comment s'y prend-il?

La première question concerne ce que Umberto Eco définit dans "Lector in fabula" par le terme de *topics*, calqué sur la terminologie rhétorique grecque, pour désigner le domaine de compétence requis du lecteur. La deuxième question touche à la manière donc ces *topics* sont présentés, révélatrice d'attitudes mentales. *Topics* et attitudes constituent cette sensibilité au monde exprimée par le "discours du roman" (Mitterand). A ce sujet, des idées toutes faites ont cours, telle la définition volontiers appliquée à la littérature féminine, d'une "écriture du sentiment et de l'enfermement" (Makward). Cette étude se voudrait critique à l'égard de ces stéréotypes.

Le signal du titre

Or le texte dispose d'un lieu stratégique pour signaler ce dont il entend s'occuper: le titre. La méthode choisie emprunte donc ses outils à la jeune titrologie[1]. Dans cette optique d'esthétique de la réception, le

---

[1] Voir Genette, Hélin, Adorno, Moncelet, Hoek, Duchet, Molino, Levin, Levenston,

critère de la sexuation est un passage obligé: comme le dit Gérard Genette dans *Seuils*, "lit-on jamais un roman de femme tout à fait comme un roman tout court c'est-à-dire un roman d'homme?". Le moyen adéquat d'appréhender cette sorte d'affichage est d'interroger le texte dans sa face extérieure, hors texte (Duchet). La face texte relève de méthodes spécifiques, compte tenu des interactions entre le titre et le contexte (Hoek). Il ne s'agit pas de faire une étude linguistique, telle que Hoek en fournit un modèle et qui montre la stéréotypie grammaticale des titres, mais une approche herméneutique de la fonction de désignation du contenu[2]. Cette approche pose évidemment la question de l'ambiguïté, voire de l'imposture, du titre qui se joue des conventions. Dans ce cas extrême, peu encouragé par les impératifs économiques qui inclinent plutôt à respecter le rapport spéculaire du texte et de son titre (selon une tradition rompue par les courants subversifs du vingtième siècle), notre thèse est que le domaine vers lequel le titre oriente le lecteur, même pour finalement l'éviter, n'est jamais fortuit.

Le corpus

Le corpus comporte 232 titres relevés dans l'hebdomadaire professionnel *Livres-Hebdo*, édité par les Editions du Cercle de la Librairie (35 rue Grégoire de Tours, Paris, 6ème), conformément au dépôt légal, et classés sous la rubrique "romans, nouvelles". Les nouvelles ont été écartées à cause de l'inadéquation partielle du titre et du texte, celui-ci ne s'appliquant qu'à l'une d'entre elles. Les réimpressions ont été également exclues.

Résultats

Je propose donc de déboucher sur un panorama: cela suppose un renversement de démarche, du singulier au général, de la vue rapprochée à la vue globale, surtout du texte intime à ses marges, son seuil, ses parages (Adorno, conférence). L'opération est une tentative de respecter la diversité d'une année de production romanesque (voir Mitterand) sans opérer de tri, c'est-à-dire en renonçant, pour l'occasion à toute critique de valeur (Fayolle). Parler de la diversité revient pourtant à la réduire en y cherchant un ordre, des lignes de force. La dénomination des *topics* a été établie selon un modèle sémantique fondé sur les mots-supports du titre qui fournissent une catégorisation objective: soit ils renvoient le lecteur à la fiction, c'est-à-dire aux

---

Mitterand, Barth, Kantorowick.
[2] Voir les trois fonctions du titre chez Genette: "1. identifier l'ouvrage, 2. désigner son contenu, 3. le mettre en valeur."

personnages, au temps, aux lieux, aux événements, aux objets, ou enfin aux thèmes ou à un commentaire de l'oeuvre, ou bien ils renvoient le lecteur à la forme adoptée: ils sont alors métafictionnels. Nous allons examiner successivement chacun de ces cas. Je me contenterai de quelques exemples typiques, la liste exhaustive des titres excédant les limites de la publication.

1. Titres comportant un animé humain

Le titre, comme seuil du texte, a une autonomie qui en fait un genre ("le titre est séparable de son support", Duchet). Comme tel, il renvoie à des conventions qui ont varié au cours de l'Histoire. Le titre moderne, titre court, a remplacé les procès d'énonciation et supprimé l'accompagnement du sous-titre: il garde cependant des traces du passé. Notre lecture tentera, au fil des rubriques, de démêler la nouveauté de la tradition.

Les titres fondés sur le nom du héros éponyme

La sexuation y est prédominante. Quelques titres seulement l'évitent, comme *Les samouraïs*, de Julia Kristeva (Fayard). La permanence des titres en noms propres de femme marque la catégorie, selon une tradition largement exploitée au dix-neuvième siècle par les écrivains hommes, et continuée par le roman traditionnel contemporain et par la littérature à grand tirage signée par exemple Guy des Cars (Mitterand précise qu'on trouve dans le titre *Restauration* deux fois plus de femmes que d'hommes). Il s'agit soit de personnages historiques ou pseudo-historiques (*La Galigaï*, d'Eve de Castro [Orban]), soit de prénoms (*Grâce*, de Béatrix Beck, [M. Sell]).

La sensibilité littéraire du roman féminin en 1990 continue donc à proposer au lecteur le *topic* de la figure féminine si largement forgé par l'imaginaire masculin. Le caractère stéréotypé des titres révèle des schémas tenaces en accord avec la demande des lecteurs que le titre, engagé dans un circuit commercial, se doit de satisfaire. La figure féminine y entre dans un code de valeurs sociales et morales étroitement imbriquées (type *La princesse barbare*, de Nicole Fabre [Balland]). La mention de la condition établie ou marginale ne s'efface que pour la femme artiste (comédienne, écrivain), qui prend ainsi la connotation d'affranchie (*Une année amoureuse de Virginia Woolf*, de Christine Duhon [Orban]). Le souci de situer l'héroïne féminine sur une ligne axiologique marque la pratique, également conventionnelle, du titre constitué d'un adjectif, souvent substantivé, où l'article, tout en renvoyant au contexte, érige la qualité en substance (*L'ouragane*, de Theresa Révey [Tsuru]). La comparaison avec les titres comportant le nom du héros masculin éponyme est intéressante: pas de référence appuyée au statut moral, notamment de vertu ou libertinage; seule la place sociale ou culturelle est éventuellement mentionnée (*Massinima le Berbère*, de Marie-France Briselance [Table Ronde]). La connotation morale, lorsqu'elle existe, a besoin de la spécification du sous-titre dans un titre archaïque destiné à un récit historique: *Vincent ou la vertu déshabillée*, de Arlette Aiguillon-Roure (Belfond).

Le paradigme des noms communs

La dissymétrie la plus évidente entre titres au masculin et titres au féminin touche le paradigme des noms communs substituables à l'homme ou à la femme. La connotation masculine est nettement celle d'un sujet agissant (*Aventurier de la Reine*, de Evelyne Deher, [Sept Vents]). La connotation féminine porte sur un état: la présence de "Dame" notamment, qui se réfère à la tradition courtoise et romantique, convient à la littérature commerciale des *Dames du Méditerranée-Express*, de Juliette Benzoni (Julliard), par exemple.

Tradition et nouveauté

C'est dire combien le roman féminin se nourrit de schémas préétablis. Les signes de renouvellement n'en sont donc que plus frappants. Quels sont-ils? Les titres expriment-ils une qualité? voilà que l'accent est mis sur la fonction comme pour le *Journal d'une dragueuse*, de Victoria Thérame (Ramsay). Dans le paradigme des noms communs, aux antipodes de "Dame", nous trouvons la récurrence de "femme" (type: *La femme qui marchait devant*, de Françoise Barquin, [Stock]). On sait l'utilisation que le discours féminin a pu faire du mot[3]. Le cas de "fille" est particulièrement instructif: apparemment, il est un héritage du modèle de la *Fille abandonnée* (titre d'un obscur roman édité en 1822 et analysé par Claude Duchet, comme typique du roman Restauration des années 1815 à 1832, où *fille* est un élément de la famille romanesque). C'est le cas de quelques titres de notre corpus: ils peuvent cultiver l'ambiguïté comme *La fille du Pope*, de Paule Bode (F. Bourin). Mais la *fille* de nos titres, dans la ligne du mot *femme*, est associée le plus souvent au *topic* de la mère dans un rapport métonymique. C'est par exemple *La fille démantelée*, de Jacqueline Harpman (Stock).

Dernier signe de renouvellement: le glissement dans les titres au féminin du nom propre au prénom occulte la détermination de la condition sociale et morale, présente de *La Duchesse de Langeais*, de Balzac, à *Madame Bovary*, de Flaubert, jusqu'à *Nini Patte-en-l'air*, de Françoise Dorin (Laffont). Le recours au prénom tend à faire exister le person-

---

[3] Voir l'utilisation du même titre, *Une femme*, par Anne Delbée et Annie Ernaux, avec les connotations sociales, psychanalytiques, que souligne Alice Jardine.

nage par lui-même. Un titre comme *Appelle-moi Emma*, de Jacqueline Dana (Fayard), porte nettement l'accent sur la question de l'identité.

Quelle est la portée de ces changements? Le lecteur peut s'interroger d'abord sur ce qu'il advient du mythe féminin, en grande partie forgé par la littérature masculine, dans ces romans de femmes qui s'interrogent sur l'identité féminine. Il est permis aussi de penser qu'en regard de ce mythe c'est un mythe masculin que le roman féminin est en train de travailler. Le roman de Dominique Rolin, *Vingt chambres d'hôtel* (Gallimard), imagine de mettre aux prises le narrateur, héros de l'histoire, masculin, et son créateur, l'auteur féminin qui le *déplace* à sa guise.

Un des résultats les plus novateurs de cette lecture des titres pourrait résider dans la disparition du caractère marqué du féminin grâce au *topic* tout aussi présent de la figure masculine, l'autre dans le titre étant désormais le masculin. Ce que propose ce roman féminin où, contrairement au nouveau roman des années 1960, l'animé humain a une place prépondérante, c'est finalement un discours humaniste sexué, où traditions et tendances nouvelles s'interpénètrent, produisant un remodelage des catégories établies.

2. Titres indiquant un lieu et/ou un temps

Espace: préoccupations topologiques

Les titres relevés dénotent une sensibilité à l'espace à habiter plus qu'à parcourir: le déplacement est rare et suggère exceptionnellement l'ampleur, comme *L'envolée*, de Marianne Paulot (Belfond), premier roman d'une jeune fille de 14 ans. Le mouvement connoté est mesuré ou régressif: *Dernières promenades à Petropolis*, de Belinda Cannone (Seuil); *Descendre le boulevard dans la lumière du soir*, de Armelle Cressard (Laffont), ou indique simplement une direction: *Contre-Voie*, de Christiane Rouhy (Rauschenbusch). Les titres dessinent surtout un espace imaginaire où les lieux clos de la vie quotidienne sont ceux du travail féminin et de la maison: *Liaison à domicile*, de Janique Laudouar (Albin Michel), *Un lycée si tranquille*, de Agnès Pavy (Barrault), s'opposent au désuet *L'auberge du Grand Balcon*, de Denise François (Filipacchi), dans la veine historique. Quelques autres lieux sociaux: *Hauts-Fonds* (valorisation de Bas-Fonds), de Marie-Pierre Losfeld (Calmann-Lévy), élargissent, peu il est vrai, le monde d'expérience promis au lecteur.

La localisation géographique montre pourtant un élan, réel ou imaginaire, vers la "terre des hommes", selon un titre célèbre de Saint-Exupéry. Le roman féminin, à cet égard, témoigne du souci de découverte du monde habité qui caractériserait la vie littéraire contemporaine (Gerbaud). Régionalisme et mondialisme marquent: *Au pays des Etangs*, de Madeleine Steil (Ed. de l'Est); *Un amour à Tian-Anmen*, de Suzanne Bernard (Messidor).

Donc, pas de limite obsédante pour cet espace investi par les titres, mais une interrogation sur la perspective, voire les repères: *Vu du ciel*, de Christine Angot (Arpenteur); *Ciels liquides*, de Anne Garréta (Grasset).

Temps de la fluidité et du passage

Le temps, non plus que l'espace, n'est représenté comme prêt à être utilisé: pas plus que l'espace n'est parcouru, le temps n'est domestiqué; c'est la durée et non le déplacement temporel de l'horloge qui est mis en évidence. Un seul titre, et il s'agit d'un roman policier, connotant la maîtrise du temps: *En cinq sets*, de Catherine Arley (Fleuve Noir). Nous sommes loin du temps fragmenté[4] du Nouveau Roman: c'est la continuité des saisons et des jours (*Un pas vers l'été*, de Magali Déa [Denoël]). Temps mental, imprégné de littérature, des âges de la vie ou des peuples, dont les prédicats valorisent l'été, l'aurore. Temps échappant aisément à toute normalisation: *Jours de l'an*, de Hélène Cixous (Des femmes), dont le pluriel efface la date, faisant de chaque jour un recommencement absolu.

Ainsi le *topic* de l'espace et du temps ouvre l'imaginaire sur notre monde moderne. L'on pouvait s'attendre à ce que la situation socio-professionnelle de la femme l'incline vers les lieux modestes de la vie sociale, mais les titres dénotent la préoccupation de s'emparer d'une localisation étrangère médiatisée au jour le jour; cette constatation montre en tout cas que l'univers romanesque féminin est sensible au dehors comme au dedans. La mise en relation de cet espace avec le temps évoqué éclaire sans doute mieux une certaine façon de le vivre qui n'est pas du côté de la maîtrise, de la possession, mais de l'acclimatation ou de l'expérimentation.

3. Titres comportant un événement

Histoire intime

On ne peut pas dire que la sensibilité à l'action marque nettement les titres. Rares sont les faits de mémoire du type romanesque: *La fête alexandrine*, de Monique A. Berry (Albin Michel). Le domaine retenu est celui de l'incident: *La déclaration*, de Lydie Salvayre (Julliard); *Un mensonge*, de Sapho (Balland); ou celui de la modification: *L'éclaircie*, de

---

[4] Hoek donne comme exemple de cette fragmentation "L'emploi du temps".

Chantal Chawaf (Flammarion); *Pluie d'été*, de M. Duras (POL), puisant volontiers dans le champ lexical de la nature en mouvement.

Les événements statiques, états psychologiques et sensuels, principalement liés à l'amour, sont dominants. Ils s'énoncent avec la plus grande sobriété, comme si le lecteur pouvait entrer de plain-pied dans ce *topic* familier: *Un amour à Tian Anmen*, de Suzanne Bernard (Messidor). Dans notre bibliothèque idéale, le regard serait peut-être accroché par *Tremblement de coeur*, de Denise Bombardier (Seuil); ou *Ouverture à coeur*, de Jacqueline de Romilly (B. de Fallois).

Que se passe-t-il dans le roman féminin en 1990? Rien qui attire l'attention sur le cours de l'histoire, collective ou personnelle; c'est au plus profond de soi que l'univers s'anime, et les titres dans ce domaine échappent difficilement aux stéréotypes, témoignant de la tâche délicate de travailler la matière sentimentale.

4. Titres comportant des objets

Objets liés au récit

Le lecteur passé par le Nouveau Roman est prêt à accepter tout objet d'usage sans valeur symbolique a priori tel *Les gommes* (Robbe-Grillet). L'absence manifeste de référence à ce type d'objet va de pair avec le discours essentiellement humaniste annoncé par la présence dominante de l'animé humain: seuls les objets significatifs sont retenus; soit ils sont remarquables par tradition, entrés dans l'univers symbolique: *Un bouquet d'orties*, de Danièlle Bleitrach (Messidor); *Arthur ou la flèche du temps*, de Nathalie Cabrol (Tsuru); soit ils acquièrent un sens diégétique: *Ma chère carte orange*, de Tilise Leprince (Buchet-Chastel).

Ainsi les objets sont métonymiques de l'aventure humaine, en rapport étroit avec les événements, sans que l'appartenance sociale, comme c'était le cas au dix-neuvième siècle[5], y soit spécialement suggérée. Nous y trouvons une polysémie, largement explorée par la sociologie, qui marque notre corpus, notamment par le recours aux couleurs, vives ou sombres, significatives de climats heureux ou malheureux.

5. Titres comportant commentaires ou thèmes

Une pensée en retrait

Il y a une façon plus ou moins appuyée de suggérer un type de lecture en choisissant de donner, ou de feindre de le faire, une clef interpréta-

---

[5] Hoek donne l'exemple de "La table de nuit", de Musset, meuble utilisé dans la classe aisée et connotant supériorité et richesse.

tive: thème, tel le célèbre *La condition humaine*, de Malraux, ou commentaires, tels les allusifs proverbes de Musset: *Il ne faut jurer de rien*, etc.. La conceptualisation nécessaire à l'énonciation d'un thème n'est pas ce que met en exergue notre corpus: les seuls exemples appartiennent à la veine historique (*Vincent ou la vertu déshabillée*, de Aiguillon-Roure [Belfond]). Pour le reste, ce sont des phrases déclaratives qui paraissent à peine extraites du texte: *Les hommes cruels ne courent pas les rues*, de Katherine Pancol (Seuil), *Nous sommes éternels*, de Pierrette Fleutiaux (Gallimard), où l'utilisation des pronoms entraîne le lecteur dans le procès d'énonciation. Pas d'expressions à connotations proprement philosophiques ou bibliques (comparer au prestigieux *Si le grain ne meurt*, de Gide), sauf un *Miserere, Seigneur*, de Christiane Dupuy (F. Bourin), indiquant une attitude de prière plus qu'une méditation.

La sensibilité aux questions existentielles s'affiche comme plus poétique que réflexive. De simples modalisations suffisent: *Comme si de rien n'était*, de Marie Cardinal (Grasset). L'intérêt est ainsi dirigé vers le texte lui-même, non a priori vers l'enseignement qui pourra en être tiré.

6. Titres métafictionnels

Le vécu

Quelques mots enfin sur la manière dont les titres abordent l'univers romanesque. *Reportage*, de Brigitte Chardin (Galilée); *Courrier posthume*, de Sylvie Granotier (R. Deforges); *Confession d'un double*, de A. Marie Lugan (Seuil); *Anatomie d'un choeur*, de Marie Nimier (Gallimard); *Journal d'une dragueuse*, de Victoria Thérame (Ramsay); ces titres tendent à marquer la relation du texte avec la réalité. Manière du roman contemporain récent d'insister sur le vrai auquel le roman féminin n'échappe pas.

Tradition

Les sensibilités affichées du roman féminin telles que nous avons choisi de les appréhender dans les titres s'inscrivent dans une tradition. Sans doute leur stéréotypie les prédispose-t-elle à refléter une idéologie féminine que la femme auteur ne peut ignorer. Le roman féminin en 1990 ne rompt pas totalement avec l'image imposée par le concept de "littérature féminine" dès le début du siècle, du côté du *moi*, narcissique, intimiste et sensuelle. Sensibilité aux rapports entre le *moi* et le monde, histoire intime modelant événements et objets à sa mesure, tout cela renvoie une image attendue.

Et sensibilités nouvelles

Cette image s'est pourtant modifiée. Au stade où en sont actuellement les études sur la féminité, la prise de conscience des préjugés, de leur genèse et de leurs transformations, permet aux femmes d'assumer plus sûrement leur condition, de parler et d'écrire en connaissance de cause à partir de leur place propre, sociale et symbolique.

Dans l'histoire du roman, à elles revient dorénavant la responsabilité d'investir, pour la perpétuer et la transformer, la persistante sensibilité au *topic* de la figure féminine. De la diversité des représentations et des écritures, du jeu entre le masculin et le féminin et notamment le maternel, résulte tout un travail sur l'imaginaire dont les auteurs ne se privent pas.

Le roman féminin entend aussi explorer le champ d'expérience qui lui est ouvert, sans une prédilection pour l'enfermement mais avec une sensibilité au temps et à l'espace qui n'est sans doute pas étrangère à la façon dont l'auteur femme se perçoit. Que l'interrogation majeure porte sur comment habiter le temps du passage ou de l'instant, l'espace de notre planète, sans que prime le souci de les unifier par le voyage ou la chronologie, correspond peut-être au souci compréhensible de se situer ici et maintenant. Il s'agit d'une sensibilité au réel en tout cas, proclamée dans les choix génériques. Le romanesque y a une place circonscrite. C'en est fini du type de la lectrice, se gavant d'images fausses, peinte de Molière à Flaubert, en passant par Fragonard.

Les titres, il est vrai, n'accrochent guère: mais cette réserve, cette apparence conventionnelle est sans doute la plus grande gloire que ce roman féminin de l'année 1990; ce trait dénote ce que Eco nomme le respect du lecteur, la répugnance à lui imposer des clefs interprétatives dont le signe est la prédilection pour le titre constitué du nom du héros éponyme, ainsi que la discrétion du discours commentatif ou thématique éventuel.

Vers la mixité

Ces observations invitent à adopter une perspective de mixité plus que de spécificité féminine. Dans toute cette étude, le but a été de maintenir l'éclairage féminin dans l'examen de la production romanesque d'une année, indispensable pour apprécier pleinement les pratiques d'écriture et de lecture, comme l'a montré le récent colloque de Beaubourg[6]. Ainsi le *topic* de la figure féminine entre dans la problématique moderne du sujet qui s'affirme à nouveau dans le roman tout-à-fait contemporain après la description de tant d'objets.

---

[6] "De la différence des sexes", cycle de débats du 9 janvier au 24 avril 1992, Centre Beaubourg, Paris.

Dans cet esprit, le roman féminin choisit de mettre en valeur le héros éponyme, choix apparemment stéréotypé, mais lourd de promesses pour la confrontation inéluctable de cette foison de figures romanesques avec celles qui trônent dans le ciel de la littérature.

Est levé également le tabou, lié au Nouveau Roman, portant sur le récit, que les romanciers peuvent traiter dorénavant comme bon leur semble (voir Prevost et Lebrun). L'attention dans le roman féminin aux rapports entre le moi et le monde procède de ces tendances, sans que cette propension soit réductible systématiquement à de la sentimentalité. Nous avons préféré en approcher les sensibilités: étude des sensibilités donc d'un roman éminemment sensible, c'est ce que je viens de vous proposer.

Bibliographie

Adorno, Th. "Titres". *Notes sur la littérature* (1962). Paris: Flammarion, 1984.

———. Conférence prononcée à l'université Saint-Louis, Bruxelles, 1979.

Barth, J. "The Title of this Book" and "The Subtitle of this Book." *The Friday Book.* New York: 1984.

Duchet, Cl. "La fille abandonnée et la Bête humaine, éléments d'une titrologie romanesque". *Littérature* 12 (décembre 1973).

Eco, U. "Lector in fabula". *Figures.* Paris: Grasset, 1979.

Fayolle, R. *La critique.* Paris: Armand Colin, Collection U, 1978.

Genette, G. *Seuils, poétique.* Paris: Seuil, 1987.

Gerbaud, F. et P. *Introduction à la littérature du 20ème siècle.* Paris: Bordas, 1986.

Hélin, M. "Les livres et leurs titres". *Marche Romane* (1956).

Hoek, L. H. *La marque du titre.* Paris: Mouton, 1982.

———. "Pour une sémiotique du titre". *Urbino* (février 1973).

Jardine, A. *Gynésis. Configuration de la femme et de la modernité.* Paris: PUF, Perspectives critiques, 1991.

Kantorowick, C. "Eloquence des titres". Thèse, New York University, 1986.

Levenston, E.A. "The Significance of the Title in Lyric Poetry." *Hebrew University Studies in Literature* (Spring 1978).

Levin, H. "The Title as a Literary Genre." *Modern Language Review* 72 (1977).

Makward, C. *Revue des Sciences Humaines, Lille III* 168 (octobre-décembre 1977).

Mitterand, H. *Le discours du roman.* Paris: PUF, Ecritures, 1980.

⸻. "Les titres des romans de Guy des Cars" in C. Duchet, *Sociocritique*. Paris: Nathan, 1979.

Molino, J. "Sur les titres de Jean Bruce". *Langages* 35 (1977).

Moncelet, Ch. *Essai sur le titre*. Bof, 1972.

Prevost, Cl. et J.-Cl. Lebrun. *Nouveaux territoires romanesques*. Paris: Messidor, Editions Sociales, 1990.

IV
ÉCRITURES DIVERSES

Hubert Lucot: le corps noir d'une prose

EUGÈNE NICOLE

L'écriture d'Hubert Lucot, "écriture active", témoigne, selon Christian Prigent, d'une volonté farouche de rendre compte du réel dans sa *totalité volumineuse* (283). Sans doute, cette expression reflète-t-elle en partie l'amalgame qu'opère constamment Lucot entre l'histoire familiale, le vécu individuel, la réalité politique contemporaine et l'économie de la planète entière. *Langst,* par exemple, veut "charrier tout le réel, y compris l'histoire de celui qui s'y désigne et son économie subjective". Il est clair que ce projet se reflète aussi dans les caractères particuliers à la phrase lucotienne.

Par sa torsion syntaxique, d'abord. Si l'on peut douter que celle-ci traduise un "radical défaut de la langue à rendre compte du réel" ou, comme dit encore Christian Prigent, que le réel vient dans la langue comme un manque, un "trou" de la perspective, il apparaît bien qu'en ses multiples arrêtes, l'écriture lucotienne cherche constamment à se positionner, à trouver un maintien, un "angle" de phrase capable de recueillir le "tout-souvenir sans le napper sous un flux syntaxique illusoirement naturel et esthétisé" (Prigent 284).

Par une constante hybridation des temps ensuite:

> J'essaie de ne dire (écrire) que ce dont je me souviens: par exemple un Divan d'été en (la raison ou mémoire objective me le dit) hiver: C'est BIEN (BEAU). Dès que le souvenir est complet et que j'écris "complet", l'écriture n'est pas intéressante: c'est du tout temps (cf. tous terrains), du présent industriel (Sartre romancier. Sagan, Redonnet...) Un souvenir n'est pas complet, je le complète du détail (plausible—probable—quasi certain) c'est mieux que le détail vrai (qui se produisit vraiment), lequel faisait lui aussi bouche-trou, parce que je n'ai pu choisir (exercer ma liberté vivante) entre plusieurs détails possibles/plausibles. J'**HYBRIDE**

deux souvenirs d'époques différentes, ou du vrai d'une époque et du faux (imaginaire) d'une autre époque, d'un autre registre: ça devient très vrai. (*Entretiens*)

Pourtant, malgré sa satisfaction à peine voilée d'avoir lentement mis au point un système d'écriture capable de servir son projet, Hubert Lucot s'affronte constamment à la problématique du livre. Chaque livre à venir apporte l'appréhension de sa forme, de son architecture et de son volume:

Septmonts, 8 mai—intervalle blanc, ... Pendant ces temps (ces "20 ans") ma pratique solitaire, peu fier manoeuvrant, jours perdus à la "vie", dans les étroitesses, ma langue s'est resserrée, les mots se répercutent, choses donnant des choses, le bel élan s'est noué, gordien de ma virtù, il faut tenir, la barre casse (ou presque) l'écume sèche. Rapports élémentaires. Travail complexe. Bertold Brecht en avion. Modèle réduit. Maquette. Ciel in vitro. Tous mes squelettes se prolongent, sonorités rétrécissantes et compressions mort-dorées [...] (*Travail* 39)

Sans doute est-ce ce prolongement, cette résurgence de livre en livre d'une écriture qui n'est qu'à lui, qui fait parfois ranger Hubert Lucot parmi les poètes. Mais en ce sens déjà, le livre est second par rapport à l'écriture. Le livre lucotien s'origine dans un *prélèvement* d'écriture et de notations, qui caractérise la pratique quotidienne de l'auteur. Il y constitue une sorte d'époché. Chacun émerge d'abord de cette substance continue comme "tranche de vie" du sujet écrivant et comme tranche d'histoire. *Phanées les nuées* "couvre" une période qui s'étend d'août 1975 à mars 1977. *Simulation* va de janvier 84 à novembre 85. Mais le matériau ainsi dégagé (non sans chutes, non sans sacrifice), n'est qu'un premier état du livre dont l'architecture et l'écriture sont l'objet d'un travail qui se prolonge bien au-delà de son ultime repère temporel. *Phanées les nuées* (publié en 1981) est ainsi composé entre 1975 et 1980. Ce dernier livre, en outre, a connu des *réductions* subséquentes, qu'Hubert Lucot appelle des *projections*, des sortes d'homothéties très précisément chiffrées. Ainsi *Travail du temps* est une projection de *Phanées les nuées* sur un espace restreint fixé à 8%. Une autre projection à 13% de *Phanées les nuées* paraîtra dans 2 livraisons du *Nouveau Commerce* (nos. 42-43, 1979). Hubert Lucot indique dans une note liminaire de *Travail du temps* que ce texte "fait l'épargne de nombreux thèmes qui pourraient à eux seuls caractériser le très long livre: les événements politiques France et Monde 1975-1976, de grandes zones de temps dynastiques (les croisades, les premier et second empire, la guerre de 14...), des polémiques littéraires et idéologiques, la vie professionnelle" (*Travail* 9).

Symptomatiques de l'écriture lucotienne, ces variations d'échelle se reflètent jusque dans sa genèse. Après avoir publié dans diverses revues ce qu'il appelle des "livres brefs" (*Absolument*, 1967; *Jack Regrouper*, 1968; *Information*, 1970), Hubert Lucot a placé son travail sous le signe de l'allongement. Allongement par libération et expansion de la phrase qui l'a amené un temps à s'écarter du livre linéaire. *Le graphe* (1970-1971), commercialisé en sérigraphie vingt ans plus tard par les éditions Tristram, fait coexister dans un espace synchronique les temps multiples de l'acte écrivant, évoquant ainsi une sorte d'*action writing*. *Le Grand Graphe* est une surface de papier couverte d'écritures qui représentent environ 150 pages linéaires, intriquées, lisibles d'un seul coup. "Écrites emmêlées, précise l'auteur, et non mêlées après coup" (avant-propos). Pouvant se concevoir comme une oeuvre plastique, ce "roman mural" présente en son aspect global la forme d'un gros poisson large vu de profil ou celle d'une agglomération urbaine vue d'avion. C'est le produit concomitant d'une expansion voulue, et d'une fluidité retrouvée. Car si *Le grand graphe*, commence par une volonté d'allongement, il s'efforce aussi de remédier à une rigidité de la syntaxe. Déportant le mur sur la table (et jamais la table sur le mur), au lieu de "rompre sa phrase par une parenthèse", Hubert Lucot, dans *Le graphe*, "jette la parenthèse au dehors, ce qui suscite par propagation 12 mètres carrés d'une écriture courante". D'où naît une plus grande liberté: "J'ai admis que le livre pouvait se faire de lui-même, alors qu'avant, je voulais faire des textes très rigoureux qui se révélaient très courts". *Le graphe*, en effet, n'est pas affrontement de la page blanche mais plutôt un champ de bataille que l'auteur investirait peu à peu de son écriture, selon les besoins du sens et les hasards de la place, en sachant d'ailleurs par avance qu'il y aura des lacunes. L'impossibilité à penser la mort, et les problèmes de l'humain en général, estimait Lacan, se manifestent sous forme de lacunes. L'écrivain lucotien est un stratège qui emboîterait aussi le pas de Fabrice à Waterloo.

Le principe du *Graphe*, simplifié, apparaît encore dans *L'autobiogre d'A.M. 75* (1980), mais à l'intérieur d'un livre et sous la double forme d'un texte manuscrit et imprimé. Après quoi le retour au volume traditionnel paraît acquis avec *Phanées les nuées* (1981), *Langst* (1984), *Simulation* (1990). Ajoutons que Hubert Lucot est l'auteur d'un texte sur Bram Van Velde, *Bram et le néant*, publié en 1987. Il a récemment terminé une étude plus développée sur le même peintre, et prépare un nouveau livre intitulé *Sur le motif*.

Ainsi, entre la voie du Graphe qui, libérant la phrase, permet d'accéder au livre long, et la réduction subséquente du livre long, l'écriture lucotienne se repense-t-elle, à travers ses crises, sur le modèle de l'Histoire. "L'acharnement réducteur, poursuit la note liminaire de

Travail du temps, visait, semble-t-il, à anéantir le livre: on se plut à arracher ses 'racines', ses territoires, leurs expansions. Par volonté d'EN FINIR?" (9).

Mais, par un mouvement inverse, et comme pour se prémunir contre cette éventualité tragique, il y a dans la limite même de chaque livre l'amorce du suivant. Ainsi "la longue angoisse du langage" qui caractérise un livre comme *Langst* (1984), n'est-elle qu'un nouvel avènement du "Tout-savoir":

> Continuité discrète de mes livres, chacun contredit le précédent. Je: coupe court à ce qui serait du livre qui s'acheva; généralise ce qui, inconsciemment voulu par le livre finissant, forme qui se refermait, demeure moteur.

> Au début, quand ça va si mal, que rien n'est, je répartis des démarrages, que je grossis d'impuretés, car, non pas nouveau dire, je crache, pour poursuivre, certains accents d'oeuvres anciennes, par le travaillage l'écrire vient, s'affranchissant peu à peu de ces lambes, alors que s'accomplit (s'exprime, irréalisable à jamais) le Désir qui est désir qui était, et je noterai ce soir la silencieuse beauté des appareils électroniques, ce soir, arrière-saison dans la gare de Soissons, buvette de cette petite gare de province. (8)

Certes, l'écriture lucotienne a ses tics: usage quasi exclusif de l'aoriste dans les phrases au passé, qui historise—rend légendaire—jusqu'au moindre détail; latinismes; refus de toute redondance qui s'exerce par exemple à l'endroit du mot *pas* dans la négation. Mais tournant le dos à tout modèle, elle est à la fois réaliste et ouverte.

> Je ne choisis pas mes mots. Ils me choisissent et me désignent. Me font, défont, défoncent. Attention au monde.

> Peu à peu, il commence l'écrivant. Chercher, naissent des moyens, chercher à faire—à partir de l'un des premiers gestes, acquis. Il couvrira, terrain géant, migrations de ses phrases, de ses sèmes, scènes, schémas; il est schème, modèle, celui qui à tous les coups commence, à voir, relire, délire. (8)

C'est ce principe actif que généralise *Simulation*. La simulation, on le sait, est la fabrication d'un modèle dans un espace et dans un temps réduits. On simule des vols d'avion, des guerres, des crises économiques. Plus résolument romanesque en son démarrage, ses scènes, ses personnages, *Simulation* refuse que, comme dans tant de livres, vivre le réel soit le vivre en différé.

À tout coup elle s'arrête, frappée de stupeur, sur le seuil du café Edelweiss, recul du ballon de rouge déjà servi qu'elle doit boire. Nain dilaté—caoutchouc brûlé de lessive par les soins outranciers de ma petite enfance—, elle m'arrive à l'épaule, sans âge, nez spongieux, jambes éléphantes; plaquée au sol, toute l'énergie résiduelle.

Ainsi je m'avancerai, kabuki, pas posés et sans poids, spectre de la jolie somnambule: Blanche-Neige, quand elle émane au clair de lune du cercueil; la poupée, minusculement assise contre l'arrête du miroir. (11)

Le livre avait commencé, écrire *Simulation* c'est voir la production de présent et le savoir acquis avec les yeux de celui qui possède le livre à faire—son champ. son flux—comme si je simulais qu'il fût déjà écrit. (46)

L'écriture d'Hubert Lucot travaille d'abord à souligner, à *noircir* (ou à alléger) l'inscription de l'histoire individuelle dans l'histoire de son temps. Tout jalon temporel témoigne ainsi d'une relation, non d'une position. Relations du sujet avec lui-même, du sujet avec son temps, son époque, de celle-ci avec des flux plus vastes, en un Tout-souvenir. Dans un récent entretien, Lucot explique:

J'ai vu la guerre d'Indochine devenir la *Première* guerre d'Indochine quand il y a eu Le Vietnam. La guerre d'Espagne (36-39) est pour moi un souvenir d'enfance: je sens qu'elle fut, je m'interroge encore aujourd'hui sur les échos qui pouvaient m'en parvenir dans mon triste logement de Javel ou dans "ma" maison heureuse de Seine-et-Marne. (Lapeyrère 144-145)

Encore faut-il en effet préciser que dans ce Tout-souvenir, le temps n'est pas retrouvé, mais *incorporé* par le je qui écrit. Seul ce je peut rapprocher les événements qui ne se connaissent pas entre eux, peut rassembler cette vaste unité constituée de tous les fragments de temps différents emboîtés les uns dans les autres:

11 novembre—"Rude à dire", "forêt obscure" (rais du soleil, le décrochement du ciel, qui se branche ou s'absente), exil, route, tout ce qu'on perd, qu'on (n') a connu, s'impose à moi la Gare de l'Est, vaste atelier pointu sous la pente de cent mille vitres grises, gigantesques organes de cuivre et de cylindres est la locomotive d'avant le Déluge au repos sur le sol actuel, coupée de l'oxygène, des forêts, de la mine (carbone), la voie ferrée d'alors est longue ligne pluvieuse aux escargots d'enfants: René, Henriette, Edmond et son compère Loriot comme oeilleton du corsaire, qui taille des sifflets dans l'ornitosphère selvage, et Jean, Marie-Louise, Annette. (*Travail* 11)

Que cette entreprise dénote une certaine hantise de l'histoire est évident. L'histoire n'est-elle pas d'ailleurs un modèle pour nos modestes vies? Hubert Lucot remarque ainsi que "quelques mois de sanatorium en 1955 l'avaient marqué comme un immense Moyen Age" (Lapeyrère 145). Non seulement les livres d'Hubert Lucot sont constellés de dates, dates d'événements, sortes de noms propres, en particulier s'il s'agit de la chronique intime, mais aussi de plages temporelles, paradigmes d'annonces et de répétitions où le livre lui-même peut trouver sa place, sa datation irrationnelle comme dans ce passage de *Simulation*:

> Venise Anvers Gênes: mise en place de l'Ordre bancaire sur l'Europe, sur la planète, plateaux de terre liés au cuir et au lin, loin des mers que l'on arme de galions, loin du vent de la mer sur les plaines; nouvelles chapelles, les halles de la Hanse coupent le vent.
>
> Gênes Amsterdam Londres: XVè siècle - 1929
>
> Paris et Londres: culture, littératures: l'Année de la Peste, le jansénisme.
>
> 1929: New York unique place financière d'un monde sombrant; des suicides; la queue.
>
> Saint-Pétersbourg (Monte-Carlo): les casinos, les capelines; cela jusqu'en 14, voire 39; des suicides, de grandes amours déchues.
>
> 1984-1985: passages réversibles de *déçu* à *déchu*: ce livre. (*Simulation* 67)

Usant parfois de notations sèches à la Stendhal, l'écriture d'Hubert Lucot s'exerce plutôt à ramasser en chaque phrase le plus de réel possible. "Rude à dire", selon une autre expression de *Travail du temps*, le projet lucotien ne peut que solliciter du lecteur une attention extrême. "Sollicitation pressante, Lucot captive", écrit, à propos de *Simulation* (1990), Joseph Guglielmi (65). "Sûreté du coup d'oeil. Rien n'échappe... La lumière en jeux, picturale, jetant l'astre, son essence d'effusion (rimbaldienne) [...] Espace ouvert opérant le temps" (66).

Cette complexité se traduit d'abord sur la page par une singulière présence physique des signes imprimés auxquels elle recourt. Claudel disait que l'Oeil écoute. Ainsi, ponctuée de parenthèses, de guillemets et de tirets, recourant à l'italique comme à la petite capitale ou au corps gras, la page lucotienne (qui n'est en rien figurative à la façon du calligramme), parle graphiquement. Fréquemment, à l'intérieur d'un mot, une lettre majuscule, tout en transcrivant un phonème, s'ancre dans le discours comme foyer de sens ou unité d'une chaîne signifiante qui se déploie dans le syntagme. Contribuent aussi à cette mise en relief des graphies particulières. Initiales ou noms tronqués émaillent le texte: Anh.k pour le prénom de Anhérik (petite fille de l'auteur),

ED.W.S. qui dit les lettres absentes au fronton du café Edelweiss à Paris où se situent plusieurs scènes de *Simulation*. Du paragraphe—écrin habituel, peuvent se détacher des sous-ensembles alignés sur un commun sigle démarcatif: a), b), points noirs. Hubert Lucot est un encyclopédiste et on peut voir là le reflet, dans le mode poétique, d'une présentation propre aux dictionnaires et autres ouvrages scientifiques auquel il collabore. Ainsi qu'il est dit dans *Langst*, il s'agit "d' éloigner la coulée lyrique, laquelle est, mais au fond"; de "Sauvegarder dans le texte écrit le décousu de son programme—que suscita une vue intense (générale et floue, durable)—, les traits qui s'effaçant donnent à voir dans l'ancien..." (99).

Le réalisme lucotien est celui d'une sensibilité et d'une éthique. Ethique et poétique de l'attention. Attention au monde, lisons-nous dans *Langst*. Peut-être faut-il voir là la place de l'enfant dans les livres d'Hubert Lucot.

> 10 juillet 22h Un film maritime, à la télévision, intense serrement des vagues sonores dans lesquelles vient glisser une respiration, c'est une plainte, pleur contenu, je montai au chevet sanglotant sans qu'une larme sur sa joue... À ma demande Cédric ne répondit que la tristesse du monde et de sa condition en un discours non dit; quand ému j'eus répété 'J'appelle Mamie?', il opina,—du balcon (bois, cire) la cuisine de la maison d'en face est invisible sauf le grand éclat lointain de la lumière électrique sous les feuillages obscurs du premier plan... Au-dessus de moi, revenu au bloc compact barré par l'image limpide, cinémascope de télécinéma, grande A.M. ("Mamie") et petit dialoguant opèrent, il n'osait me confier son besoin de déféquer.
>
> Penché contre sa joue mon murmure "Ai-je bien fait d'appeler Anne-Marie?" De la nuit revenue il hausse l'intensité sonore: "Oui!" (*Simulation* 115)

Attention au monde, c'est-à-dire: attention au temps, au travail du temps.

> "La boîte dominos la prairie", chantait Marc à l'âge où l'écolier observe la logique verbale; ne comprenant goutte, il ne demandait pas l'explication: "Là-bas, dominant la prairie..." À qui le leurre des années 20 fut rapporté, vers 42-43, je flétrissais l'antique bévue, je comprends en 1985 (à 50 ans) pourquoi elle m'attache: dans les montagnes Alpes ou Auvergne, les balcons clos attachés aux maisons comme des hottes, parfois par des arcs-boutants, sont, tels les lits bretons et les huches, des étuis qui ressemblent aux boîtes de dominos, suspendus au-dessus de la prairie. (*Simulation* 131)

Ainsi que le précise Alain Frontier, "active",

l'écriture d'Hubert Lucot, par ses mille oscillations, ses embardées continuelles [...] tourne autour de l'objet, en quête de la bonne hauteur, du bon angle, car un seul angle à chaque fois libère l'essentiel. C'est à ce prix que, soudain, jaillit l'émotion—la surprise, la beauté—au moment où l'image s'arrête et devient légendaire (digne d'être dite). Or, miraculeusement, l'image ainsi libérée rencontre le réel: je saisis mieux, oui, je comprends maintenant.

Bibliographie

Guglielmi, Joseph. *Action Poétique* (automne 1990).
Lapeyrère, Marie-Josée. "Entretien avec M.-J. Lapeyrère". *Le Discours Analytique* 4 (octobre 1990).
Lucot, Hubert. *L'autobiogre d'A.M. 75*. Paris: Hachette/P.O.L, 1980.
———. *Phanées les nuées*. Paris: Hachette/P.O.L, 1981.
———. *Langst*. Paris: P.O.L, 1984.
———. *Travail du temps*. Paris: Carte Blanche, 1985.
———. *Bram et le néant*. Paris: La Stérérée, 1987.
———. *Simulation*. Paris: Imprimerie Nationale, *Editions*, 1990.
———. *Le graphe*. Paris: Tristram, 1990.
———. *Le grand graphe*. Paris: Tristram, 1990.
Prigent, Christian. *Tous ceux qui merd(r)ent*. Paris: P.O.L., 1990.

Pierrette Fleutiaux: l'inquiétante étrangeté de l'espace

SABINE RAFFY

> Mon frère était un espace. Adrien n'est qu'un destinataire.
> P. FLEUTIAUX
>
> Ce monde est donné à l'homme ainsi qu'une énigme à résoudre.
> G. BATAILLE

Pour parler de Pierrette Fleutiaux, j'ai choisi de détacher quelques motifs générateurs de son premier roman, *Histoire de la chauve-souris*, publié en 1975, et de montrer l'évolution de leur fonctionnement à travers son oeuvre jusqu'à son dernier roman, *Nous sommes éternels* (1990), dont on a beaucoup commenté jusqu'ici l'épaisseur: 822 pages.

Entre cette *Histoire de la chauve-souris*, les nouvelles qui ont suivi, et l'opulence romanesque de *Nous sommes éternels*, on passe d'une vision obscure des origines du monde et de l'être à leur mise en scène littéraire, ou, pour employer une terminologie lévi-straussienne, on passe du mythe au roman. Les noyaux mythiques, les archétypes qui font l'essentiel des premiers textes, se sont développés en trames multiformes et enchevêtrées. On retrouve bien dans *Nous sommes éternels* la même immédiateté insolite de l'image, cette "pauvreté essentielle" des objets imaginaires dont parle Sartre, mais au lieu d'être concentrée symboliquement en une seule représentation, elle se ramifie et s'étend à l'ensemble du roman. Ce n'est plus une chauve-souris nichée dans une chevelure, un tableau par qui arrive le désir, ou, dans les nouvelles, une forteresse intérieure aux murs d'acier ou un gouffre peuplé d'escabeaux, mais une formidable machinerie romanesque qui tout entière produit le fantastique. L'angoisse claustrophobe des personnages enfermés et se débattant dans des lieux sans issue, leur fascination douloureuse et jouissive des gouffres et des ténèbres de l'inconscient, se diluent dans *Nous sommes éternels*, et contaminent tout l'espace romanesque. Les personnages ne sont plus les prisonniers anonymes de terreurs privées, ils se sont transformés en héros d'une tragédie orchestrée comme un opéra funèbre; ils sont devenus des figures symboliques dont les déplacements définissent non plus l'étroitesse d'une névrose, mais l'ampleur d'un destin[1].

Mais revenons à l'*Histoire de la chauve-souris* et à cette inquiétante étrangeté qu'elle exhume. "La vie est une aventure inouïe, dit Fleutiaux, ce que j'avais écrit m'était parfaitement naturel, et voilà qu'on parlait de fantastique!"[2]. Qu'est-ce donc, pourtant, que le récit d'un animal nocturne sorti de ses grottes pour s'accrocher à la nuque d'une jeune fille, qu'est-ce que cette course aux insectes qu'elle chasse de nuit dans les bois pour nourrir sa bête, cette fuite de ville en ville, de tour en tour, de forêt en grotte, de souterrain en dépotoirs, la chauve-souris pendue aux cheveux, qu'est-ce donc sinon un monde fantastique? Julio Cortàzar, dans un avant-propos au roman, parlera de

> la terrifiante beauté de la situation à partir de laquelle son récit se met en marche, de la submersion dans la nuit psychique qui peu à peu, au long d'une saga admirablement décrite, mène la fille à la chauve-souris chercher l'identification dans les immenses, immondes colonies qui peuplent, tête en bas, les cavernes. (*CS* 16)

La jeune fille nous plonge bien en effet dans un univers imaginaire des profondeurs obscures, des élévations et des chutes, des ventres mous, gonflés et velus comme des sexes, des cavernes obscures et des tours immenses, toute une poétique de l'espace qui se résorbe, en dernier ressort, dans une topologie fantastique, ce que Gilbert Durand appellerait une "géographie légendaire". Si le fantastique c'est l'équivoque, la présence sourde de l'homme dans la bête ou de la bête dans l'homme, la jeune fille à la chauve-souris participe pleinement de cet univers. Nous sommes dans le monde solide des compréhensions raisonnables, soudain fait irruption un élément inexplicable, et notre existence se métamorphose, se pourrit et devient autre:

---

[1] Pierrette Fleutiaux dira dans une entrevue avec Claire Devarrieux dans le journal *Libération*: "Avant, j'avais le sentiment qu'il fallait tout tenir bien en main, dominer tout". Lorsqu'elle se mit à écrire *Nous sommes éternels*, elle vit s'ouvrir "d'un coup beaucoup de portes. J'étais portée par un courant. Ca venait, ça sortait je ne sais pas d'où" (30 août 1990).
[2] *Le Figaro* (27 novembre 1990).

> C'est alors que, tandis que je suis là, immobile, quelque chose change dans la tonalité du silence. Le froissement de feuilles que j'entendais, que je rêvais, peut-être, se modifie, se solidifie. Quelque chose, tout près, heurte les parois de l'air, et les ondes vibrantes se répercutent jusque dans mon coeur... La panique me frappe, je me jette en avant et heurte de plein fouet cette chose qui vient d'entrer. (*CS* 25)

A cet instant-là se met en place un nouvel ordre imaginaire. Ce quelque chose "qui vient d'entrer" a fait basculer l'équilibre et la logique du monde qui s'organise alors selon d'autres lois: l'espace absorbe et recompose les significations du temps. Le temps est en effet évacué de l'*Histoire de la chauve-souris*, inscrit seulement par les jalons des cycles naturels: "C'est la nuit", "la nuit suivante", "plus tard dans la nuit", "nuit après nuit"; ou effacé par les marques floues des multiples "plus tard", "maintenant", "presque aussitôt"; ou encore totalement dilué dans un ancrage spatial: "Plus tard après bien des couloirs...", "lorsque j'atteins le sol...".

Evincé de la narration, le temps est remplacé par le mouvement d'une construction de l'espace, par l'élaboration de mécanismes dont le fonctionnement fait progresser le récit. Cet espace est alors surchargé de polarisations qualitatives, devient tout entier signifiant. L'interprétation de l'espace comme vecteur fondamental du récit tel qu'il est mis en oeuvre chez Fleutiaux, illustre très exactement l'intuition de Bachelard selon laquelle "On croit se connaître dans le temps alors qu'on ne connaît qu'une suite de fixations dans des espaces de la stabilité de l'Etre, d'un être qui ne veut pas s'écouler... Dans ces mille alvéoles, l'espace tient du temps comprimé. L'espace sert à ça [...] Plus urgente que la détermination des dates est, pour la connaissance de l'intimité, la localisation dans les espaces de notre intimité" (*Poétique* 27). On perçoit donc tout à la fois le temps et la psychologie des personnages à travers l'organisation de l'espace, des distances parcourues, des volumes occupés ou des perspectives qui s'élaborent. Les mouvements et déplacements de la jeune fille à la chauve-souris dans les villes et les tours, dessinent un parcours qui signifie ses états d'âme:

> Je regarde de face, puis je tourne lentement de profil. Le temps se contracte. Une chambre au sommet de la tour. Je regarde, puis je tourne lentement de profil. Comme si de tout temps j'avais été rivée devant ce miroir, comme si tout ce qui avait eu lieu entre-temps n'avait été qu'un coup d'oeil égaré sur les côtés. (*CS* 159)

Le temps est un étalon trop instable pour assurer la réalité des événements vécus. Ce que fixe la mémoire, ce sont bien plutôt des lieux que des moments, et pour résister à l'angoisse du temps qui s'écoule, elle retient des distances, des étapes et des points de chute. Alors, pour nier l'inéluctable de la mort, les personnages occupent le monde en l'emplissant de constructions, tissent des filets de souvenirs pour combler le vide, peuplent l'air de signes pour y trouver des lieux d'ancrage: "De temps en temps lorsque je relève les yeux, je m'aperçois que dix ans se sont passés. Comment dans ces circonstances s'empêcher de sursauter?" (*CS* 178).

L'*Histoire de la chauve-souris* se lit donc comme une chute dans un univers entièrement représentatif, une traversée symbolique du monde—dirait-on de l'inconscient?—à la recherche d'un sens.

Dans les nouvelles des deux premiers recueils, *Histoire du gouffre et de la lunette* (1979) et *La forteresse* (1979), les personnages arpentent et mesurent inlassablement les mêmes espaces kafkaïens dans lesquels ils échafaudent des défenses improbables contre des ennemis intérieurs indéterminés. Seules leur volonté et l'obsession qui la soutient, semblent suivre une intention précise, dans les limites floues et changeantes d'un monde vertigineusement vide.

Pour marquer la force de résistance des personnages entraînés dans la marche du temps, Fleutiaux balise ses récits selon deux réseaux entrecroisés: les trajets ascendants/descendants des personnages, et la polarisation des images autour de l'opposition lumière/ténèbres. La jeune fille à la chauve-souris monte à tous les sommets rencontrés, redescend des escaliers à vis en passant par des soupiraux étroits jusqu'à des caves obscures peuplées de rats et d'êtres rampants; elle grimpe des tours ensoleillées pour dégringoler au fond de labyrinthes souterrains, elle traverse les espaces et les occupe, les investit, les déchiffre selon leurs dimensions, hauteurs dressées vers un ciel décoloré, ou bas-fonds dans lesquels grouillent des peuples indiscernables. L'ascension constitue selon Bachelard le "voyage en soi", le "voyage imaginaire le plus réel de tous" (*L'air* 33)[3]. Toutes les hauteurs vers lesquelles s'élance la jeune fille à la chauve-souris s'inscrivent dans la tradition de "l'immortalité ascensionnelle" telle que la définit Gilbert Durand (140). Ascension spirituelle aussi, que celle de l'homme juché sur son échelle afin de mesurer l'horizon, ou celle d'un autre pour qui la construction ajoutée sur un toit devient "une mesure aussi bonne qu'une autre pour découper un morceau dans le chaos du monde" (*HGL* 55); chute symbolique du personnage "jeté au fond d'un cul-de-basse-fosse" d'où il monte travailler sur une grue pour constater la construction de caves:

---

[3] Telle est certainement la raison pour laquelle Fleutiaux ne voit que du *naturel* dans ses romans, là où les autres perçoivent une dimension fantastique.

> Depuis, dit-il, j'ai pris l'avion, mais lorsqu'il s'abaisse au dessous des nuages et survole le sol, je sens encore mes yeux malgré moi scruter la surface comme s'ils cherchaient à découvrir, quelque part dans l'enchevêtrement des couleurs et du relief, un étroit goulot, quelque chose d'infime et de palpitant, comme la bouche pâle d'un têtard. (*F* 109)

Les fonds obscurs, les "étroits goulots", bouches d'enfer par lesquelles se sentent aspirés les personnages, représentent le contrepoids négatif de l'ascension vers des valeurs intérieures. Ici l'avion, là un gratte-ciel, ailleurs un grenier ou un toit, la hauteur est une aspiration spirituelle, et toujours elle s'associe à la lumière.

Le parcours du personnage de ville en ville marque un premier quadrillage de l'espace romanesque, ce qu'indiquent les titres des trois chapitres de l'*Histoire de la chauve-souris*: *La ville de la tour, La ville des moyennes tours, La ville des tours immenses*. Lorsque, dans les dernières pages, la jeune fille ne sait plus où aller, soudain:

> les trois villes avancent vers moi. Les trois villes m'assiègent, leurs tours regroupées marchent sur moi,[...] à grands pas saccadés. Elles avancent en rangs serrés, hérissés, grossissant toujours, leurs fenêtres flamboyant comme des boucliers, surgissant par vagues du passé irrité... et au bout d'un moment je m'aperçois enfin que je ne vois plus l'armée des tours. L'évidence me frappe alors que je porte en moi le lieu de mon travail et qu'il n'est nul besoin de chercher ailleurs une autre tour. (*CS* 176-177)

L'élévation architecturale reproduit la montée de l'angoisse, comme l'encerclement par la ville dressée transpose l'approche du danger. L'imagination telle que Fleutiaux la met en scène leste les choses, les espaces et les événements d'un sens second, et comme universellement reconnu. Le haut et le bas, les chambres au sommet des tours, avec leurs fenêtres ouvertes sur le ciel, et les caves obscures, les soupiraux ouverts comme des mâchoires pour engloutir leurs proies dans des labyrinthes, des cavernes ou des grottes; les chauve-souris qui surgissent comme les souvenirs de terreurs de l'enfance, chaudes et molles comme des sexes, à la fois monstres intérieurs et raison d'exister, tâches d'encre de Rorschach où déchiffrer les signes de l'inconscient — Fleutiaux double le monde de l'apparence d'un univers ténébreux, multiforme et entièrement signifiant. On est dans un isomorphisme des images de la descente et de la profondeur, tel que Victor Hugo le décrivait: "Chose inouïe, c'est au dedans de soi qu'il faut regarder le dehors. Le profond miroir sombre est au fond de l'homme. Là est le clair-obscur terrible... En nous penchant sur ce puits... nous y apercevons à une distance d'abîme, dans un cercle étroit, le monde immense" (236).

Entre la menace des tours érigées et celle des trous noirs, la jeune fille trouve refuge un moment dans une caverne, centre de la terre, là

> [où] le ciel et la terre se sont inversés... en haut est l'opacité dense de la matière et sous mes pas la résonance creuse de fonds toujours fuyants. Cependant je ne peux qu'avancer et poursuis comme dans un flot, sans haut ni bas. (*CS* 64-65)

Et cet espace clos où les valeurs sont inversées, "c'est là exactement ce que je suis venue chercher" (66); elle est au sein de la tribu, au plus près de sa bête et de soi-même. Au fond de la grotte la jeune fille est revenue à ses sources et aux racines du mal.

Le thème de la grotte traverse tous les textes de Fleutiaux, les romans comme les nouvelles. Les personnages plongent dans des gouffres, des puits, des cavernes et des précipices, cherchent dans les cavités, l'obscurité et le souterrain, un sens à la vie, c'est-à-dire un lieu à partir duquel supporter l'idée de la mort. "L'ensevelissement dans la caverne est un retour à la mère, disait Bachelard... La grotte est un rêve concentré... le lieu où s'accomplit le destin humain" (*L'air* 208). La jeune fille dit de la grotte qu'elle est "un lieu sûr où elle sait s'orienter, où elle connaît les sens" (*CS* 71). Tous ces personnages marchent, en effet, vers un destin, en quête d'une vérité. Ils fouillent la terre, qui les ramènera au ventre maternel, aux limbes et à la mort, ou bien parcourent des villes de tours et de sommets, espérant que les hauteurs, peut-être, répondront à leur appel et donneront un sens à l'existence.

Si la chute et les gouffres appartiennent à l'imaginaire du féminin que Fleutiaux rêve comme fuite et retour bienheureux aux origines, les figures phalliques des tours surgissent comme des alternatives, mais tout aussi redoutables. Bachelard voyait dans la tour "l'oeuvre d'un autre siècle", ne pouvant signifier que par son enracinement historique. "Sans passé elle n'est rien" (*L'air* 41). Or les tours, ici, sont sans histoire. La modernité en a fait des signes vides, des formes auxquelles la signification aurait été enlevée. Elles se dressent dans leur vacuité, immensités qui ne signifient rien et qui multiplient ce rien en proliférant sous diverses formes: bâtisse, construction, grand Frigidaire, escaliers interminables ou combles. La jeune fille recherche et redoute tout à la fois ces représentations de la hauteur. Elle fuit les caves vers les greniers, espérant y trouver des réponses plus justes, peut-être, mais la hauteur ne sera jamais que vertige du vide, ces "combles" qui ne comblent rien, ce phallus qui ne sera jamais qu'une nouvelle forme du manque, vécu dans la peur et le dégoût:

> Tout droit au bord du précipice, les jambes écartées, il me regarde ramper. Je lève les yeux un instant et vois qu'il a au haut des jambes une

boule noire et épaisse... Dans les poils de son sexe bouge une bête noire et étrange... C'est une bête petite et ratatinée, avec un visage fripé et grimaçant et au milieu un horrible appendice nasal qui lui donne quelque chose de satanique. (*CS* 58-60)

La scène de va-et-vient entre le grenier et la cave d'une maison concentre en quelques pages le trajet fabuleux du désir qui se cherche:

> Dans un grand cri je hurle "Montons"... L'obscurité est totale, je crie de plus en plus fort, de plus en plus aigu "Montons, montons" et pousse toujours vers le haut... Tout à coup un grincement incroyable...et tout cède tandis qu'une odeur ancienne...se répand dans l'escalier... Tout le monde crie "Descendons"... puis soudain un cri d'horreur s'élève dans la masse. Devant nous, dans la pâle lueur qui coule d'un soupirail, de grandes formes monstrueuses sont accroupies sur le sol.... Je rugis "Montons"... la porte des combles cède et nous tournons entre les poutres... la confusion forcenée des ailes ... nous repousse dans le trou de l'escalier où nous tombons jusqu'au fond des caves. Toute la nuit je hurle "Montons", "Descendons". (*CS* 91-93)

A la jouissance trouvée dans le ventre de la terre, s'oppose le dégoût des figures phalliques et l'effroi qu'elles suscitent. Les tours et leurs nombreux avatars, loin de donner un sens à l'espace qu'ils occupent, ne font qu'en souligner la vacuité. Ils s'inscrivent en creux, et créent un phénomène d'appel de sens, besoin dont l'érection n'est que la mesure de son inassouvissement.

En réponse à ce manque à être, va se dresser la fonction fantastique, la fabulation dont Bergson disait qu'elle est "une réaction défensive de la nature contre la représentation, par l'intelligence, de l'inévitabilité de la mort" (137). *Histoire de la chauve-souris* se lit alors comme la tentative désespérée d'appropriation de soi-même par l'occupation de tous les espaces, et le déchiffrement du monde à la recherche d'une vérité de soi. Cette "vérité", Caillois l'appellerait le sacré, Freud y verrait le refoulé qui fait retour, et Piaget l'apparition de la fonction symbolique (532-535): chacune de ces approches trouverait dans ce récit un fil conducteur pour en donner une interprétation anthropologique, analytique ou linguistique. Telle est la force de cette fantastique transcendantale, transposition imagée des préoccupations les plus profondes de l'Homme.

Dans *Métamorphoses de la reine* (1984), réécriture des contes de Perrault, Pierrette Fleutiaux poursuit la même quête. Les contes suggèrent, par le biais de récits fabuleux, des réponses symboliques aux questionnements essentiels de l'homme jeté dans le monde. Fleutiaux approche le sens profond de chacun d'eux dans le plus grand souci de fidélité, car "on ne touche pas à ces textes impunément". Par une transposition de leurs formes figées, elle fait surgir sous "les solutions de vie" qu'ils proposent, d'autres réponses, plus adaptées aux interrogations contemporaines. Les personnages changent de sexe (le Petit Pantalon rouge, Cendron), se mélangent dans les récits (les ogres cohabitent avec les loups et le Poucet) et apparaissent dans des décors modernes où la citrouille se transforme en Cadillac et les haillons en costume de cow-boy. Fleutiaux joue de ces renversements avec un sens aigu de la dérision des valeurs: sur le mode de la cocasserie, elle viole la loi du non-dit des contes, elle revivifie leur lecture en donnant aux rois et aux reines éthérés de Perrault une lubricité des plus toniques. Les grand-mères même reprennent une soudaine énergie à tendance paillarde. Fleutiaux est entrée en femme dans ces "textes archaïques" pour en ranimer la vision figée de l'enfance et de ses désirs. Elle y retrouve ce qui constitue en eux "un réel au même titre que le Réel, avec même parfois une charge de réalité plus grande" (préface). C'est d'ailleurs à un moment où elle sentait que "tout était pétrifié" en elle, "dans un moment de difficulté" que les contes de l'enfance lui sont apparus comme seule littérature encore vivante.

C'est par le travail de la mémoire, incidente de la fonction fantastique, que *Nous sommes éternels* développera des thématiques très proches. L'enfance dont elle fait le récit permet un subtil jeu de va-et-vient dans le passé qui maintient tout au long du roman la tension dramatique. Nous sommes ici aussi plongés dans un univers de tours, de hauteurs et de quête d'un sens du monde hors l'amour, mais le roman semble s'être dégagé de l'étroitesse des structures mythiques qui organisaient les premiers textes, pour atteindre au sens plus intime du romanesque. On y trouve encore une caverne et des immeubles élevés, mais Fleutiaux y projette une singulière clarté qui fait que la mort même y apparaît comme jaillie d'un excès de lumière. Non plus des tours vides et anonymes mais des hauteurs new-yorkaises et ensoleillées. Ville initiatique dont Fleutiaux dira: "toutes mes coquilles de Française sage y ont éclaté. C'est une ville où j'ai été chercher mon trouble le plus profond, où je l'ai bu jusqu'à la lie"[4]. Dans *Nous sommes éternels*, les maisons ne se dressent plus comme des cavités obscures et vides; elles sont habitées, animées, comme le personnage désormais est habité par lui-même plutôt que hanté par des voix extérieures. Les discours sont les siens, il occupe un espace peuplé et stable. Quant aux caves, elles ont disparu.

Sombre liturgie d'une famille, le récit opère une savante déconstruction du temps, de l'ordre narratif des événements, par une orchestration des souvenirs dont la répétition, comme un thème musical, rythme et soutient le lyrisme. La mort du frère-amant, puis de

---

[4] *Télérama* 2130 (7 novembre 1990).

tous les membres de la famille, se raconte en brisures temporelles, comme pour faire supporter la douleur aux personnages et leur permettre de l'intégrer au mouvement de l'existence. Pour exorciser ce souvenir douloureux, la narratrice reprend l'événement, retourne aux moments traumatiques, répète les scènes originelles et introduit un personnage mystérieux, "Madame", double ou figure maternelle tutélaire, à qui elle adresse une supplique infinie inscrite en italiques tout au long du texte. Le roman ne suit donc pas la chronologie réelle des événements, mais la capacité émotive de la narratrice à se les remémorer. Le lecteur est sans cesse reporté de l'histoire réelle de la famille au souvenir douloureux qu'elle en a gardé, de précisions historiques en fantasmes amoureux. A ces deux perspectives sur le passé s'en ajoute une troisième, celle du temps présent, du moment même où la narration se fait. L'enfance surgit ici de ce récit à trois dimensions, elle apparaît dans les interstices comme ce qui échappe à toute temporalité.

L'enfance est toujours, et pour tous, souvenir d'enfance, nimbé d'une *aura* double: le prestige de l'insouciance primordiale et celui que la mémoire lui ajoute: "Alors je soutiens que l'amour de Dan et Estelle n'était pas'l'amour humain'. Je soutiens que c'était un autre amour, le seul que rien ne pouvait altérer car il prenait sa source dans l'enfance et nul ne peut changer son enfance" (*NSE* 164).

Par ce double pouvoir sur le temps et la mort, l'enfance est d'emblée oeuvre d'art. Elle n'est pas, dans *Nous sommes éternels*, simplement le sujet de l'histoire d'amour, elle porte en soi la beauté et l'amour. Fleutiaux met tout son lyrisme désespéré à la retrouver hors du temps, à en faire revivre la nostalgie et l'éblouissement. Il fallait ces 822 pages pour résister à l'oubli, pour exprimer la perfection et la durée en soi de cette époque, en même temps que le regret de ne l'avoir plus. Le temps de l'enfance, du paradis perdu, c'est surtout l'époque de l'amour véritable, celui pour qui la parole est vivante. L'amour n'est-il pas essentiellement la jouissance en l'autre d'une compréhension partagée de la langue? Quand tous les mots de la tribu prennent miraculeusement vie et nous sortent des petits discours chagrins du monde?: "Comment vivre avec pour seul espoir les traces pâles des ouï-dire?" (*CS* 167).

C'est pour défendre et faire accepter la langue neuve du désir que la jeune fille à la chauve-souris entreprend le long périple aventureux de ville en ville et de caves en tours. Dans *Histoire du gouffre et de la lunette*, les longues vues à travers lesquelles des personnages observent le monde, perchés sur des escabeaux, filtrent aussi les clichés mortifères des poses et des discours sociaux. Le narrateur de *La forteresse* s'enferme, cloisonne et balise son espace: "Pour nous défendre d'un univers inclément, nous avons dû construire une forteresse" (11), et ainsi l'existence se construit lourdement, envahie par le fer, les boulons, l'envers et l'endroit, les vis, les plaques, les jointures, les hauts et les bas, les voûtes, les parois, les arrêtes, les rainures, une existence de fer, de périmètres et de triangles. Un monde où s'appesantit l'écriture de l'objet, de la langue morte, de la parlerie. Car il s'agit bien pour Fleutiaux de trouver la voix de la justesse, celle du désir, de la parole vivante: "Dan, dit Estelle dans *Nous sommes éternels*, Dan, est-ce possible que ce qu'on dit avec ces êtres ne soit rien, tombe aussitôt dans l'immense poubelle commune?" (164).

"Il faut savoir rentrer dans l'ombre pour avoir la force de faire notre oeuvre" disait Bachelard (*L'air* 193). Des obscurités de ses premiers romans à la clarté lumineuse de *Nous sommes éternels*, Fleutiaux s'est avancée, comme la jeune fille à la chauve-souris, "sur le chemin d'un dépêtrement possible". Chemin difficile de l'écrivain pour qui l'écriture est une aventure.

Bibliographie

Bachelard, Gaston. *L'air et les songes*. Paris: Corti, 1943.

_____. *La poétique de l'espace*. Paris: PUF, 1970.

Bergson, Henri. *Les deux sources de la religion et de la morale*. Paris: PUF, 1945.

Durand, Gilbert. *Les structures anthropologiques de l'imaginaire*. Paris: Bordas, 1969.

Fleutiaux, Pierrette. *Histoire de la chauve-souris*. Paris: Julliard, 1975. (*CS* dans le texte)

_____. *Histoire du gouffre et de la lunette*. Paris: Julliard, 1979. (*HGL* dans le texte)

_____. *La forteresse*. Paris: Julliard, 1979. (*F* dans le texte)

_____. *Métamorphoses de la reine*. Paris: Gallimard, 1984.

_____. *Nous sommes éternels*. Paris: Gallimard, 1990. (*NSE* dans le texte)

Hugo, Victor. "Contemplation suprême, post scriptum de ma vie" in *Oeuvres complètes* (42 vols.). Paris: Olendorf, 1904-1938.

Piaget, Jean. *La représentation de l'espace chez l'enfant*. Paris: PUF, 1948.

Les récits *latins* de Pascal Quignard

CATHERINE DOP-MILLER

Pascal Quignard est lecteur chez Gallimard. Il est écrivain. Les deux sujets qui le préoccupent le plus sont la lecture et l'écriture, et toute son oeuvre en est une sorte de phénoménologie fictionnelle. Ses romans, ses essais ont tous à voir avec cette étrange posture qui est la sienne dans le monde moderne: c'est-à-dire lire et écrire sans arrêt, avec passion, jusqu'au point de ne plus parler, de ne plus faire partie de ce monde aural qui est le nôtre.

Le lecteur selon Quignard s'abstrait du monde pour participer aux rites "sans usage" d'un plaisir attaché à des choses anciennes, à un passé. Quignard lit de préférence des ouvrages anciens, d'auteurs oubliés. Ses instruments pour écrire, sont, dit-il, la Bibliothèque nationale et celle de l'Arsenal, les dictionnaires d'ancien français, les grammaires médiévale, grecque et latine, les collections de proverbes, les recueils de locutions. Pourtant, Quignard ne veut pas qu'on l'imagine en *rat de bibliothèque*: il pratique la lecture et l'écriture comme un moine Zen, assis au soleil, devant le temple.

Dans un premier essai intitulé *Le lecteur* (1976) et dans des essais plus récents, les *Petits traités* (1990), la lecture est décrite comme une passion, comme une cérémonie sacrificielle. Celui qui lit est dans une position à la fois contrainte et agréable: immobile, muet, recourbé, enroulé autour d'un livre ou d'un rouleau. Le sacrifice auquel il participe est décrit dans *Albucius* (1990), un de ces "récits latins" dont je ferai le centre de mon propos:

> Le livre de l'écrivain exposait à une attente plus silencieuse et qui pouvait être si longue qu'on était bien inspiré de s'asseoir. Le service s'appelait la "lectio" (la cueillette, la lecture). Que les liens propres à cet office se resserraient sans cesse sans que les victimes murmurassent pourtant. (*A* 196)

Albucius est un rhéteur de l'empire romain, contemporain de Sénèque le père. Quignard le fait parler de la lecture et de l'écriture en termes de silence, d'absence, de mort.

Quignard est un moderne qui a poursuivi des études de philosophie. Aussi le genre de question qu'il pose se situe-t-il de façon très reconnaissable dans la lignée de Blanchot et de Derrida. Pour écrire, dit il, il faut "haïr la parole". Un des chapitres du tome I des *Petits traités* est intitulé "Le misologue". Quignard y écrit: "Il ne peut arriver de meilleur malheur que de prendre en haine les logoi" (*PT* I 60). On reconnaîtra aussi une proposition telle que celle-ci:

> Le signe signifie la séparation et la substitution. Le signe dit aussitôt que ce qui se désigne ne se superpose pas à ce qu'il désigne. De façon générale, tout signe signifie qu'un enfant est séparé de sa mère. Qu'un homme qui parle meurt. (*PT* V 91)

En écho à la réflexion de Blanchot sur le silence et le livre, Quignard écrit: "Le livre plonge le silence du monde dans un silence autre. Dans un silence qui n'a pas la voix pour échelle" (*LM* 41). Ces propos sont mis dans la bouche d'un rhéteur latin, d'un saint du début du Moyen Age, d'un musicien du dix-septième siècle, ou d'un sage de la Chine ancienne. Si l'absence qui est au centre du langage est un des thèmes obsédants de l'écriture de Quignard, il tourne cette question, cette souffrance, non pas, comme le voulait Blanchot, vers un livre à venir, jamais écrit, toujours à écrire, mais vers les oeuvres du passé et souvent du passé le plus obscur[1]. Si Quignard puise dans les textes du passé, c'est pour éclairer différemment des questions qui préoccupent l'écrivain de la fin du vingtième siècle. Et le mélange qu'il pratique d'une réflexion moderne sur le langage et l'écriture et d'un goût fin de siècle pour les langues mortes et les textes des anciens est extrêmement fécond. Pascal Quignard redonne vie, réinvente ce qui, dans la réflexion sur le langage et sur l'écrit était devenu un poncif de la modernité. Il utilise les textes anciens de façon à la fois érudite et très personnelle et communique à son lecteur une sorte de plaisir d'esthète passionné.

Pascal Quignard a beaucoup écrit. Il est né en 1948: il a déjà publié une vingtaine d'essais, des traductions du grec, des volumes de poésie, trois gros romans, et deux autres plus courts. On peut classer ses essais et une grande partie de sa fiction dans ce que Gallimard appelle *Fiction critique* d'une part et aussi le situer parmi les romanciers qui pratiquent la biographie fictionnelle.

---

[1] Pour Quignard, comme pour Renaud Camus, par exemple, la littérature est toujours "trace du passé", elle est nécessairement "conservatrice" (Camus 75).

A partir du thème de la perte, de l'absence et du silence qui sont au coeur de l'écriture, Quignard tisse des récits pleins d'affect, de pathos, de plaisir. Le plaisir est dès l'abord présent dans ce que Quignard écrit sur la lecture parce qu'il le fait en termes qui engagent tout l'être, tout le corps dans la position penchée sur les signes écrits. Le pathos naît du fait que la séparation du signifiant et du réel est figurée dans des récits fictifs ou des allusions autobiographiques à la perte de l'enfance et à un rapport blessé à la langue française.

Dans *La leçon de musique* et dans *Tous les matins du monde* (1991), qui sont deux versions de la même histoire, il est question d'un jeune homme au moment où sa voix mue. Il a chanté dans le choeur royal. C'est pour retrouver le souvenir de cette voix qu'il a aimée qu'il demande à un vieux musicien, Monsieur de Sainte Colombe, qui vit en reclus, de lui apprendre à jouer de la viole de gambe. Dans *Tous les matins du monde*, Quignard a ajouté des personnages féminins, habillé de couleurs moins sombres cette intrigue au caractère janséniste.

Voici comment Quignard aborde son sujet dans les premières pages de *La leçon de musique*:

> Je traite de la mue humaine. [...] Les hommes, ils sont les assombris. Ce sont les êtres à la voix sombre. Ceux qui errent jusqu'à la mort à la recherche d'une petite voix aiguë d'enfant qui a quitté leur gorge. J'ai eu dans l'esprit le souvenir d'un morceau de la vie d'un musicien de la fin du XVIIème siècle dans l'âge même où il se séparait de l'enfance. (9-10)

Si Pascal Quignard a choisi la viole de gambe et s'il place son récit à la fin du dix-septième siècle, c'est parce que c'est alors que se développe le solo instrumental et parce qu'à cette époque les instruments de la famille de la viole sont considérés comme ceux qui imitent le mieux la voix humaine. Cependant, la viole de gambe, qui est l'ancêtre du violoncelle, n'imite que la voix adulte et non pas celle, perdue à jamais, de l'enfant: le son qu'émet cet instrument est décrit dans les dictionnaires de musique comme "grave et vibrant".

Ce que Quignard illustre ici, outre la perte qui est au centre de l'écriture, c'est que l'écriture, comme la musique, peut produire, au delà de tout effet de réel, de l'affect. D'une manière dont Quignard précise bien qu'elle "n'a rien à voir avec la vérité", l'écrivain cherche à "héler" la voix perdue:

> La vérité de ce que nous disons est peu de chose en regard de la persuasion elle-même, qui est peu, est moins encore si nous la rapportons à la répétition pleine d'un vieux plaisir qui se cherche au travers d'elle. Ce plaisir est plus ancien que la mue. Il est plus ancien que

> les mots mêmes que la mue affecte, ou dont elle métamorphose l'apparence. Et les mots, comme ils n'en portent pas la mémoire, ils ne le capturent jamais. Ils ne le consentent jamais. (*LM* 41)

La musique baroque de la fin du dix-septième siècle (comme la rhétorique) est une musique d'affetti, d'affect. Quignard réintroduit dans la fiction et la critique le désir de persuader, de plaire, de toucher le lecteur. Mais aussi, il échappe, en le thématisant, au tragique de la limite. Puisque l'absence, la mort, le silence sont au coeur de l'écrit, Quignard écrit sur les morts, les anciens, les êtres qui ont existé mais qui sont depuis longtemps tombés dans l'obscurité. Avec ces personnages et leur langue morte, il crée des récits, des personnages touchants, *vivants,* parce qu'il exploite le pathos de la chose passée, du visage disparu. Il fait revivre les morts dans une sorte de longue prosopopée douce.

Les tablettes de buis d'Apronenia Avitia (1984), un court roman qui vient d'être réédité en livre de poche, est le journal fictif d'une patricienne romaine de cinquante ans. Il est modélé sur un journal, le *Livre de chevet* de Sei Shonagon, une dame de compagnie de l'impératrice du Japon au onzième siècle. Alors que la voix qui se fait entendre dans le livre de Sei Shonagon est radicalement différente d'une voix moderne, occidentale, celle que Quignard donne à Apronenia Avitia est volontairement anachronique, ou, plutôt, il y mêle les marques d'un passé disparu à jamais et la chaleur d'une voix tout à fait familière.

En habile rhétoricien qu'il est, voici comment Quignard fait appel au lecteur dans les premières pages qui servent d'introduction au journal:

> J'ai imaginé que si le lecteur consentait à leur prêter la tiédeur de son souffle, ces odeurs et ces songes, ces linges et ces formes retrouveraient une manière d'éclat et de mouvement, et que cette espèce de très vieille ombre de femme dresserait peut-être à ses côtés, dans l'air, le souvenir d'un corps vivant. (*TB* 3)

Le pathos est fait de désir. Quignard veut que dans les biographies fictives qu'il écrit (Avitia, Albucius, Marin Marais, Ovide sur le bateau qui l'emmène en exil, Saint Ambroise, La Bruyère) le désir puisse se loger: aussi bien celui de l'écrivain que celui du lecteur. Quignard pratique une rhétorique du désir où se mêlent et s'enrichissent mutuellement désir de créer du plaisir, de rappeler un plaisir plus ou moins sexuel, et désir de repos, de se reposer dans le livre. Voici un court extrait des choses pleines de charme que l'on trouve dans le journal d'Apronenia. Il est organisé en collection de choses, en petits paquets numérotés de faits et de sentiments:

> XXI. *Choses qui donnent un sentiment de paix.*
> J'aime le bruit des voitures dans Rome.
> Les bains chauds pris sur les terrasses dans le soleil du soir.
> Le sommeil lourd d'un homme qui a joui.
> Les matelas du Nil.
> Les étoiles quand l'aube peu à peu les efface.
> Je déteste les gens vieux, ou du moins qui semblent toujours accompagnés par la mort.

A l'obscur Albucius, Quignard donne aussi un souffle, un sexe. Le chapitre 18, intitulé "Le marchand étranger et la prêtresse impudique", commence ainsi:

> [...] On lui avait fait le reproche d'être homosexuel. Il dit: "Ecquid mihi licet seniles annos meliore vita reficere?" (ne m'est-il pas permis de retremper ma vieillesse dans une vie plus agréable?). Je ne placerai pas le souverain bien dans le plaisir, ni dans l'ivresse, ni dans la course de mai: mais dans la lecture muette et assise, dans des plaisirs doux, des pas dans le jardin. Je rapporte toutes choses à tout mon corps. C'est le seul vrai espace que j'occupe. J'ai décidé très vite que je ne me ruerai dans les plaisirs chaque jour que durant une heure ou deux, au moment où le soleil perd de sa force. (*A* 165)

Quignard veut voir l'origine exemplaire du roman dans les canevas d'argumentations juridiques virtuoses que pratiquaient les rhéteurs grecs et latins dans des concours ou des spectacles. Il s'agissait d'argumenter des deux côtés les causes les plus complexes et souvent les plus invraisemblables. Ce qui attire Pascal Quignard dans ces déclamations, c'est que le sujet en était "une loi fictive, qui entraînait une procédure fictive, et une situation fictive, la plus ahurissante qui se pût trouver" (*A* 21)[2].

Ce qui caractérise ces intrigues, c'est à la fois la complexité et l'invraisemblable, et, comme dans les tragédies de Sénèque le père, le pathétique. Chaque intrigue est faite d'actes et de plaintes, nouées par leur opposition. Ceci ne veut pas dire que le roman soit fait d'irréel, au contraire même. Pour Quignard, le roman est la seule forme dans laquelle on puisse *tout* déverser. Le roman est un refuge, une "corbeille de jonc où toute chose abandonnée ou plutôt muette allait être

---

[2] Ce que Quignard dit ici du roman semble proche de ce que pratiquent et défendent un groupe d'auteurs sous le nom de *nouvelle fiction*. Ces auteurs se réfugient dans l'imaginaire pur pour mieux marquer leurs contes du sceau de l'irréel (voir Moreau). Les auteurs qui font partie de ce *groupe* sont Patrick Carré, Georges-Olivier Châteaureynaud, François Coupry, Hubert Haddad, Jean Levi, Marc Petit, Frédérick Tristan. En fait, si Quignard insiste sur le monde non-réel de l'écriture, ce n'est pas du tout pour déboucher sur le fantastique ou l'imaginaire, mais pour loger dans le récit l'affect.

recueillie. Un endroit où tout pouvait être nommé. Il n'est pas d'autre miroir de l'intérieur d'une tête humaine qu'un roman" (*A* 43). Ce que Quignard désigne du nom de roman, ce sont des textes comme le livre d'heures du Duc de Berry, le livre de chevet de Sei Shonagon, le "journal" du Pontormo, où l'écrivain consigne les choses les plus *basses* que Quignard aime appeler les "sordes", les *sordidissima*.

Comment les choses et les mots des romans créent-ils le pathos? Quignard décrit cet effet et son rapport avec le langage de la fiction en prenant à la rhétorique et à la sophistique des écoles ce qu'elle a de plus artificiel: la sophistique lui paraît la pratique la plus juste de l'écriture parce qu'elle conçoit ses opérations comme de l'artifice pur. Quignard propose de louer Albucius d'avoir pratiqué le *ductus obliquus* qui est, dit-il,

> un vieux tour par lequel l'auteur dit et dément ce qu'il dit. Les anciens Romains étaient très choqués de ce tour (qui enchantait les orateurs et les sophistes de la Grèce). Pour peu qu'on donnât beaucoup d'éclat à ce qui était dit, le démenti final n'en détruisait nullement l'impression. (*A* 150)

Ce *ductus obliquus* représente une sorte de retournement de la négativité du langage selon Blanchot. En acceptant pleinement l'artifice du langage, l'écrivain persuade par les êtres et les mouvements qu'il suscite. Dans la mémoire du lecteur ne compteraient que les substantifs et les verbes. Une sorte de vérité affective est suscitée par l'artifice extrême de la composition.

La leçon de musique et *Tous les matins du monde* sont des exemples de romans où le style artificieux, d'une préciosité sombre, a pour fonction de susciter l'émotion. Les échanges presque ritualisés entre M. de Sainte Colombe et le musicien Marin Marais sont modelés sur les dialogues sentencieux de Sénèque et ont une force un peu sèche, désincarnée, polie par la préciosité.

Ici, par exemple, M. de Sainte Colombe parle à Marin Marais:

> Avez-vous un coeur pour sentir? Avez-vous un cerveau pour penser? Avez-vous idée de ce à quoi peuvent servir les sons quand il ne s'agit plus de danser ni de réjouir les oreilles du roi?
>
> Cependant votre voix brisée m'a ému. Je vous garde pour votre douleur, non pour votre art. (*TLMM* 61)

Dans les longs romans tels *Carus* (1979), *Le salon du Wurtemberg* (1986) et *Les escaliers de Chambord* (1988) qui ont fait le succès populaire de Quignard, ces théories paraissent s'affaisser, s'amollir dans des intrigues à la fois contournées et traditionnelles. Là, les "sordes" et les choses du passé disparu apparaissent sous la forme des bonbons qu'affectionne un des héros, des jouets mécaniques que collectionne l'autre. Ces romans ont un goût un peu trop sucré; il sont écrits avec une facilité évidente et pour un public qui n'est pas celui des essais ni même des *Tablettes de buis*. Par contre, ce style sec et pathétique et précieux à la fois sied à merveille aux essais de Quignard et aux biographies fictives qui introduisent les thèmes qu'il y traite. Ce style donne au discours critique les couleurs sombres de l'émotion mais aussi la force délicate des formes de la réflexion philosophique Zen.

Je veux en venir maintenant à la présence des langues anciennes et surtout du latin dans les textes de Quignard parce qu'elle éclaire la question du style et de la forme de ses récits. C'est dans *Albucius* surtout que Quignard incruste son texte de latin, mais cette langue morte paraît aussi dans *Les tablettes de buis*, et souvent dans les *Petits traités*, et même dans le titre du premier long roman de Quignard, *Carus*. Il est remarquable que le premier ouvrage publié de Quignard ait été une traduction du grec: c'est *Alexandra* (Cassandre), la seule tragédie qui nous soit parvenue de Lycophron. Quignard a publié cette traduction en 1971. Il est manifestement attiré par les ténèbres des langues les plus mortes et des récits plus pathétiques. Il est question du latin particulièrement dans un traité intitulé "Les langues et la mort". Quignard dit trouver l'étude des langues mortes "enjouante" et

> miraculeusement attrayante pour qui en subit la singulière séduction, ficelé et nu sur l'emplanture, oreilles grandes ouvertes dans le silence, entouré de grandes corneilles qui ne cornent pas: 1. elles sont imprononçables, 2. elles sont inaudibles.

C'est leur silence. (*PT* II 32)

Lorsque Quignard traduit, il dit ressentir, comme le disait Montaigne, la force de la langue ancienne et la faiblesse de la sienne propre, mais il "jubile" de cette "secondarité". Quignard veut se "déshériter" dans l'érudition: "dans une nudité plus nue à mesure qu'érudite des oripeaux, des plaies, des sangs qui la marquent dans l''irréversible' des temps, dans l''intransitif' des langues" (*PT* I 69). En se chargeant d'histoire, de passé, Quignard se place dans le temps pur de la langue mais aussi dans le temps affectif du "sang" et des blessures des vies fictives que la langue charrie.

Albucius est en partie un exercice de style. La langue qu'y pratique Quignard se veut presque inhabile à force de rudesse, mais d'une rudesse précieuse. Il s'agit que la phrase ne corresponde pas au souffle; elle est arrêtée, brisée par des changements de rythme. Que l'on songe au style de *La mort de Virgile* de Hermann Broch, par exemple, et que l'on y compare ce que dit Quignard:

> La mort de Virgile
> Le 29 septembre—19, couvert de sueur, de retour de Grèce, débarqué à Brindes, âgé de cinquante et un ans, Virgile, la bouche embarrassée d'une mauvaise toux, fait signe à tous ses amis sans exception pour qu'ils lui remettent les copies qui circulent de l'Enéide. Il veut les brûler de sa main. Il les brûle de sa main. (*A* 184)

Dans cette version du style *coupé* comme on l'appelait, sont mêlés mort et puissance. Quignard prend pour exemple le style de César:

> Véritable écrivain, il dit jusqu'au plaisir de dire, c'est-à-dire, jusqu'au péril de dire, c'est-à-dire la vérité, c'est-à-dire tuer d'un coup. (*A* 88)

Les styles que Quignard admire sont aussi ceux de la littérature française dite classique: il aime le caractère achevé de la phrase classique parce qu'elle "tue le mieux". Mais il ajoute la rudesse au style précieux et parfait du dix-septième jusqu'à vouloir donner au lecteur l'impression que sa langue est traduite. La syntaxe doit martyriser le corps de la langue:

> Prépositions, articles, mots fonctionnels dénués de sens autonome permettent d'accroître le relief sur quelques noms ou verbes dont toute la pathétique naît de leur rareté. Rudesse. Pauvreté. (*PT* I 71)

C'est donc la syntaxe qui crée aussi ou qui rappelle sans cesse, dans la façon dont le souffle de la langue y est torturé, le pathos de la perte. Quignard l'exprime ainsi dans un des *Traités*: "Sacrifice du pseudo soi des textes. Mais pathos de ce sacrifice narratif c'est-à-dire catastrophe de l'épilogue" (I 61).

Quant à la forme qu'il pratique, dans ses romans *latins*, ses récits sur la musique et dans ses essais, c'est celle du fragment (qu'il s'agisse de *listes-collections*, de courts dialogues sentencieux ou de fragments discursifs). Dans un essai intitulé *Une gêne technique à l'égard des fragments* (1986), sorte d'intéressante auto-critique, Quignard interroge ce qui a été la forme caractéristique de l'écriture moderne. Le fragment, le blanc, sont devenus des poncifs de la modernité. Quignard tente de "présenter sous forme de problème l'incapacité de fabriquer un objet dont la lecture soit continue" (21)[3].

Il trouve chez tous ceux qui ont pratiqué l'écriture fragmentaire, de Valéry, Alain, Cioran, Leiris et jusqu'à Blanchot, plus d'unité, "plus de rabâchage, de continu, d'obsessionnel" (60) que chez La Bruyère. Pour Quignard la seule véritable oeuvre en fragments de la littérature française sinon européenne sont les *Caractères*. Il voit dans ce livre un

---

[3] Quignard critique une écriture du fragment qui serait devenue une imposture (voir *Une gêne technique* 50).

discontinu radical et dans chaque portrait une passion qui lui paraît exemplaire de ce que devrait être la vraie écriture fragmentaire. Si lui-même prend plaisir à pratiquer ce qu'il appelle cette "écriture ruiniforme", il veut:

> ...qu'il y ait au coeur du mouvement qui incite à écrire quelque chose de vengeur et d'intense, d'extraordinairement coupant et singulier, qui aime follement ce qui est blessé, ou qui saigne, qui ne réassemble pas, qui ne cherche jamais l'apaisement, qui agit comme une sorte de hargne ou de rage tournant à vide, compulsif comme une espèce d'angoisse bondissante, ou de désir de reste, rebelle à l'unité... (49-50)

Dans *Albucius*, les intrigues les plus sanglantes ou les plus pathétiques miment la violence du fragment. Les *Petits traités* pratiquent le fragment pour donner au discours critique la forme vivante du désir et le pathétique de "ce qui est blessé". Dans le tome 7 des *Petits Traités*, Quignard lie la pratique du fragment à celle de l'imitation des textes anciens: c'est dans ces textes que l'on pourrait puiser des forces nouvelles, "se laisser méduser par une passion plus vigoureuse ou plus élémentaire":

> Je rêve d'écrivains qui pour rajeunir des genres devenus parfois empoussiérés ou fastidieux chercheraient à acclimater dans notre langue les formes littéraires anciennes, à la fois si raffinées et si rudimentaires, arrachées aux littératures proche-orientales, indiennes ou islandaises, ou extrême-orientales. [...] Je cherche quelque chose d'imprévisible. Le mulet, issu de l'accouplement d'une jument et d'un âne, est stérile. [...] Les naturalistes appellent ces êtres des "hybrides inféconds". Il faudrait écrire des hybrides inféconds. (*PT* VII 94-95)

La littérature moderne selon Quignard serait étrangement fin de siècle: une littérature d'hybrides inféconds, un produit sans avenir. La littérature du fragment est à la fois ce produit "infécond" et la marque d'un désir toujours inassouvi et d'une blessure jamais refermée.

La *passion* de Pascal Quignard est d'un tel type et il la communique à son lecteur. Dans ses romans comme dans les biographies qui ponctuent ses essais, Quignard a retourné le métarécit négatif et paralysant de Blanchot en source d'inspiration féconde. Surtout, il a réussi dans ses essais à créer une nouvelle écriture critique: c'est une critique pathétique, où le questionnement se fait toujours à partir d'une blessure, et dans le plaisir de la rappeler.

Bibliographie

Camus, Renaud. *Roman furieux*. Paris: POL, 1987.
Moreau, Jean-Luc. *La nouvelle fiction*. Paris: Critérion, 1992.

Quignard, Pascal. *Alexandra de Lycophron*. Paris: Mercure de France, 1971.
_____. *Le lecteur*. Paris: Gallimard, 1976.
_____. *Carus*. Paris: Gallimard, 1979.
_____. *Les tablettes de buis d'Apronenia Avitia*. Paris: Gallimard, 1984. (*TB* dans le texte)
_____. *Le salon du Wurtemberg*. Paris: Gallimard, 1986.
_____. *Une gêne technique à l'égard des fragments*. Paris: Fata Morgana, 1986.
_____. *La leçon de musique*. Paris: Hachette, 1987. (*LM* dans le texte)
_____. *Les escaliers de Chambord*. Paris: Gallimard, 1989.
_____. *Albucius*. Paris: POL, 1990. (*A* dans le texte)
_____. *Petits traités*. Paris: Maeght Editeur, 1990. (*PT* dans le texte)
_____. *Tous les matins du monde*. Paris: Gallimard, 1991. (*TLMM* dans le texte)

Pierre Michon biographe

MICHEL BEAUJOUR

Parmi nous, je l'accorde, Pierre Michon est presque un inconnu. Et il risque fort de rester tel, en compagnie de plusieurs très bons écrivains français de la deuxième partie du siècle, parce que son oeuvre se prête peu au commentaire idéologique que nous pratiquons de préférence dans nos colloques. Ses écrits ne sont pourtant pas passé tout à fait inaperçus parmi ceux qui lisent encore, à l'écart de la culture subventionnée et de l'Université. En font foi le nouveau tirage, en 1992, de *Vies minuscules*, *récit* originalement publié en 1984, ainsi que la louange de bon aloi qui accueillit *Rimbaud le fils* au milieu d'un trop bruyant centenaire. Des plaquettes à tirage limité, telles que *L'empereur d'Occident*, *Maîtres et serviteurs* et *Vie de Joseph Roulin* font de Michon un écrivain distingué, assumant les risques manifestes qu'entraîne cette distinction, et surtout lorsqu'un tel écrivain ne daigne pas produire de romans.

J'ai dit autrefois, à qui aurait pu l'entendre, que Roland Barthes était notre Remi de Gourmont; ce compliment était généralement mal accueilli. Je dirais volontiers, dans la même veine fin de siècle, que Pierre Michon est notre Marcel Schwob. Il y a dans l'art de Michon des qualités qui n'eussent pas laissé indifférent le vieux *Mercure de France*.

Mais il y a aussi en Michon, dont la prose est si exactement contrôlée et mesurée, un ivrogne et un drogué vociférant, un damné dont la carrière est déjà figuralement inscrite dans *Une saison en enfer*, testament dont Michon écrira:

> Et bien sûr il y manque quelque chose: car ils n'ont eux, ces feuillets [de la *Saison*], d'autre modèle évangélique que soi-même, le pauvre et vide soi-même, fût-il *un autre*, pas *l'autre véritablement*, le pouilleux le glorieux de Nazareth. C'est peut-être une vieillerie en regard de l'Evangile, la

Saison. Qu'importe, c'est un de nos Evangiles à présent. Il a gagné le petit Jérémie, il a été plus fort que la littérature tout en restant dedans, *il nous tient*. Il a écrit la *Saison.*

En effet, les écrits biographiques et autobiographique de Michon n'existent que par rapport au retrait de cet Autre, qui a laissé les modernes, comme hommes et comme artistes, en tête-à-tête avec le "pauvre et vide soi-même". Cette mort de l'Autre, que la modernité a proclamée, en entraîne à sa suite beaucoup d'autres, et particulièrement la mort de ce que Michon appelle par périphrase "l'appareil à douze pieds qui nous tenait debout", c'est-à-dire l'alexandrin. Et pour pallier ces manques, les modernes ont donc inventé "des trucs magiques pour faire tenir le verbe" (115), des "mômeries futuristes", inventions qui composent la dévorante "théorie", cette théorie dont le facteur Roulin d'Arles, homme relativement simple, ne savait pas qu'il contemplait *l'incarnation* dans son ami, son compagnon de beuverie, le peintre Vincent, devenu

> ...une espèce d'abstraction faite chair, *l'incarnation* de la théorie des beaux-arts telle que les romantiques la concoctèrent, que d'autres écoles affirmèrent, *qui nous tient,* un pur produit des livres et qui pourtant vivait, souffrait; qui avait si dévotement cru à la théorie qu'il en était devenu théorie, qu'il en était presque à la hauteur; qu'il en mourait. (Roulin 37)

Ainsi voyons-nous s'esquisser, à travers Rimbaud et Van Gogh, la structure qui informe les curieuses biographies de Michon. On y trouve, d'une part, *la théorie* (ou le Livre), et d'autre part *la pratique* de tel ou tel artiste, et enfin *la vie,* charnelle et souffrante du pauvre homme qui se mesure à travers son art à la théorie, parfois au point de devenir l'incarnation de celle-ci: auquel cas l'artiste meurt, du moins en tant qu'artiste. La théorie moderne, substitut de l'Ecriture sainte, impose à l'artiste qui subit son emprise un devenir autre, une Imitation sur modèle transcendant, une pure aliénation. A moins qu'après avoir tour à tour subi et exacerbé les tourments que lui impose la théorie, l'artiste ne parvienne, au prix d'une deuxième et non moins douloureuse conversion, à l'humilité d'un art et d'une vie minuscules, à une idiotie au second degré au fond de laquelle s'offre derechef, et s'impose bientôt, l'imitation de Jésus-Christ. Mais peut-on rentrer tout benoîtement au bercail après avoir vécu une passion théorique?

Certes, l'oeuvre de Michon—cette oeuvre que j'ai appelée biographique parce qu'en effet, elle raconte des vies—se situe fort nettement et manifestement aux antipodes des oeuvres modernes inféodées à la théorie du livre mallarméen, du langage comme refuge de l'être, de l'écrit comme grâce et comme transcendance. Non pas, nous l'avons noté, parce que Michon serait de ces écrivains frivoles ou stupides que dépasse l'inquiétude théorique, mais au contraire parce qu'il a éprouvé jusqu'à la folie les affres théoriques, et qu'il a subi, jusqu'à l'aphasie, la Terreur qui règne dans les lettres. Ayant enfin dépassé l'aporie moderniste selon laquelle "l'écriture est là où le monde n'est pas", Michon a risqué de se remémorer, dans *Vies minuscules*, le maléfice dont il s'était à grand peine délivré:

> Dans ces mois funestes où je cherchais la Grâce, j'ai perdu la grâce des mots, du simple parler qui réchauffe le coeur qui parle et celui qui écoute; j'ai désappris de parler aux petites gens parmi lesquelles je suis né, que j'aime encore et dois fuir; la théologie grotesque que j'ai dite est ma seule passion, elle a chassé toute autre parole; (138)

L'oeuvre publié de Michon a tout entier été écrit dans l'interminable après-coup de la crise théorique que *Vies minuscules* évoque avec un frémissant dégoût. Le souvenir de cette démence nourrira désormais le récit que fait Michon des angoisses qui ravagent la vie des maîtres de l'art. Mais Michon choisit de rapporter ces tourments du génie à travers les intuitions bornées d'un modeste témoin, mu davantage par la charité que par la pure intelligence. C'est le cas du curé de Nogent, narrateur ému de la longue agonie prématurée de Watteau, et c'est aussi celui de Joseph Roulin, attentif compagnon de Van Gogh à Arles. Ce choix permet à Michon de distancier et de démystifier la passion artistique qui, dans sa version banalisée, nous sert à motiver des oeuvres géniales qui nous sont devenues invisibles par excès de familiarité (Van Gogh, Rimbaud). Michon ouvre ainsi sur ces crises des aperçus très inattendus, sans pour autant renoncer au monde quotidien, avec lequel l'artiste en crise n'entretient peut-être que des rapports très ténus, ou très aberrants. Ce médiateur de la narration, qui ne brigue en principe aucune maîtrise, et reste étranger à la grâce, ou à la forcenée volonté de dépassement qui anime le maître, cet humble comparse, tel un pêcheur de Galilée, peut être un apprenti qui gâche le plâtre de la future fresque, un facteur républicain ou un curé de campagne dont la propre vie serait au demeurant, minuscule. La particularité de Michon, en tant que biographe d'artistes aussi divers que Goya, Watteau, Van Gogh ou Rimbaud, tient donc à la subordination de l'histoire, déjà trop connue du lecteur cultivé, à une humble énonciation, à une perspective bornée. A ce témoignage fictif se superpose souvent, et se substitue parfois (d'un bout à l'autre, dans le cas du livre sur Rimbaud) le discours de l'auteur qui nourrit son éthos de celui de ses héros, au point que le serviteur biographe se met insensiblement à la place des maîtres. C'est alors que le Gilles de Watteau, portrait du curé de Nogent et figure récurrente de la vraie simplicité dans l'oeuvre de Michon, se transfigure et devient le sublime idiot qui, médusant la "théologie grotesque" de la modernité, reconduit l'art vers une paradoxale vérité.

Il y a dans l'imagination de Michon une simplesse voulue—qui n'est pas sans rappeler celle de Verlaine, dont Michon n'hésite d'ailleurs pas à dire dans le livre sur Rimbaud qu'il avait du génie—une simplicité de ton qui fait écho à l'hagiographie médiévale, envers laquelle Michon manifeste sa dette en empruntant l'épigraphe de *Maîtres et serviteurs* à Jacques de Voragine (mais, en revanche, l'épigraphe de *Rimbaud le fils* est une phrase de Mallarmé, tandis que celle de *Vie de Joseph Roulin* est significativement une citation de *L'échange* de Claudel). Un tel retour à l'ingénuité pourrait, bien sûr, n'être qu'une pose, ou qu'un accommodement avec l'impuissance (car on peut après tout subir une grave crise théorique doublée d'ivrognerie et de stupéfiants et se retrouver à son issue dépourvu de talent comme devant). Il en va tout autrement pour Michon dont l'écriture rivalise avec les plus élaborées, et particulièrement avec celle, hagiographique s'il en fut, des *Trois contes* de Flaubert. Je n'en donne pour preuve que deux phrases de *Vies minuscules* qui achèvent le récit de la vie étrange et si moderne de l'abbé Bandy par des hypothèses quant aux circonstances de son décès:

> Ou bien c'était à la fausse aurore, quand les coqs éberlués chantent une fois, s'étonnent dans l'isolement de leur cri, se rendorment; combien noire encore est la nuit. Midi est loin: hiéroglyphe accompli et forme consommée, sa vie irrévocable le parant, l'abbé Bandy se tait et dort dans l'immense chasuble verte des forêts où les grands cerfs fictifs passent, lents, une croix entre leurs dix-cors.

C'est pourvu d'une telle écriture, (à moins que ce ne soit afin de se forger une telle écriture) que Michon s'est d'abord retourné vers les petites gens parmi lesquelles il est né, vers le terroir de la Creuse dont ces paysans vécurent plutôt mal que bien, et vers quelques types provinciaux dont on ne sait s'ils sont issus principalement de souvenirs vécus, ou bien d'une lecture éblouie du *Chaminadour* de Jouhandeau. Une différence décisive sépare donc ces belles microbiographies des nombreux récits de vie rurale qui nourrirent, à l'issue des "trente glorieuses", la nostalgie des Français urbanisés pour la France paysanne et ses vieilles croyances. Cette différence réside autant dans le style— c'est-à-dire dans la prise en charge d'une haute tradition littéraire—que dans la mise en abyme de ce dur apprentissage de l'art et de l'émulation, dont les terribles motivations sont d'ailleurs formulées par Michon à propos d'un certain Antoine Peluchet, paysan qui, à la suite d'une implacable querelle avec son père, fuit pour toujours la pauvre ferme où le père occupa le reste d'une vie absurde à imaginer (se faisant ainsi lui-même biographe) la destinée du fils chassé. Michon, narrateur en son propre nom du livre intitulé *Vies minuscules*, propose à son tour l'hypothèse suivante quant au destin du fils, Antoine Peluchet:

> Ou enfin, écrivain failli avant d'être et dont nul ne lira jamais les pages, il aura fini comme aurait fini le petit Lucien Chardon si la poigne de Vautrin ne l'eût sauvé des eaux: forçat encore. Car je pense quant à moi qu'il avait tout, presque, pour être un auteur intraitable: l'enfance aimée et rompue désastreusement, l'orgueil féroce, un saint patron obscurément inflexible, quelques lectures jalouses et canoniques, Mallarmé et combien d'autres pour contemporains, le bannissement et le père refusé; et qu'il s'en fût fallu comme d'habitude d'un cheveu [...] pour que le nom d'Antoine Peluchet résonnât dans nos mémoires comme celui d'Arthur Rimbaud. (48-49)

Ce passage préfigure *Rimbaud le fils*, écrit quelques années plus tard. Il est peut-être autobiographique, et il résume, à bien des égards toutes les biographies d'artistes que racontera Michon, à la seule différence que Rimbaud, ou Van Gogh nous sont connus et que Michon, sans l'être, brigue de le devenir, non pas dans le papillotement des media mais, il faut bien le dire, malgré toute la gêne que j'éprouve à le dire, comme l'imitateur de ceux qui, peut-être à leur insu, imitent Jésus-Christ, c'est-à-dire *sub specie aeternitatis*. Ambition qui s'accommode aussi d'une longue obscurité, tant sa majesté dépasse l'ambition profane.

Bibliographie

Michon, Pierre. *Vies minuscules.* Paris: Gallimard, 1984.
_____. *Vie de Joseph Roulin.* Paris: Verdier, 1988.
_____. *Rimbaud le fils.* Paris: Gallimard, 1989.

V
VOIX ANCIENNES/NOUVELLES

Philippe Sollers: après moi le déluge, ou le roman comme encyclopédie et arche de Noé

CATHERINE CUSSET

Si Sollers occupe une place importante et constante dans le roman français des années 1980[1], il n'en est pas représentatif: son oeuvre, qui se caractérise par l'absence absolue de doute, par l'ubiquité et l'omniscience ironique du narrateur, accomplit un geste exceptionnel par rapport aux formes romanesques contemporaines où prédomine un mode d'écriture dubitative.

Les années 1980 marquent, comme on le sait, un tournant important dans l'écriture romanesque de Philippe Sollers, avec la publication de *Femmes* en 1983 aux éditions Gallimard, qui semble rompre avec l'écriture d'avant-garde pour une forme romanesque plus traditionnelle (retour au récit, mise en scène d'un narrateur disant "je")[2]. C'est aussi à partir de *Femmes* et de *Portrait du joueur* (1984) que se constitue le mythe Sollers, ou, plus exactement, que Sollers construit son propre mythe: celui d'un écrivain passant avec légèreté du maoïsme au papisme et revendiquant la légèreté, la frivolité et la désinvolture contre les attaques de ses critiques l'accusant d'être un cabotin gâchant son intelligence pour produire une littérature plus commerciale. On ne sait, d'ailleurs, si ces critiques existent d'abord à l'intérieur ou à l'extérieur de son oeuvre, car il ne cesse de les mettre en scène. Si l'on vous demande ce que vous pensez des romans de Sollers, vous répondrez sans doute: "peut-être, peut-être (moue dépréciatrice); il est

---

[1] Entre 1983 et 1993, il a publié sept romans aux éditions Gallimard (voir bibliographie).
[2] Philippe Forest montre qu'il existe, au-delà de cette rupture apparente, une continuité réelle entre l'oeuvre de Sollers avant *Femmes* et la série de romans que *Femmes* inaugure, auxquels Forest, d'ailleurs, ne consacre qu'une analyse assez brève dans son livre.

vrai que ça ne manque pas de brio", citant ainsi à votre insu *La fête à Venise* où se trouve cette phrase (146); ou plutôt, vous aurez déjà été cité par Sollers, comme si votre réticence n'était pas la vôtre en propre mais le résultat du conditionnement d'une époque: Sollers vous pavlovise.

D'où la difficulté à parler de Sollers, et, en ce qui me concerne, à écrire le texte qui suit: on ne peut rien dire sur Sollers qui n'ait déjà été dit par Sollers lui-même. Soit le commentaire redouble le mouvement du texte, en exprimant une adhésion sans ambivalence à l'écriture et à la pensée de Sollers, comme le fait le bel essai de Philippe Forest, "D'un paradis l'autre"[3]; soit, quand l'adhésion n'est pas sans ambivalence, le commentaire reste alors extérieur au texte, en tentant une distance qui se révèle impossible: l'au-dehors est déjà intégré à l'univers fictif de Sollers, et tourné en dérision par lui. Les pages qui suivent trahiront sans doute ce malaise.

J'ai donné comme titre à cette communication: "Après moi le déluge: le roman comme encyclopédie et arche de Noé." Il s'agit d'une citation inexacte de *La fête à Venise*, le dernier roman.

> – Ce rassemblement, ces citations, ces collages: le roman comme encyclopédie et arche de Noé? Après vous le déluge?
> – Voilà. En clair. (228)

Je retiens cette définition du roman sollertien, assez convaincante pour avoir été citée par plusieurs critiques au moment de la publication de *La fête à Venise* en 1991, pour poser à partir d'elle trois questions: comment un roman peut-il être une encyclopédie, c'est-à-dire la totalité des savoirs? Si le roman sollertien est une arche de Noé, de quel déluge veut-il sauver? Pourquoi, enfin, cette définition est-elle insérée dans un dialogue dont l'interlocuteur semble quelque peu agressif?

Sollers a souvent été qualifié de "romancier intégral": son ambition semble être, en effet, d'intégrer à son écriture tout le monde contemporain, aussi bien l'actualité journalistique et scientifique que l'art et la littérature. Comme l'a dit Milan Kundera, ce qui, dans les romans de Sollers, "emporte et transporte est, non pas l'action, la vie des personnages, mais le courant d'une perpétuelle réflexion" (*Le Nouvel Observateur*, février 91). Roman-encyclopédie, donc, par la quantité de noms, d'allusions, de discours cités et de savoirs qui le traversent. Il n'est aucun romancier aujourd'hui qui puisse se prétendre aussi *au*

---

[3] Une telle adhésion représente, selon Roland Barthes, la seule attitude possible du lecteur face au texte de la modernité, "texte de jouissance" (et Barthes ne cesse de prendre Sollers comme exemple): "Vous ne pouvez parler *sur* un tel texte, vous pouvez seulement parler *en* lui, *à sa manière*, entrer dans un plagiat éperdu, affirmer hystériquement le vide de jouissance..." (37-38).

courant que Sollers, tant par la précision de son information que par la rapidité d'une écriture qui court, qui se précipite pour tout engloutir comme un de ces "trous noirs" qui font l'objet de la réflexion du narrateur dans *La fête à Venise*. Des poètes chinois au sida en passant par le dix-huitième siècle français, Sollers occupe toutes les scènes et tous les temps, dans une tentative presque anachronique de tout penser, à une époque où il devient de plus en plus difficile de penser le tout. Dans une interview datant de 1986, Sollers énumérait les trois possibilités du romancier: chercher la vérité et la trouver (le modèle proustien), la chercher pour la révéler comme inexistante (Nabokov), et la posséder dès le départ, écrire à partir de son affirmation (le modèle sadien). Cette troisième possibilité est, bien sûr, la sienne: une écriture de la certitude, telle se veut l'écriture de Sollers[4].

Cette certitude, il l'ancre dans un siècle auquel son oeuvre fait très souvent référence, le dix-huitième siècle français. On pense ici à l'*Encyclopédie* de Diderot et d'Alembert conçue non seulement comme la somme des savoirs mais aussi comme la critique radicale de la société. Mais aussi, l'écriture romanesque de Sollers, de *Femmes* au *Lys d'Or*, est proche de celle du dix-huitième siècle, un mélange, pourrait-on dire, de Voltaire, Diderot, Crébillon-fils et Sade, dans la mesure où il alterne un récit à la première personne sur un mode ironique avec des dialogues, des réflexions philosophiques et des scènes sexuelles évoquant les romans libertins[5]. Quant au dernier roman, *La fête à Venise*, son titre est celui d'une peinture fictive de Watteau; le roman lui-même peut être considéré comme un hommage à Watteau et à tout le dix-huitième siècle français, et comme une dénonciation de l'incapacité du dix-neuvième et du vingtième siècles à regarder un tableau.

Mais le dix-huitième siècle que reconstruit l'écriture de Sollers n'est pas celui dont on a beaucoup parlé il y a trois ans au moment du bicentenaire de la Révolution: ce n'est pas celui qui mène à la Révolution, mais celui qui est ruiné par la Révolution, le dix-huitième siècle de la Régence et du siècle de Louis XV, celui du libertinage heureux, sans culpabilité et sans angoisse. Plus exactement, le dix-huitième siècle sollertien n'est pas une période de temps historiquement limitée, mais une manière transhistorique de penser le temps, ou même, le "coeur absolu" du temps: une manière de vivre, qui est aussi une manière d'écrire, donnant le primat à la sensation, la

---

[4] Voir Catherine Cusset, interview de Philippe Sollers ("Writing or the Consciousness of Pleasure").

[5] Sade reste dans l'oeuvre de Sollers une référence constante, depuis le numéro de *Tel Quel* consacré à Sade en 1967; en 1989, Sollers a consacré à Voltaire un numéro de sa revue *L'Infini*, dans lequel il a écrit un article intitulé "le principe d'ironie."

perception et la technique sensuelle sur le concept, l'abstraction et la philosophie. Aussi Sollers écrit-il des romans. Aussi cite-t-il, dans ces romans, de nombreux écrivains et artistes qui n'appartiennent pas au dix-huitième siècle, mais qui ont tous en commun d'accorder ce primat à la sensation. Il institue ainsi une sorte de topologie métaphorique, opposant le nord au sud: à l'espace du sud appartiennent tous les écrivains et peintres privilégiant la sensation; au nord, tous ceux qui vivent et pensent dans un monde où la valeur d'échange est dominante et la valeur d'usage ignorée, pour reprendre ces catégories dans le sens que leur a donné Bataille, dont Sollers est familier. Le roman se transforme alors en "jugement filigrané sur l'histoire" (*FV* 170).

On voit ainsi comment le roman-encyclopédie devint arche de Noé: dans l'écriture romanesque de Sollers s'inscrit en effet quelque chose de l'ordre d'une mission esthétique. Le roman sollertien ne se contente pas de collecter les savoirs: il sauve du déluge. Le déluge, ce ne sont pas seulement la société du spectacle, le collectif, la spéculation des valeurs, ce que d'autres appelleront la post-modernité, mais aussi le primat de l'angoisse et de la culpabilité qui sont, pour Sollers, au fondement de la vie et de l'écriture contemporaine:

> – Mais vous savez bien... Le roman doit être d'abord une "histoire", a *story*... Personnages typés. Enquête plus ou moins policière. Dévoilement d'une cause, d'un ressort, d'un motif, autrement dit d'une culpabilité, surmontée ou pas, peu importe. Sois coupable, et raconte. [...]
> – Eh bien, vous n'avez qu'à écrire une *story*!
> -Comment faire, sans ressentir la moindre culpabilité?
> – C'est vraiment votre cas?
> – Il semble...
> – Pas d'angoisse? (*PJ* 195)

Par sa négation ironique de la culpabilité et de l'angoisse qui fournissent selon lui la forme et la matière de tous les romans contemporains, Sollers s'inscrit à contre-courant de ce qu'il perçoit comme le nihilisme de la modernité, né d'une tradition de philosophie allemande post-hégélienne. La modernité érigerait ainsi la mort en valeur, la négation en loi. Sollers lutte contre une idée qu'il affirme idéologiquement établie, à savoir l'incompatibilité de la vie et de l'écriture: "'Vous n'avez pas le droit d'écrire puisque vous vivez.' Tel est depuis longtemps le dogme nihiliste" (*FV* 160). Sollers ne cesse de réaffirmer sa volonté d'annuler la rupture entre la vie et l'écriture et de démontrer qu'il est possible de tout avoir, ou, comme il le dit, "de gagner sur tous les tableaux" (*FV* 160). Sa certitude est simple, c'est celle d'un axiome mathématique: moins par moins égale plus; la négation de la négation, c'est donc une affirmation sans négatif, sans manque, sans angoisse.

Si l'on considère, par exemple, les aventures amoureuses que le narrateur de chacun de ses romans raconte en détail, on remarquera que Sollers privilégie toujours le pluriel, sans nécessité de choix, sans folie et sans drame. Aucune de ces relations, qui durent pourtant tout le temps de la narration, ne connaît de devenir, de progression ou de fin. Sollers décrit avec précision une scène sexuelle, un dialogue, un moment d'amour: ce sont seulement des moments, des points du temps, qui n'appartiennent pas à une durée, à une histoire, mais à un autre temps qui est hors du temps: temps de la sensation, temps de la jouissance, temps de l'écriture qui est aussi la conscience du plaisir. "La vie se résume bien à cela, trouver le lieu, l'heure, l'autre qu'il faut" (*FV* 31). L'écriture, chez Sollers, est, comme la jouissance, ce point du temps qui est aussi un point de temps, ce moment de totale adéquation entre soi et soi, cette "brève bouffée de certitude au fond de la tête de mort endiablée" (*FV* 90), une certitude qu'il appelle épiphanie en citant Joyce, illumination en citant Rimbaud, moment en évoquant les libertins du dix-huitième siècle. L'arche de Noé est celle de la sensation, de l'affirmation de la jouissance, à la fois vécue et écrite, contre les dogmes du nihilisme contemporain ne reconnaissant de valeur qu'à l'angoisse, à la douleur, au négatif. "Mais alors, vous voulez tuer le roman?" se fait demander Sollers dans *La fête à Venise* (151). En réponse à cette attaque, il énonce explicitement sa propre conception de l'écriture romanesque:

> Mais si je dis que le roman est un passage entre la vie et la vie, une passerelle tendue d'un moment un autre, d'un lieu de moment à un autre lieu de moment? [...] Pourquoi tomberaient-ils sous le coup de la malédiction prononcée, avec tant d'obstination et de rage, contre la vie, et se plieraient-ils à la règle morose du roman devant raconter l'échec forcé de la vie? (*FV* 159)

La thèse apparaît avec clarté: le roman-moment, roman-passerelle ou roman-arche, affirme la possibilité d'échapper au déluge, c'est-à-dire à la progression temporelle conduisant vers la mort, par une écriture romanesque sans progression narrative, juxtaposant les moments. Mais il serait insuffisant de parler de *roman à thèse*. Ce qui frappe, dans l'écriture romanesque de Sollers, c'est moins l'énoncé d'une thèse cohérente et persistante à travers toute son oeuvre, que le caractère polémique de cette énonciation. Comme on le voit dans les citations qui précèdent, Sollers répond avec agressivité à l'attaque d'un interlocuteur lui-même agressif, qui l'accuse de vouloir "tuer" le roman, provoquant ainsi une répartie sous forme de questionnement qui renvoie l'accusation à l'accusateur, par l'usage de mots polémiques (malédiction, obstination, rage, morose).

Si la présentation des thèses de Sollers permet d'éclaircir la matière dense de romans souvent peu accessibles au lecteur en raison de leurs allusions érudites et de leurs multiples ellipses, elle échoue à dire ce qui caractérise avant tout l'écriture de Sollers: son geste esthétique est un geste de provocation. Si l'on peut parler d'une "pensée" de Sollers affirmée dans toute son oeuvre avec une continuité que ne rompt pas le changement de son écriture romanesque dans les années 1980, cette pensée est indissociable du dialogue qui constitue son mode d'énonciation.

La citation définissant le roman sollertien comme une encyclopédie et une arche de Noé s'insère dans un dialogue, où l'interlocuteur pose les questions sur un mode agressif, et où le narrateur répond par l'affirmative: "—Après vous le déluge?—Voilà. En clair." Pourquoi cette question est-elle posée par un interlocuteur? Parce que le mot *déluge* appartient précisément à la temporalité et à la conception de l'écriture contre lesquelles s'écrit le roman de Sollers. Cette question, "après vous le déluge?", c'est le reproche par excellence, la culpabilisation morale que Sollers tourne en dérision[6]. En choisissant de faire poser cette question par un autre et en y répondant par l'affirmative là où on aurait attendu la dénégation ou la défensive, Sollers se constitue une position de résistance: le "Voilà. En clair" du narrateur exprime sa désinvolture, sa légèreté face à l'accusation, son refus de rentrer dans un processus de culpabilisation dont il pose lui-même les termes. "Voilà. En clair." Réponse deux fois positive, affirmation redoublée: il suffit de répondre oui à l'accusation pour tourner en dérision le système dans lequel elle s'insère et se dérober à la culpabilité.

C'est là, peut-être, que la pensée de Sollers est la plus elliptique, la plus difficile à suivre. Les romans de Sollers se situent en pleine esthétique libertine, une esthétique qui valorise le plaisir, la séduction, la légèreté des moeurs, contre toute moralité et toute cause dépassant l'individu. Le libertinage est passé de mode, mais à chacun ses plaisirs; que Sollers ne cesse de dévoiler ses affinités électives avec les libertins du dix-huitième siècle ne dérange personne.

Or Sollers ne cesse de souligner la gravité des enjeux, en mettant en valeur le scandale que provoque sa légèreté. Il affirme la fonction "vitale" du dix-huitième siècle: "Si je me sers du dix-huitième siècle

---

[6] Le mot "déluge" se trouvait déjà dans *Les surprises de Fragonard* (1987), où Sollers attribuait au peintre sa propre position de résistance: "On a l'impression que c'est de toutes ses forces que l'Histoire, l'Hystoire, a crié à Fragonard: *Assez!* Il fallait bien qu'il y eût, de nouveau, un monde. Il fallait bien nous faire retomber dans le temps. Y compris, comme d'habitude, par un Déluge, s'il est vrai qu'on peut soupçonner les habitants de ces tableaux d'avoir pensé: "après nous le Déluge!" (58-59).

(adieu dix-neuvième, adieu vingtième), c'est juste pour respirer, voyez-vous. Le vingt et unième siècle sera le renouveau, et l'approfondissement inattendu dans tous les sens, des Lumières, ou ne sera pas" (*FV* 160). Lorsque Sollers proclame que personne aujourd'hui ne peut le comprendre, et qu'il s'adresse au vingt-et-unième siècle ou même au siècle suivant, est-il en plein délire paranoïaque et mégalomaniaque? Doit-on, comme le fait Jérôme Garcin dans un article sur *La fête à Venise*, appeler la provocation de Sollers un "désarroi colérique", qui viendrait du fait que Sollers n'a pas encore compris que les intellectuels d'aujourd'hui n'avaient plus aucun rôle décisif à jouer sur la scène du monde[7]? Doit-on voir Sollers comme un Don Quichotte moderne costumé en libertin, se lançant dans une équipée solitaire contre des moulins à vent, ces phénomènes de la société contemporaine sur lesquels ne cesse de s'exercer son ironie?

Mais tout commentaire négatif sur son oeuvre ou sur son personnage est déjà intégré par le processus de dérision permanente de son écriture. Sollers se constitue une position de résistance: c'est le dialogue polémique qui lui permet d'exprimer sa désinvolture, sa légèreté face à l'accusation, son refus de rentrer dans un processus de culpabilisation dont il pose lui-même les termes. Le geste de désinvolture n'existe que dans son inacceptibilité: il a besoin des cris d'interlocuteurs qui témoignent de son insupportable audace. "Que peut-on objecter à quelqu'un qui a joui? Rien" (*FV* 22). La jouissance, qui est à elle-même sa propre loi, ignore les objections; la jouissance, mais pas Sollers: sept romans en dix ans viennent sans arrêt réaffirmer son refus désinvolte des objections que ces romans eux-mêmes ne cessent de mettre en scène.

Aussi le dialogue est-il essentiel à l'écriture de Sollers. Dans chacun de ses romans, les questions posées au narrateur s'enchaînent avec rapidité dans un mouvement d'accélération, d'échauffement, d'excitation, de tourbillonnement du langage, comme si l'affirmation répétée envers et contre tout provoquait et donc contenait tous les mots qui cherchent à l'anéantir. Ce mouvement, Sollers l'appelle ironie: "Mon roman ne marche pas à la revendication, au ressentiment, il fonctionne à l'ironie constante", dit-il dans un entretien publié dans *Les lettres Françaises* en mars 91. Il est difficile de commenter le roman sollertien, pas seulement parce qu'il s'agit d'une oeuvre vivante, en train de se faire, sans cesse en mouvement, mais en raison de sa matière même: il

---

[7] "Pour comprendre le désarroi colérique de Sollers en cette fin de siècle, il faut rappeler qu'il est entré en littérature en 1958: c'était le temps où les grands écrivains jouissaient d'un pouvoir augural. [...] Les années ont passé, l'intellectuel s'est retiré dans ses appartements sur la pointe des pieds, mais Sollers, lui, a continué de croire au primat du livre et au caractère sacré du sacerdoce littéraire." ("Sollers fait de la résistance", *L'Evénement du Jeudi*, 14 février 91).

n'y a pas de centre, pas de coeur, pas de contenu, rien d'autre qu'une fiction de provocation permettant au narrateur d'afficher sa désinvolture et sa résistance.

Son inacceptabilité est le principe même de son oeuvre, d'où son paradoxe: elle se donne à lire en affirmant qu'elle ne peut pas être lue. Elle défie les lecteurs d'accepter ce qui se donne précisément pour inacceptable. Elle nous renvoie au dix-huitième siècle pour lutter contre le vingtième siècle auquel elle dit que nous appartenons envers et contre tout. Il n'est pas possible de résumer la thèse des romans de Sollers ni d'énoncer leur enjeu, car cet enjeu, c'est la lutte. Sollers accumule les objections afin de se construire une résistance. Ce qu'il ne cesse de dire, c'est une impossibilité: celle du consensus, de l'approbation qui met soudain fin à la nécessité de la lutte. Ecrire, c'est résister.

D'où, pour conclure, le paradoxe d'une oeuvre qui non seulement affirme ne pas pouvoir être reconnue, mais aussi prétend se faire reconnaître, et de plus y parvient: en 1992, Sollers s'est vu gratifier du prix Paul Morand de l'Académie Française. Dans un entretien avec Jean d'Ormesson publié un an plus tôt, Sollers évoquait, non sans ironie, la possibilité de devenir membre de l'Académie Française. Ce processus de reconnaissance officielle qui vient de s'emparer de son oeuvre et qui, de manière retorse, nie en le récupérant son geste de triomphante désinvolture, me laisse perplexe. Portrait du joueur en académicien, ou comment l'écrivain d'avant-garde mène son arche à bon port avant le déluge?

Bibliographie

Barthes, Roland. *Le plaisir du texte*. Paris: Seuil, 1973.
Cusset, Catherine. "Philippe Sollers: Writing or the Consciousness of Pleasure." *Yale French Studies* (hiver 1988).
Forest, Philippe. *Philippe Sollers*. Paris: Seuil, Collection Les Contemporains, 1992.
_____. "D'un paradis l'autre". *L'Infini* (été 1992).
Sollers, Philippe. *Femmes*. Paris: Gallimard, 1983.
_____. *Portrait du joueur*. Paris: Gallimard, 1984. (*PJ* dans le texte)
_____. *Le coeur absolu*. Paris: Gallimard, 1987.
_____. *Les surprises de Fragonard*. Paris: Gallimard, 1987.
_____. *Les folies françaises*. Paris: Gallimard, 1988.
_____. *Le lys d'or*. Paris: Gallimard, 1989.
_____. *La fête à Venise*. Paris: Gallimard, 1991. (*FV* dans le texte)
_____. *Le secret*. Paris: Gallimard, 1993.

Le Clézio: l'invention d'*Onitsha* et la construction de soi

SIMON BATTESTINI

La production de Le Clézio est informée du contexte littéraire et philosophique dans lequel elle intervient. Elle en adopte certaines tendances formelles et elle s'en distingue par une métaphysique réaliste qui semble être un engagement. Elle reprend les innovations de l'écriture depuis les années 1950 et les vues sur la lecture du roman contemporain. Le projet de Le Clézio résiste aux chapelles, aux étiquettes de la critique[1]. Il est original.

Le Nouveau Roman[2], auquel Le Clézio aurait appartenu un moment, désignait plus une recherche de formes nouvelles soutenue par une idéologie de rejet des valeurs occidentales les plus insidieusement tenaces et condamnables devant l'Humanité. Par exemple, la littérature était indirectement accusée d'une pédagogie entraînant avec

---

[1] Teresa di Scanno jugeait, en 1983, l'oeuvre de Le Clézio "difficile et complexe", "touffue" (oeuvre " d'un écrivain à la recherche du *moi* perdu et qui, parmi bien des quêtes et des tâtonnements, aboutit à une vision, le plus souvent tragique, de notre solitude, mais aussi à la certitude de notre appartenance au monde illuminé par le soleil." [7]).

[2] Le roman de Le Clézio hérite du Nouveau Roman. Plus d'analyse psychologique ni de narration pure. Un jeu complexe sur la forme conduit à des ruptures de points de vue, à de brusques déplacements sur l'axe du temps, à des rétrospections coupées de prospections, à des mélanges de genres avec un goût de plus en plus prononcé pour l'imaginaire et le poétique. Le roman de Le Clézio, en absorbant les tendances contemporaines telles le récit autobiographique, l'intérêt pour l'histoire et l'actualité, le désir d'aventures et d'exotisme, hérite donc d'un passé littéraire immédiat, en épousant son lectorat qui l'adopte. Débarrassé de ses missions annexes, le texte littéraire de Le Clézio n'a même plus à enseigner une philosophie de l'existence. Il veut simplement aider son lecteur à mieux s'assumer, à mieux jouer de ses environnements, à mieux se comprendre.

le culte du génie de l'auteur et celui du héros, celle des êtres élus, des dictateurs, des vertus intangibles, favorisant l'avènement d'un monde totalitaire, encombré d'exactions, de hiérarchies et de ségrégations. La recherche sur la forme visait autant à déconstruire les rhétoriques d'avant 1945 qu'à construire des logiques discursives et narratives plausibles, non-encore exploitées.

Claude Simon m'apparaît comme l'antithèse de Le Clézio en ce sens que le premier propose d'accepter l'ordre chaotique de notre perception authentique du monde et que le second construit des mondes différents et arbitraires qu'il nous donne à éprouver, confiant dans leur didactisme non d'imitation mais de tolérance, de respect, d'admiration, et d'invitation à la création.

Mais la grande caractéristique des romans de Le Clézio est qu'ils continuent à dire des histoires, à mettre en action des personnages, souvent empruntés à l'histoire, à utiliser le merveilleux et le sordide, l'exotique comme le quotidien rapproché, à ancrer leur fiction dans notre matérialité. Pour Le Clézio le travail de modification de son lecteur exige que l'on se fasse du monde de ce dernier une idée aussi vraisemblable que possible afin de transformer l'existant. Modifier le lecteur c'est modifier une personne qui préexiste à l'oeuvre avec son milieu, son histoire, son identité. Le texte de Le Clézio s'inscrit dans le texte que constitue le lecteur et y procède à une série de déplacements, progressivement complexes. Attiré par un monde qu'il reconnaît, qui lui plaît, le lecteur se voit offrir des perspectives et des perceptions de ce même monde qu'il n'avait pas imaginées et, séduit, se laisse conduire un bout de chemin, avant de s'amuser lui-même à multiplier les perspectives sur son monde quotidien et les autres fictions qu'il traverse.

Quatre études critiques, au moins, lui ont été consacrées: Jennifer Waelti-Walters (1981), Teresa Di Scanno (1983), Jacqueline Michel (1986), Germaine Brée (1990). Il a commencé à écrire dès l'âge de 8 ans. Aujourd'hui, à 54 ans, s'il est devenu l'écrivain à succès de l'écurie Gallimard, c'est malgré lui. La courbe dans l'ensemble ascendante de sa carrière n'est pas régulière. Il y eut les premiers succès, plus ou moins liés à ceux du Nouveau Roman, puis un succès plus personnel, peut-être dû, pour une part, au fait qu'il n'appartenait pas à la chapelle des écrivains de ces dix dernières années aux Editions de Minuit, et finalement une réussite originale parce qu'à la fois populaire et prestigieuse, celle qui recouvre approximativement ces dix dernières années.

L'été 1991, dans toute l'Europe francophone, le roman *Onitsha* occupait toutes les vitrines de librairies, de gare ou universitaires. L'été dernier, le roman *Etoile errante*[3] était de même omniprésent. Le public

---

[3] Cet ouvrage fut commencé avant *Onitsha*, en 1987 selon Le Clézio. Il constitue, avec

aurait pu être manipulé par les médias, mais on ne peut tromper autant de monde et si longtemps[4]. Le Clézio publie depuis 1963. Il eut pu lasser, comme d'autres, mais il a su se renouveler, tout en continuant à plaire. Au plan du contenu, il semble vouloir faire de plus en plus de concessions à son public, qui continue à vouloir des héros, même dégradés, un fil conducteur sinon une histoire, des paysages de cartes postales, des formes de pensées autres. Simultanément, sa pédagogie de liberté, de tolérance, de curiosité de l'Autre, de paix et d'amour, de droit à l'intelligence, s'affirme. De même que l'écrivain évolue, les divers critiques reconsidèrent leurs impressions d'hier. Le Clézio, *boy-scout* de Ricardou, survit à son critique[5]. Dans l'ensemble, la critique d'aujourd'hui, par rapport à celle des années 1960, paraît emboîter le pas à l'innovation littéraire des écrivains. Il n'est plus de lieux privilégiés, de positions dogmatiques de critiques ou d'écrivains.

Du Nouveau roman des années 1950-1980 à la parution d'*Onitsha* et d'*Etoile errante*, dans ce divers continuum du roman français, avec certaines pérennités, chacun constate une lente métamorphose d'expériences formelles, un plus grand respect pour le lectorat. A lire et relire *Onitsha*, les parties de sa somme textuelle s'organisent dans une cohérence téléologique. Le roman diffère peu du projet général de cet auteur, tel qu'il l'a défini lui-même (1967)[6]. Le récit offre le trajet de

Onitsha, un diptyque. Dans les deux ouvrages, il y a le regard de l'enfant sur le comportement ridicule et condamnable des adultes. *Onitsha* dénonce le racisme, la colonialité, un type de rapport à l'autre fondé sur le mépris ou la fable. *Etoile errante* rejette "l'idée de la nécessité de la violence, qui est la chose la plus monstrueuse de notre époque" (Le Clézio, *Le Bulletin Gallimard*, mai-juin 1992).

[4] Gallimard rééditait *La guerre* en 1992. Tous les journaux et revues littéraires mentionnaient Le Clézio. Certains, comme *Lire* (juin 1992) et le *Magazine Littéraire* (juillet-août 1992), lui consacraient plusieurs pages. Il a eu l'honneur de figurer aux programmes et examens de tous niveaux, du Baccalauréat à l'Agrégation, et le nombre de thèses sur son oeuvre augmente sans cesse depuis le début des années 1970. *L'Express* mesure les succès de librairie et le palmarès sur trois semaines de l'été 1992 pour *Etoile errante* était:

	Classement précédent	Nombre de semaines de présence
Du 30/4 au 6/5	-	1
7/5 au 14/5	4	2
15/5 au 22/5	1	3

[5] Le regard de l'enfant sur la complexité du monde, comme rite de passage, est un mode de construction de soi qui intéresse Le Clézio. Voir la conclusion de Germaine Brée dans laquelle elle cite l'auteur: "Il n'est pas de thème plus romanesque que la transformation d'un enfant" et "Cette découverte de la cruauté du monde extérieur se double de l'appel de la vie et de la liberté." Brée commente "Les deux pôles du regard que Le Clézio porte sur le monde sont ici rassemblés" (132).

[6] L'auteur est peu disert sur ce projet et les critiques sont partagés. Le seul essai de Le Clézio, *L'extase matérielle*, qui marqua une pause réflexive de sa part, date de 1967. Remarquons simplement que sa volonté d'alors s'est ramassée autour de l'expression "extase matérielle". L'extase fait que l'on sort de soi. Sortir du statique, celui que constitue notre identité, faite de récurrence du même, exige que l'on se projette dans

trois rêves nourris des mêmes réalités fortes et exceptionnelles, d'où trois révoltes divergentes. L'un de ces rêves s'appuie sur des écritures africaines du sud-est nigérian et du Cameroun et son assise historique nous parle tout spécialement.

Le roman est dédié à M.D.W. Jeffreys[7]. Personnage historique réel, Jeffreys a servi à inventer Geoffroy. Le Clézio, Jeffreys et Geoffroy ont vécu et voyagé dans la région d'Onitsha au Nigeria. Dans le roman, le personnage de Geoffroy alimente sa recherche d'un mythe diffusionniste, celui de l'origine antique de la culture et des écritures de la Cross River Region qui serait le terme d'une migration en provenance de l'antique Méroé (-500 +350)[8]. Méroé n'eut pas de reine Arsinoé[9]. On peut reconnaître les premières tentatives de synthèse de l'histoire de l'Afrique, souvent opérées à partir d'hypothétiques "preuves" et raisonnements[10]. L'activité intellectuelle de Geoffroy est datée. Son intérêt réside dans l'échafaudage toujours recommencé d'ensembles cohérents, plausibles et vraisemblables. Geoffroy perçoit dans des ensembles de signes hétérogènes des similitudes qu'il érige en identités, ou en preuves de filiation consécutives et conséquentes, ce qui n'est probablement dû qu'au hasard.

L'écriture méroïtique n'a pas encore été déchiffrée, même si nous connaissons la valeur phonétique de signes du script. Il n'y a aucun rapport de filiation entre ce script et les écritures de la Cross River Region, mais Geoffroy et Jeffreys y voient la preuve d'une vaste migra-

---

l'Autre, le différent. *L'extase matérielle* pose dans ses termes le conflit de l'existant conçu comme un complexe d'abstractions, construit à partir d'unités réelles.

[7] Mervyn David Waldergrave Jeffreys a vécu 30 ans au Nigéria comme membre du Colonial Office avant d'accepter le poste de Senior Lecturer à l'Université du Witwatersrand, Jo'burg. La bibliographie offre un exemple représentatif des thèmes préférés (Langue, histoire, écritures) et de la logique (diffusionniste) de Jeffreys.

[8] Ce royaume de Haute-Nubie occupait la vallée du Nil, de la 1ère cataracte au Sennar, soit environ la superficie de la France. Il composait l'un des chaînons économiques et culturels entre l'Orient et l'Occident.

[9] Arsinoé est le nom de la capitale du nome du Fayoum, entre le Nil et le lac Moéris. Elle s'est nommée aussi Crocodilopolis et maintenant Medinet-el-Fayoum. Une autre ville Arsinoé, en Grèce celle-là, nommée aussi Marion ou Methana, est peut-être le lieu d'origine des colons grecs qui, sous les Ptolémée, colonisèrent le Fayoum. Ces associations, lien et ambiguïté, ne sont pas étrangères au propos de Le Clézio.

[10] Voir, par exemple, Basil Davidson et tous les ouvrages qui reprirent ses audaces pour les contester ou les amplifier. L'avantage fut la création en Europe, aux Etats-Unis et en Afrique, vers 1965, des études historiques africanistes dans les universités. Avant 1960, le continent africain n'était pas censé avoir d'histoire, puisqu'il était dit sans écriture, ni documents, ni architecture, ni littérature... en un mot nous l'avions inventé primitif par commodité. L'entreprise d'un Geoffroy/Jeffreys est à replacer dans un contexte de tentative de réhabilitation des peuples du continent africain soutenue par une *science* à la fois philologiste, historique, comparatiste, et diffusionniste, pour laquelle l'imagination, la créativité jouaient souvent un rôle essentiel.

tion antique de gens de Méroë, de leur culture, vers cette partie de l'Afrique noire où se fécondent les Afrique soudanaise et bantou et où il mourra dans un délire où tous ces échafaudages anciens se télescopent.

Le Clézio construit les paysages et les circonstances historiques de ces romans en mêlant ses souvenirs personnels de lieux réels, de personnes effectivement rencontrées, d'événements authentiques. Ce réalisme matériel sert, entre autres propos, à ajouter du plausible à la fiction des vies intérieures, véritables objets de son projet[11]. Dans le cas de Geoffroy, les nombreux systèmes d'écriture africains de la Cross River Region et des Grasslands, bien réels, lui servent à bâtir ses échafaudages diffusionnistes "fabuleux" (Brée 1990). La perception par Geoffroy de la similitude de certains signes et symboles, excitée et confortée par le désir d'authentifier le mythe qu'il s'est créé, exacerbée par la fièvre qui le tuera, produit par sélection dans le milieu culturel une lecture fantasmatique du réel, celle qui définit toute l'interrogation sinon la conviction philosophique de Le Clézio, et de quelques autres, tel Umberto Eco (1982).

Le texte parvient mal à se constituer en histoire mais on y perçoit la trajectoire de transformation de trois personnages. La documentation flaubertienne du milieu culturel surprend le spécialiste des écritures africaines. Les clins d'oeil abondent. Ainsi peu de lecteurs percevront les entrelacs des connotations aux symboles du dieu égyptien de l'écriture, Thoth, de l'envol des ibis, autre connotation à l'écrit commune à toute l'Afrique. Qui verra la relation entre l'oeil égyptien et méroïtique, *wadja,* de la connaissance, et l'oracle nigerian et ibo d'*Aro-Chuku*[12]? Les noms de ville comme Calabar, Onitsha, Bonny,

---

[11] Il y aurait à explorer l'importance dans l'oeuvre de Le Clézio de sa marginalité par rapport à la pensée hexagonale. Il prétend renaître chaque fois au Nigeria, au Mexique, à Bangkok. Il déclare sa redécouverte du monde lors de ses quatre années au contact des Indiens Embera du Panama. Le Clézio, métis culturel, amoureux de la nature, s'inscrit dans une tendance philosophique contemporaine de *contrat naturel* (Michel Serres), de nécessité d'assumer les modes de pensers, d'actions et de sentiments du plus grand nombre de cultures (Voir "Racisme et Histoire" de Lévi-Strauss). L'apport de Le Clézio, comme le renouveau de la perception de la conquête de l'Ouest aux Etats-Unis (Truettner), celui de la *pensée primitive* (Maybury-Lewis), s'inscrivent dans une entreprise universelle de révision de nos perceptions et, de là, de nos cadres de références et de nos logiques. Cette entreprise pourrait être caractérisée par la volonté pédagogique des intellectuels d'intégrer l'altérité parmi les priorités de notre humanité multiple.

[12] Il y eut une zone économique dominée par les Aros (comprenant la ville-marché d'Onitsha) et d'influence occulte de leur Long Juju, dont les historiens britanniques continuent de nommer l'empire marchand d'Aro-Chuku, dont l'origine ancienne est incertaine. Son importance fut réduite par l'arrivée des Britanniques au XIXème siècle. Ces derniers n'ont jamais compris la nature de l'importance d'Aro. Les Nigérians se plaisent à narrer la méprise de l'expédition britannique de 1901. Un fort contingent de troupes (87 officiers, 1550 soldats et 2100 porteurs) arriva à Aro où il ne rencontra

Obudu, Itu, Lagos, Porto-Novo, Port-Harcourt, Foumban apparaissent *fabuleux* au lecteur qui n'a pas visité ces lieux africains. Cependant, l'exotisme du texte de Le Clézio s'appuie sur une solide matérialité.

Les romans de Le Clézio seraient des romans à thèse. L'écriture romanesque se substitue au discours philosophique que l'auteur déclare depuis longtemps vouloir écrire. Pour Le Clézio le sens de notre existence, pluridirectionnel, serait celui d'un désir constant de se construire en reconstruisant le monde de notre manipule et de croire à la nécessité de ce jeu. Ce désir critique d'altérité semble bien être la seule identité possible que le monde contemporain dénaturé permette. De même l'interrogation de la substance qui nous entoure et nous constitue, le jeu qui consiste à la découper en unités arbitraires et à créer des ensembles articulés au point de faire sens un moment.

La *poiesis* de Le Clézio s'appuie sur un jeu de formes de l'expression des contenus. Ces procédés sont connus (Michel 1986), mais dans *Onitsha* ils sont plus qu'ailleurs mis au service du projet général qui est de nous donner à exercer notre capacité de *décentrement*. Il s'agit moins de nous enseigner la faculté d'accepter et de pénétrer des mondes différents des nôtres que de nous inculquer la faculté même d'adaptation à ces autres mondes. Le texte est pédagogique par ses potentialités de transformations infinies. Rêve, mensonge, légende, délire, mythe, refus du réel, s'entremêlent pour générer la capacité de créativité du lecteur. Les échanges discrets de voix, de registres, de style amplifient et renforcent la capacité de jouer.

L'effondrement des empires et le morcellement de grandes entités historiques, forcent l'émergence de l'acceptation de la différence. Les écrits de Le Clézio épousent une initiation à un nouveau mode d'être qui sera fait de tolérance, de conscience de la complémentarité, d'intégration de valeurs jusqu'alors étrangères ou hiérarchisées. Le Clézio met en scène le mouvement même dans lequel nous-mêmes et nos environnements se défont, et potentiel de son renouvellement. Dans *Onitsha* il dénonce les dogmes et la vertu, le racisme, le provincialisme, la colonisation, la guerre, la violence. Il prône le dialogue, l'amitié, l'amour, le respect de la différence, l'imagination, le merveilleux. Il expose les erreurs du passé et aide à reconnaître les germes actuels d'un meilleur avenir. Souvent les adultes de Le Clézio sont rejetés par l'histoire mais ses enfants annoncent l'avenir, leur regard neuf et critique sur le présent est messager d'espoir. Il nous semble que Le Clézio nous conduit à *dénaturer* le sens que nous donnons à notre

---

aucune puissance politique ou militaire à combattre. On brûla le temple, qui fut d'ailleurs vite reconstruit. La disproportion des moyens et leur nature démontre l'opposition de la force brutale et celle d'une forme inconnue de spiritualité. Le prestige d'Aro-Chuku demeure intact: son temple fut épargné par la guerre du Biafra.

monde, à nous *décentrer* par rapport à notre sens commun et notre culture, et que son texte est pédagogique de l'altérité.

Bibliographie

Battestini, S. "L'écrit et la maladie en Afrique au nord de l'équateur". *Littérature et maladie*. A paraître.

⸺. "Reading Signs of Identity and Alterity: History, Semiotics and a Nigerian Case". *African Studies Review* 341 (1991): 99-116. (A propos des Efik du Sud-Est nigérian.)

⸺. "Ecritures africaines: inventaire et problématique". *Pour une théorie de la langue écrite*. Paris: CNRS (1988): 149-55. (Sur les systèmes écritures africains dont ceux qu'étudia Jeffreys dans le Sud-Est nigérian et au Cameroun.)

Brée, G. *Le monde fabuleux de Le Clézio*. Amsterdam-Atlanta: Rodopi, 1990.

Davidson, B. *Old Africa Rediscovered*. London: Gollansc, 1959.

Di Scanno, T. *La vision du monde de Le Clézio. Cinq études sur l'oeuvre*. Napoli: Liguori; Paris: Nizet, 1983.

Dugast, I. et M.D.W. Jeffreys. *L'écriture des Bamum: sa naissance, son évolution, sa valeur phonétique, son utilisation*. Douala: Institut Français d'Afrique Noire, Centre du Cameroun, Mémoire 4, 1950. (L'une des écritures étudiées par Jeffreys. L'étude fut menée à sa fin par Mme Dugast.)

Eco, U. *The Aesthetics of Chaosmos, The Middle Ages of James Joyce*. Translated from the Italian by Ellen Ersrock. Cambridge, Mass.: Harvard University Press, 1989.

Jeffreys, M.D.W. "Nsibidi Writing," *Man*, item 193 (septembre-octobre 1910): 189-193. (Sur l'écriture des Efik du Sud-Est nigérian.)

⸺. *Old Calabar and Notes on the Ibibio Language*. Calabar: Hope Waddel Training Institute Press, 1935.

⸺. "The Oreri Mask". *Nigerian Field* 10 (1941): 140-142.

⸺. "The Capture of Foumban". *African Studies* [Johannesburg] (1946): 35-40.

⸺. "The Diffusion of Cowries and Egyptian Culture in Africa". *American Anthropologist* 50.1 (janvier-mars 1948): 45-53. (Un des articles où se manifestent le mieux les mythes diffusionnistes de Jeffreys.)

⸺. "The Bamum coronation ceremony as described by King Njoya". *Africa* 20.1 (janvier 1950): 38-45.

⸺. "Où est le sauvage?" *Présence Africaine*, 1ère série, 8-9, numéro spécial (mars 1950): 95-106.

⸺. "Ikenga: The Ibo Ram-Headed God". *African Studies* [Johannesburg] 13.1 (1954): 25-41. (Le symbole du bélier est présent dans l'art d'une grande partie du continent africain au nord de l'équateur depuis 6000 ans. Dans l'état actuel des recherches rien ne permet d'affirmer des relations culturelles et religieuses que la dispersion continentale de ce thème suggère.)

———. "Negro Abstract Art or Ibo Body Patterns". *South African Museums Association Bulletin* 6 (1957): 219-229. (Sur les tracés géométriques peints sur le corps par les Ibo et nommés *uli*, mentionnés dans *Onitsha*.)

———. "Witchcraft in the Calabar province". *African Studies* [Johannesburg] 25.2 (1966): 95-100.

———. "Efik Origin". *Nigeria Magazine* 91 (décembre 1966): 297-99.

———. *Some Semitic Influences in Hottentot Culture*. Johannesburg: Witwatersrand University Press, The Institute for the Study of Man in Africa, 1968. (L'une des propositions diffusionnistes de Jeffreys les plus risquées.)

Hayes, N.K. *Chaos Bound, Orderly Disorder in Contemporary Literature and Science.* Ithaca and London: Cornell University Press, 1990.

Le Clézio, J.M.G. *Onitsha*. Paris: Gallimard, 1991.

Lévi-Strauss, C. "Race et histoire". *Le Racisme devant la science*. Paris: Unesco, 1960. 241-281.

Maybury-Lewis, D. *Millenium, Tribal Wisdom and The Modern World*. New York: Viking Penguin Books, 1992.

Michel, J. 1986. *Une mise en récit du silence. Le Clézio - Bosco - Gracq.* Paris: José Corti, 1986.

Morin, E. *Introduction à la pensée complexe. Communication et complexité*. Paris: ESF, 1974.

Ruelle, D. *Hasard et chaos.* Paris: Odile Jacob, 1991.

Sabato, E. *L'écrivain et la catastrophe*, traduit de l'espagnol par Claude Couffon. Paris: Seuil, 1986.

Truettner, W.H. *The West as America, Reinterpreting Images of the Frontier.* Washington, D.C. and London: National Museum of American Art and Smithsonian Institution Press, 1991.

Vattimo, G. *La fin de la modernité. Nihilisme et herméneutique dans la culture post-moderne*, traduit de l'italien par Charles Alunni. Paris: Seuil, 1987.

Waelti-Walters, J. *Icare ou l'évasion impossible. Etude psycho-mythique de l'oeuvre de J.M.G. Le Clézio.* Sherbrooke, Canada: Naaman, 1981.

Réjean Ducharme: retour à la littérature

DANIELLE TRUDEAU

"Quand les enfants sont devenus vieux et qu'ils ne sont pas tués, ils écrivent des romans". Le Clézio écrivait ceci en 1969 à propos de Réjean Ducharme, jeune romancier d'origine québécoise qui venait de publier son troisième roman chez Gallimard. De 1969 à 1976, Ducharme allait donner trois autres romans ainsi que quatre pièces de théâtre et deux scénarios, *Les bons débarras* et *Les beaux souvenirs*, qui seront réalisés en 1979 et 1981 par Francis Mankiewicz. Pendant les neuf années suivantes, Ducharme disparaît de la scène littéraire. Il compose des chansons et surtout expose ses oeuvres—ses "trophoux"—sous le nom de Roch Plante. En 1990, alors que le public commence à l'oublier, il revient soudain à la littérature et au genre de ses débuts, avec un septième roman intitulé *Dévadé*.

Comme un appel répondant à un appel, ce roman de la maturité s'ouvre sur un passage du *Livre des fuites* de Le Clézio (116)[1]. De fait, la fuite en est le thème principal, comme dans d'autres romans de Ducharme. Mais on peut tout de suite noter une différence. De *L'avalée des avalés* (1966) à *L'hiver de force* (1973) et *Les enfantômes* (1976), les narrateurs des romans de Ducharme posent à l'écrivain. Dans les premiers romans, la fuite débouchait sur une forme de création, l'écriture, le jeu, l'invention. C'était au temps de la "guerre apache", quand Ducharme menait son combat personnel contre "la littérature" et les "auteurs" (voir Marcotte). Dans *Dévadé*, la littérature n'offre plus

---

[1] *Le nez qui voque*, de R. Ducharme, est mentionné dans ce roman à la page 78. Les lecteurs intéressés pourront aussi se reporter aux pages 54 à 57 et 114 à 117. Plusieurs autres passages du *Livre des fuites*, de même que plusieurs autres oeuvres littéraires, constituent les hypertextes de *Dévadé*, notamment *Le cahier rouge* de B. Constant, *Voyage au bout de la nuit*, *Fin de partie*, *Le songe d'une nuit d'été* et *On the Road* de J. Kerouac.

d'issue. Nous sommes condamnés, avec les personnages, à subir le roman et ses éternels retours. Ainsi avec *Dévadé*, Ducharme vient peut-être de réaliser, mais *a contrario*, la pensée de Le Clézio citée ci-dessus: devenu vieux, l'enfant accepte enfin d'écrire des romans. Le titre suggère encore la fuite, mais la circularité de sa forme—c'est un palindrome syllabique—annule cette signification qui n'est évoquée que pour être aussitôt révoquée. *Dévadé*, qui fait aussi penser à "dévalé", ne serait-il pas un faux-frère de *L'avalée des avalés*, roman qui avait lancé Ducharme en 1966?

Etant donné la notoriété de l'auteur au Québec, on pouvait s'attendre à un plus grand succès pour *Dévadé*. Mais jusqu'à présent on s'est contenté d'en souligner la sortie. En France, où Ducharme a obtenu le prix Alexandre Vialatte pour ce roman, à l'exception de deux entrefilets dans *Le monde*, cette attribution est passée inaperçue. Des deux côtés de l'Atlantique, la critique semble bouder ce retour de l'enfant prodigue. Même le rebondissement du "mystère Ducharme", la rumeur selon laquelle il ne serait pas l'auteur du roman[2], n'a pas réussi à secouer l'indifférence du public.

Qu'il soit ou non du même auteur, *Dévadé* présente des qualités qui ne le cèdent en rien aux autres oeuvres signées Ducharme. J'y ai retrouvé, pour ma part, la même virtuosité verbale et une poésie aussi intense que dans *L'avalée* ou *Le nez qui voque*. Ce qui diffère sensiblement par contre, et ce qui a probablement dérouté les lecteurs de Réjean Ducharme, c'est la dramatisation des thèmes familiers de l'auteur, phénomène qu'il faut rapprocher de la préférence qu'a montrée Ducharme pour le cinéma et le théâtre depuis la fin des années soixante-dix.

Désenchantement

Dévadé raconte une de ces histoires d'amour dont on peut se demander, à l'instar de J. H. Hogan dans le *Livre des fuites*, si elles valent la peine qu'on les écrive (55-56). Bottom, le héros et narrateur, n'a pas grand chose à dire sur l'amour. Il n'a qu'une petite "théorie" à ce propos: il pense "que c'est une maladie d'aimer ceux qui nous méprisent, et contagieuse, qui rend malades ceux qui nous veulent du bien" (24). C'est le thème de tous les romans de Ducharme, mais il se

---

[2] Le "mystère Réjean Ducharme" vient de ce que le romancier a toujours refusé de paraître en public même au plus fort du succès, protestant de cette façon—la seule et la meilleure, en réalité—contre la transformation par les médias de la littérature en spectacle marchand et de l'auteur en représentant de commerce. Le mystère n'est pas tant, selon moi, que Ducharme tienne à l'incognito—il n'en a pas l'exclusivité—mais que les médias aient les moyens de faire douter de l'existence de ceux qui protestent contre eux.

trouve exprimé ici dans un registre "naïf". Celui qui l'énonce à présent, obsédé, ivrogne, incorrect à tous les points de vue, ressemble davantage à un personnage de Kerouac ou au Bardamu de Céline qu'aux enfants prodiges et érudits des premiers romans. Chez Bottom, autodidacte très sélectif, on observe plutôt une mise à distance de la littérature et de la culture. Impossible, par conséquent, de voir l'auteur à l'oeuvre derrière son personnage, comme on le voyait en transparence dans Bérénice ou Mille-Milles[3]. On ne sent plus du tout ici la pression du milieu intellectuel et de ses faux-semblants spectaculaires[4].

Il y a un autre fait à noter. Dans *Dévadé*, l'univers de Ducharme est rendu méconnaissable par un réalisme plus sordide que celui de *L'hiver de force*, qui passe pour le roman le plus réaliste de cet auteur. Il y a ici une intrigue, des personnages avec état civil, des lieux repérables sur une carte de la région de Montréal. On peut facilement reconstituer les faits antérieurs au drame qui se joue et "coudre" ensemble les scènes successives qui composent la trame des événements, même lorsque des ellipses la compliquent.

Bottom a trente ans et vient de sortir de prison. Il est au service de la riche Madame Dunoyer, ancienne championne de ski devenue infirme à la suite d'un accident causé par son amant infidèle. Ils vivent ensemble dans une villa des Laurentides. Leur relation oscille entre l'indifférence et la tendresse, les disputes et les conversations intimes. Chaque fois qu'il peut s'emparer de la voiture, Bottom abandonne sa patronne pour descendre en "enfer", c'est-à-dire à Montréal, où vivent Juba et Bruno. Là, selon l'humeur des "joueurs", c'est la bagarre ou le cirque sentimental. Bottom aime Juba, qu'il appelle sa "princesse", mais celle-ci aime Bruno, dit "Doctor No", qui la méprise, l'exploite et la trompe. Bruno tombe amoureux d'une droguée qui lui rappelle Kitty Wynn dans *Panic in Needle Park* et qui ne s'intéresse qu'à son argent. Tous vont être atteints par le virus qu'a attrapé Doctor No: Juba en fait "une maladie" qui, par ricochet, affecte Bottom à qui elle raconte tout et finit par toucher la patronne, que Bottom néglige pour se porter au secours de Juba. Cette course-poursuite prendra fin avec la mort de Bruno, tué d'un coup de couteau au cours d'une bagarre.

Bottom est naïf. Sevré d'affection et de sexe, il se laisse prendre à des mirages, il s'accroche, s'agglutine, devient visqueux. Les jeux de mots et

---

[3] Voir l'autocritique de J. H. Hogan: "Mais comment être martien? Je dois m'oublier. Je dois perdre mon nom. Je dois devenir petit, plus petit encore, si petit qu'on ne me verra plus. Je dois apprendre à marcher sur les lattes de brique, *au milieu des fourmis, vers la montagne d'odeurs debout au soleil, d'une poubelle pleine.*" (Le Clézio, *Le livre* 116). La *poubelle* comme symbole de la vie est reprise par Ducharme dans *Dévadé*. Avec la *maladie*, elle est au coeur des réseaux de significations du roman.
[4] Dans *L'hiver de force*, André et Nicole trouvent leur fuite quotidienne, non dans un roman, mais dans un ouvrage de botanique, *La flore laurentienne*.

les caresses d'abord anodines avec la patronne rendent ses fugues dérisoires, puisqu'il a beau fuir physiquement, le coeur qui s'est englué ramène le corps au point de départ. A la fin, Bottom demandera lui-même à la patronne de le remettre en cage. Sa vie ne consiste-t-elle pas, comme il nous le dit d'entrée de jeu, à faire jouer constamment le même disque, la même "scie"?

Comme la conscience d'être piégé ne résout rien, la seule conduite logique est de fuir, de ne pas répondre à l'attente, de se montrer bien "truie", comme le dit Bottom dans son jargon personnel, et de cesser de faire le "tronc", c'est-à-dire le naïf. Tous les personnages de *Dévadé* jouent l'un et l'autre rôles, faisant souffrir ceux qui leur veulent du bien et aimant ceux qui les méprisent. Au lieu de s'échapper, ils évoluent en circuit fermé dans "le ghetto de leur âme".

L'attachement a toujours été un mal chez Ducharme. Dans les premiers romans, les narrateurs enfants n'ont pas pitié des malheureux qui en souffrent. Ils se montrent très sentencieux à ce sujet. Ainsi, dans *L'avalée des avalés* (1966), Bérénice, à treize ans, énonce cette leçon: "Il faut éviter l'adulte comme on évite le sable mouvant. Un baiser qu'on met sur un adulte s'y enfonce, y germe, y fait éclore des tentacules qui prennent et ne vous lâchent plus. Rien ne pénètre un enfant..." (*Avalée* 249).

Jusqu'à la fin des années soixante-dix, l'univers romanesque ducharmien reste gouverné par l'opposition adulte-enfant: fuir l'amour, être dur, c'est être "enfant", donc vainqueur de la vie ; l'adulte au contraire est "mou", comme tout ce qui s'attache. Or, dans *Dévadé*, il n'y a plus que des adultes bien amollis, saisis au moment où ils vont être "avalés". Disparu, le mythe de l'enfant sans âme. Ou plutôt, la problématique a basculé, du temps qui précède "l'avalement" au temps qui y fait suite, ce qui est en soi un autre monde, l'au-delà de l'enfance. *Dévadé* nous en montre tout le ridicule, sans aucune tendresse: quand la patronne et Bottom essaient de s'endurcir, elle par le bouddhisme, lui par une philosophie de son cru, une sorte de nietzschéisme inconscient, leurs moyens apparaissent dérisoires (102)[5]. Au lieu des enfants surhumains qui, dans les premiers romans, riaient de voir les "petites bêtes" (les adultes) s'enfuir, effrayées, dans *Dévadé*, ce sont des "cloportes" qui occupent le récit[6].

L'adulte humilié et traqué commence à remplacer l'enfant tout-puissant dans les oeuvres dramatiques de Ducharme et les deux scéna-

---

[5] La patronne amalgame son bouddhisme et le cynisme nietzschéen de Bottom. Méfiant, celui-ci essaie de se convaincre : "Il y a du Nietzsche en moi", dit-il (voir Leduc-Park 307).
[6] Dans *Ha, ha!...* (93), Mimi décrivait un jeu d'enfant qui pourrait servir à illustrer l'activité romanesque telle que la pratiquaient les narrateurs des premiers romans de Ducharme.

rios écrits vers 1980. Dans *Les bons débarras* (1979), l'héroïne est encore une petite fille qui se moque des adultes et de "la grande amour". Manon veut libérer sa mère de tous ceux qui profitent d'elle, mais en réalisant son projet elle se trouve elle-même atteinte par "le mal des grands". Dans le second film, *Les beaux souvenirs*, réalisé en 1981, un homme abandonné par sa femme, puis par sa fille aînée, vit avec sa seconde fille une existence hors du temps et de toute morale. Lorsque l'aînée revient, son père la rejette et la laisse se suicider par désespoir. La cadette, qui entrevoit la possibilité de fuir les paradis artificiels, choisit finalement de rester auprès de son père. Tout en reprenant l'essentiel de la thématique ducharmienne, les deux films renversent la perspective nietzschéenne des premiers romans—la quête d'une existence libre d'attachements—pour représenter des personnages enfoncés dans des états de plus en plus "humains", c'est-à-dire malsains, et de moins en moins purs ou "enfants".

Dans les deux films, les conflits entre les personnages sont soulignés au moyen de vifs contrastes entre les comportements, le langage, le physique et les conditions sociales. Les décors et les accessoires, la prononciation des personnages et de nombreuses références contribuent à enraciner l'intrigue dans l'espace socio-culturel et géographique québécois. A cause de ce traitement qui "désenchantait" l'univers si particulier de Ducharme, les films ont reçu un accueil plutôt froid, bien éloigné de l'enthousiasme qu'avaient soulevé les romans des années soixante. Pourtant si on y regarde de plus près, on s'aperçoit que la chute des anges commence dès *L'avalée des avalés* et s'accentue dans les romans des années soixante-dix, *L'hiver de force* et surtout dans *Les enfantômes* (1976), qui apparaît rétrospectivement comme le chant du cygne du "premier Ducharme".

Dramatisation et réalisme

En réalité, même si le roman se fait plus réaliste à partir de *L'Hiver de force* (1973), cette tendance fait bon ménage avec l'imaginaire et la fantaisie car, comme ses personnages, Ducharme affectionne le paradoxe. Dans *Dévadé*, le "réalisme" est aussi une dimension, une projection de l'imaginaire. Ainsi, nous savons beaucoup de choses sur les personnages de *Dévadé*, mais aucun des détails réalistes qui nous sont fournis n'est vraiment "nécessaire" au plan de l'histoire. Par contre, ils remplissent une fonction symbolique. Par exemple, le fait que Bottom sorte de prison n'a d'intérêt que dans la perspective de l'évasion au sens figuré qui est le thème du roman, l'évasion physique n'étant qu'un simulacre. Les personnages ont l'âge et les ennuis des adultes, mais leur vie reste en fond de tableau. Bien qu'ils aient une identité, ils se désignent tous par un surnom ou un sobriquet: Bottom,

Dr No, Princesse, "la patronne" ou "le pot de colle à Nicole". Enfin, l'action est soutenue, comme on le dit d'une pièce ou d'un film, mais les entrées et sorties de personnages se produisent surtout dans la pensée du narrateur ouverte au tout venant, comme il s'en plaint, et véritable lieu où se passe toute cette histoire.

De la même façon, on atteint vite les limites du réalisme en ce qui concerne l'espace. L'action se déroule dans des lieux réels—le quartier grec de Montréal et les Laurentides. Mais à ces lieux s'en ajoutent d'autres, fictifs comme "le kalòn Kakón", ou disparus comme "La fontaine de Johannie" (une ancienne brasserie au coin des rues Saint-Denis et Cherrier), noms poétiques qui ouvrent dans l'espace authentique des fenêtres sur l'imaginaire. Le réalisme n'indique donc pas une régression de l'auteur vers des formes conventionnelles: nouvelle version du jeu sur les signes, si caractéristique de l'écriture de Ducharme, il participe de la thématique de la fuite.

Les événements, rapportés de façon linéaire, composent une intrigue au sens romanesque, mais aussi une action comme au théâtre ou au cinéma, ou plus logiquement, dans le genre qui est à l'origine de ces deux-là: le rêve. En effet ce sont des "scènes", la plupart à deux personnages, qui sont projetées devant nous comme un film. Les dialogues[7] tournent aux *lazzi* ou bien se figent "comme au cinéma quand ils gèlent l'image" (24). Les scènes dramatiques sont traversées d'effets comiques. Elles sont orientées vers un "coup de théâtre" qui illustre toujours la même idée, la petite théorie de Bottom, aussi propre à faire rire qu'à faire pleurer.

Si les premiers romans étaient des cahiers d'écriture remplis par des enfants révoltés contre les règles de la vie, *Dévadé* est une "représentation" dirigée par Bottom du comportement de l'être humain bafoué[8]. Sa théorie se confirme en se déroulant comme un film : "Ce n'est pas vrai et ce n'est pas un rêve, dit-il. C'est autre chose. Un film où les acteurs m'auraient piégé, recruté de force" (245).

Des mots aux choses

Comme toutes les oeuvres de Ducharme, c'est par des jeux sur le langage que *Dévadé* transporte le lecteur hors de la réalité. Bottom est une véritable machine à traiter les signes: comme il n'emploie jamais les termes propres dans ses descriptions, son langage s'emplit d'images et comme il ne peut s'empêcher de suivre les images qu'il fabrique, il

---

[7] Les dialogues sont toujours mis entre guillemets, même lorsqu'ils sont rapportés en style direct, parce qu'ils appartiennent au discours de Bottom.

[8] Dans le *Songe d'une nuit d'été*, auquel nous renvoie le surnom du narrateur, Bottom, il faut que les fées interviennent pour dénouer l'imbroglio de dépits amoureux créé par Puck. Naïf, Bottom croit que la reine des fées est vraiment tombée amoureuse de lui.

en produit sans cesse de nouvelles dans sa fuite. Ses émotions se communiquent aux objets, à l'espace, qui se mettent tout à coup à vibrer en harmonie. Ainsi la voiture volée à la patronne prend une allure de requin sous la conduite du "Fou fuyant" qu'il est devenu soudain:

> Quand j'ai eu le feu vert aux Quatre-Coins, j'avais muté, j'étais l'homme que j'aime: le Mouvant perpétuel, le Fou fuyant, Monsieur le Prince de Personne, qui passe ou qui casse, que ça geigne ou que ça saigne, qu'elles pleurent ou qu'elles meurent, toutes autant qu'elles sont. Il y avait du requin, de l'épaulard dans le capot noir qui luisait, dans la plongée horizontale de l'Oldsmobile qui défonçait le luxe de la neige transfigurée par la lumière orangée des lampadaires. (9-10)

Par l'usage systématique de la métaphore filée et de la syllepse, le réel est constamment tiré du côté de la fantaisie. Bottom impose, par ses jeux sur et avec les mots, sa vision déformante et fuyante du monde à ceux qui le repoussent constamment au fond du cloaque.

Les images ne sont ni innocentes ni gratuites. Les mots passent dans les choses. A force de "filer", les métaphores finissent par s'actualiser, ou plutôt le réel se modifie par imitation du langage. Ainsi, pour Bottom, l'amour humilié est une maladie contagieuse. Or, voilà que de la seule femme qui ait voulu faire l'amour avec lui, il a attrapé une gonorrhée. La métaphore surgit ainsi en pleine réalité. Sortie de l'imagination du narrateur pour désigner un "état d'âme", la figure de la maladie se double d'une maladie réelle qui poursuit son chemin dans son registre propre, celui de la vie, puisque Bottom la transmet à la patronne. Suivant le même principe, des lieux fictifs, symboles de la maladie, jalonnent l'espace réel: le bar que Bottom et ses amis fréquentent porte le nom suggestif de "kalòn Kakón, le bon mal, c'est-à-dire la femme", ce qui serait bien dans le ton kitsch du quartier grec de Montréal, mais l'endroit est totalement fictif[9]. Quand Juba l'accuse de la mort de Bruno, Bottom pose sur leurs rapports le diagnostic suivant: "tout ça m'a de plus en plus l'air d'une maladie vénérienne totale, soignée de plus en plus mal..." (247)[10]. Dr No lui-même meurt, atteint plus profondément que tous et incapable de se libérer, de se soigner. Il faudrait suivre de la même façon l'image de la "poubelle"—figure de la

---

[9] Le titre du disque de Crigne, *les femmes, les femmes, les femmes,* fait équivoque: Le sens féministe de cette "scie" se renverse pour Bottom, qui fait semblant d'y comprendre l'expression de son exaspération à l'égard des femmes.

[10] A la page précédente, Bottom se rappelle la mauvaise plaisanterie qu'il a faite le jour où il a rencontré Juba, en demandant à Bruno : "Alors, Docteur, comment se présente-t-elle?", c'est-à-dire "est-elle bonne amante" (246).

vie où naissent les êtres et leur mal d'aimer—qui occupe une place considérable dans le monologue de Bottom. Les personnages des premiers romans, sans avoir vécu, écrivaient et jouaient avec les mots pour retarder le moment de se soumettre[11]. Bottom, quant à lui, est avant tout une *voix*, un narrateur à la manière de Bardamu, qui témoigne de la plus triste part de la condition humaine: le devoir d'attachement, d'affection, accompagné de son cortège de souffrances et d'humiliations. A cause de cela, la vie perd sa magie comme on perd son sang, et n'est qu'une vaste hémorragie sentimentale. Virtuose du langage, Bottom insuffle un sang neuf dans cette vie exsangue en brisant les cloisons qui, pour le nommer, divisent le monde. Il use de tous les registres de la langue, de toute la plasticité du langage pour déjouer ceux qu'il appelle les éboueurs, qui vous jugent, vous étiquettent et vous jettent à la poubelle. Mais comme le langage lui-même qui se refait sans cesse, son entreprise de recréation du monde est insensée et infinie: "Tout est bien qui ne finit pas, va" dit-il à la dernière page[12]. Cela pourrait aussi être la conclusion du lecteur de Ducharme qui, avec *Dévadé*, ne se sera dépaysé que pour mieux retrouver, avec Bottom et sa "petite musique de nuit", la voix étrange et familière de Réjean Ducharme.

Bibliographie

Boucher, J.- P. "Réjean Ducharme parolier" (de Charlebois et P. Julien) *Littératures* [Montréal: Université Mc Gill] 3 (1989): 95-113.

Ducharme, R. *L'avalée des avalés*, roman. Paris: Gallimard, 1966.

_____. *Le nez qui voque*, roman. Paris: Gallimard, 1967.

_____. *Le cid maghané*, pièce inédite, 1968.

_____. *L'océantume*, roman. Paris: Gallimard, 1968.

_____. *La fille de Christophe Colomb*, roman. Paris: Gallimard, 1969.

_____. *Le marquis qui perdit*, pièce inédite, 1970.

_____. *L'hiver de force*, récit. Paris: Gallimard, 1973.

_____. *Les enfantômes*, roman. Paris: Gallimard, 1976.

_____. *Inès Pérée et Inat Tendu*, pièce. Montréal: Leméac-Parti Pris, 1976.

_____. *Les bons débarras*, scénario. Réalisé par Francis Mankiewicz, 1979.

---

[11] Exemple du jeu de langage de la première époque, ce passage souvent cité : "Est-ce que tu as vu les oignons dans additi*onnions*? As-tu vu les lions dans appe*lions*? As-tu vu la pomme dans *appel*ions?" (*Le nez qui voque* 85).

[12] A comparer à la dernière phrase du *Livre des fuites*: "Les vraies vies n'ont pas de fin. Les vrais livres n'ont pas de fin."

———. *Les beaux souvenirs*, scénario. Réalisé par Francis Mankiewicz, 1981.

———. *Ha, ha!...*, pièce (1978). Paris: Gallimard-Lacombe, 1982.

———. *Dévadé*, roman. Paris: Gallimard, 1990. (Prix Alexandre Vialatte, 1991.)

Laurent, F. *L'univers romanesque de Réjean Ducharme*. Montréal: Fides, 1988.

Le Clézio, J.M.G. "Le Clézio devant Réjean Ducharme: la tactique de la guerre apache appliquée à la littérature". *Le Monde des Livres* (4 janvier 1969): VIII.

———. *Le livre des fuites*. Paris: Gallimard, 1969.

Leduc-Park, R. "Réjean Ducharme, Nietzsche et Dionysos". *Vie des lettres québécoises*. Laval: Presses de l'Université Laval, 1982.

Manseau, E., L. Blanchette et C. Dumas, "Bibliographie de Réjean Ducharme". *Voix et images* [Montréal] 8.3 (printemps 1983): 535-567 (recensement des travaux critiques sur Ducharme jusqu'en 1979).

Marcato-Falzoni, F. *Du mythe au roman: une trilogie ducharmienne*. Montréal: VLB Editeur, 1992.

Marcotte, G. "Réjean Ducharme contre Blasey Blasey" in *Le roman à l'imparfait. Essais sur le roman québécois d'aujourd'hui*. Montréal: La Presse, 1976. 57-91.

VI
ÉDITION, RÉCEPTION, PRIX LITTÉRAIRES

The Politics of Prizes: The Goncourt in the 1980s

WILLIAM CLOONAN

> Frappé d'une espèce d'amnésie, je me retrouve au milieu de la place Drouant entouré de micros brandis par des mains invisibles, d'une foule sans visage contenue par des cordons de C.R.S., bronchant sur des cables, projeté dans des voitures où l'on braquait sous le nez toutes sortes d'instruments luisants, profilés, inquiétants commes des armes, et devant lesquels je m'entendais proférer un certains nombre d'âneries... Des mains m'agrippaient au passage, des caméras enregistraient mon ébahissement. (13)

Thus does Jean Carrière recall the initial moments after the announcement that he had won the 1972 Goncourt for *L'épervier de Maheux* (Pauvert): the writer at a loss for words, the journalists frantic, the television cameras humming, and the riot police prepared to curtail any expression of enthusiasm that exceeds the norms of bourgeois propriety. The Goncourt is indeed an important prize, but as Carrière's description suggests, its importance has a considerable extra-literary dimension. The story of the Goncourt is at least as much about the literary business, involving authors, editors, the media and readers, as it is about the literary text.

The Prix Goncourt was created in 1903 as part of a bequest from Edmond de Goncourt who wanted to offer financial assistance each year to a young author. There are ten jurors, most often themselves previous Goncourt winners, who make the award in November after a luncheon in the Drouant restaurant in Paris. The fifty francs prize has been accorded regularly every year, with the single exception of 1960.

Dieu est né en exil (Fayard) by Vintila Horia, a native-born Romanian, was chosen for the 1960 Goncourt. However, doubts about his journalistic activities during the war engendered rumors that gave every indication of turning into a major scandal. In a marvelous bit of slight-of-hand the Académie managed to avoid awarding the Goncourt without having to rescind its initial decision. Thus the Prix Goncourt for 1960 remains in history as *attribué*, but not *décerné* (Robichon 234-241). In 1914 and 1940 the award was postponed. The winners for these war years were subsequently announced in 1916 and 1946 respectively.

This brief historical background is already quite illuminating. The Prix Goncourt, like Hollywood's Academy Awards, is supposed to be given each year. Therefore it cannot be any guarantee of a novel's surpassing excellence. It merely indicates that, in the view of the jurors, the novel selected seemed the best of that particular year. Hence, it should not be too surprising that the Académie Goncourt, like the Academy of Motion Picture Arts and Sciences, has frequently honored very forgettable achievements.

The Goncourt brothers worked in the realistic-naturalistic tradition, and to put matters in the most positive light possible, their Académie has generally attempted to be faithful to that tradition. Michel Tournier, a current *académicien*, states the issue succinctly: "Nous sommes les descendents du réalisme et du naturalisme" ("Au secours de la victoire", *Le Monde*, Nov. 13, 1984: 18).

The negative side of this "realistic-naturalistic" tradition is that the award will never go, or at least has never gone, to a novel that appears somehow marginal in content or form. A surrealistic text, a work in the tradition of Oulipo, or a *nouveau roman* would have little chance for a Goncourt.

The fifty francs award is merely symbolic of the money and glory that the author and publisher will receive. The sale of Duras's *L'amant* (1984) eventually reached a million and a half copies and Orsenna's *L'exposition coloniale* (1988) eight hundred thousand. Given these numbers, it is not surprising that most often the *lauréat*, whose novel has usually been selling well before the award, is content to frame the check, rather than cash it.

The glory that surrounds a Goncourt winner is substantial enough to incite invidious comments, even long after the award has been bestowed. How else might one explain Bernard-Henri Lévy's remark that "Avant de décrocher son Goncourt, Malraux n'était considéré que comme un voleur de statues" (*Le Monde*, Nov. 20, 1990: 18). However, a Goncourt is not without its problems. Jean-Louis Bory, who received the Goncourt in 1945 for *Mon village à l'heure allemande* (Flammarion), went into a decline after the award. Jean Carrière spoke bitterly about the negative effects of the Goncourt: "Le prix Goncourt est l'archétype de l'arme à double tranchant, et la tâche la plus urgente, pour un écrivain qui l'a obtenu, est de se faire blanchir par l'oubli" (18).

By the beginning of the 1980s the Goncourt had established itself as the most lucrative and prestigious of France's literary prizes, but a reaction was in the making. The editor Pierre Belfond fired the first shot when he deplored the influence of "Galligrasseuil", an amalgram of "Gallimard, Grasset and Seuil" on the determination of the prize. These three publishing houses had managed to amass among them between 1960 and 1989 twenty-three of the twenty-nine awards. This reproach was not lost on Hervé Bazin, the then president of the Académie Goncourt, who in a letter written in 1981 insisted: "il faut sortir absolument cette année du choix réduit à la bande des trois" (Assouline 44).

Might Belfond's criticism and Bazin's concern permit us to speak of a crisis in the awarding of the Goncourt during the 1980s? I do not think so. Certainly Bazin's warnings had no immediate influence on the Goncourt. Grasset won it in 1981 and 1982 with well-known authors (Lucien Bodard and Dominique Fernandez). To understand the workings of the Goncourt mentality in this most recent decade is to accept that literature is a business and that the Académie Goncourt is governed by ten executives whose loyalties are to an established literary tradition which is often easily confused with certain prominent publishing houses. As with any group of talented administrators, rivalries and conflicting opinions emerge, but they are part of the group's functioning together. Also, as with any viable concern, new blood must be sought, and concessions occasionally made to outside interests. The Académie Goncourt is a conservative institution that regularly chooses a new product that remains nonetheless sufficiently similar to the old so that it can bestow its *imprimatur*, the Prix Goncourt with what is mostly just the semblance of difficulty. In what follows I will discuss the composition of the Académie, and then analyze three incidents from the 1980s which illustrate the weaknesses, strengths, and, somewhat perversely, the charms, of its efforts to modernize its workings without fundamentally changing its values or seriously lessening its importance in established French literary circles. The three incidents involve Frédéric Tristan's *Les égarés,* Marguerite Duras's *L'amant,* and Tahar Ben Jelloun's *La nuit sacrée.*

The current composition of the Académie Goncourt consists of Daniel Boulanger (Gallimard), Hervé Bazin (Grasset), Jean Cayrol (Seuil), Edmonde Charles-Roux (Grasset), Françoise Mallet-Joris (Flammarion), François Nourissier (Grasset), Emmanuel Roblès (Seuil), Robert Sabatier (Albin Michel), André Stil (Grasset), and Michel Tournier (Gallimard). At fifty-nine years of age Françoise Mallet-Joris is the youngest member, and along with Robert Sabatier, she shares the distinction of *not* being published by one of the three major publishing houses. Among the jurors, Bazin and Nourissier are considered to be the most influential (*Le Monde*, Nov. 20, 1990: 18).

A great deal of gossipy speculation focuses on the factors that influence the jurors. François Nourissier does acknowledge with regard to the Goncourt that the pressures increase as the vote draws near: "Tôt dans la saison [...] on peut faire lire un livre. Après, c'est fini" and Mallet-Joris is quite frank about the role that loyalty to one's publisher can play: "A valeur égale entre deux romans, je vote mon éditeur" (*Le Monde*, Nov. 23, 1990: 24).

Given the enthusiasm for rumors, gossip, and hyperbole that marks the evaluations of the jurors's choices (in 1983 the tabloid, *Le meilleur* actually hid a microphone under the table where the jurors were deliberating), it is not surprising that at least one *académicien* should usurp the high ground in explaining the jurors's standards. According to Michel Tournier, himself no stranger to polemics, "on juge les livres librement, dans l'absolu, par rapport à Balzac ou à Proust" (*Le Monde*, Nov. 20, 1990: 18). With regard to the tendency to favor *Galligrasseuil*, Tournier reveals a more patriotic side of his personality: "C'est comme si l'on signalait que la plupart des voitures étaient des Peugeot, des Citroën, des Renault" (*Télé* 6).

There is then a climate of fascination, suspicion and exaggerated claims that surrounds the jurors as they meet in November for lunch and decision making in the Place Gaillon. The atmosphere must have been particularly heavy when they assembled in 1983 to vote the Goncourt of the year.

It seems that in 1983 neither Seuil or Grasset had any novel worthy of proposing for the prize. Nevertheless both *maisons* were unwilling to witness yet another triumph for Gallimard. "Grasset et Le Seuil ne donneraient pas le Goncourt à Gallimard" (*Le Monde*, Nov. 23, 1990: 24). Rumors spread, and the vote soon confirmed that the winner would be Frédéric Tristan's *Les égarés*, a novel published by a small press, Editions Balland. The editor-in-chief, André Balland, was frankly incredulous: "C'est un accident génétique qui ne se renouvellera pas" (*Le Monde*, Nov. 23, 1990: 24).

Even allowing for the rivalries among the major presses and the pressure to break away from the Galligrasseuil syndrome, the choice was surprising. *Les égarés* might best be described as a well-intentioned failure. Tristan is a professed admirer of Thomas Mann, and his novel, written between 1968 and 1983, is an unabashed version of *Doktor Faustus*. The story concerns a timid British novelist with the decidedly unpoetic name of Cyril N. Pumpermaker who permits a much flashier acquaintance to assume the identity of his literary alter ego, Gilbert K. Chesterfield. The acquaintance's name, Jonathan Absalon Varlet, provides an idea of the level of symbolism in this book.

As surprising as the selection of *Les égarés* may appear, there is nothing about this choice that would make it unique to the 1980s.

There has always been a degree of pressure to honor a smaller publisher, and in the past the jury has done just that (the 1972 winner, Jean Carrière was published by Pauvert). Also, the rivalry and rancor among the *grandes maisons* have always played its role in the jury's decision. Rather than indicating some change in the Goncourt philosophy, or some degeneracy in the jury's deliberations, giving the award to *Les égarés* merely confirms that at the beginning of the decade the jurors were engaged in business as usual.

The selection of Marguerite Duras's *L'amant* for the 1984 Goncourt involved a different kind of business. Minuit published *L'amant*, and it certainly made good political sense to honor the relatively small *maison d'édition* largely responsible for the *nouveau roman*. Nevertheless, other considerations were clearly at play. One of the enduring embarassments of the Prix Goncourt concerns the impressive array of novelists who were *not* winners. The list includes Céline, Camus, Sartre, and Yourcenar. The Goncourt jury had also been saddled with the dubious reputation of being prejudiced against older authors. In 1968 the seventy-three year old Albert Cohen was a serious candidate who failed to win essentially because of his age.

Marguerite Duras, quite aside from the undeniable merit of *L'amant*, provided a convenient means of mitigating these twin embarrassments. In 1984 she was already a very distinguished, seventy year old novelist. There was, however, one small problem that Robert Sabatier hinted at enigmatically: "Duras nous a fait cadeau de recevoir le Goncourt" (*Le Monde*, Nov. 20, 1990: 18). Apparently once the jury had decided, for whatever mixture of reasons given above (the author's age and reputation, the quality of her novel), to crown *L'amant* with the Prix Goncourt, there was considerable nervousness concerning the author's willingness to accept it.

It would be a mistake to view the maneuvering that preceded the 1984 Goncourt as somehow scandalous. Instead it is an example of the suppleness of a fundamentally conservative literary institution that can adjust to differing pressures and circumstances without its compromises appearing too obvious. If 1983 witnessed a bad decision for bad reasons, the 1984 Goncourt quickly redressed the situation, even if the reasons behind the good choice were not completely pristine.

To the extent there was a Goncourt in the 1980s that marked a seemingly major departure from the norm, it was unquestionably the prize accorded to Tahar Ben Jelloun in 1987 for *La nuit sacrée*. Ben Jelloun, born in Morocco, was the first francophone African writer to receive the award, and its announcement set off street celebrations in his native country.

The bestowal of the Goncourt on Tahar Ben Jelloun raises two sorts of questions. One concerns the literary value of *La nuit sacrée*. In the vast majority, the critics were in agreement concerning the excellence of the novel.

To the extent that there were negative criticisms, they lead to the second issue that Ben Jelloun's Goncourt raises. Mohamed Bonghali referred to the author of *La nuit sacrée* as "un amuseur exotique des Français" and then managed to turn the self-evident into a reproach: "La qualité d'une écriture ou la valeur d'un écrivain n'est pas nécessairement liée à un prix qu'on lui attribue" (*Jeune Afrique*, Dec. 2, 1987, 47). If Ben Jelloun has the honor of being the first North African adjudged *goncourable*, he is also the victim of being the first. Despite the merit of *La nuit sacrée*, the Goncourt jury's decision to recognize at last the vitality of francophone literature makes the earlier neglect more apparent, and forces one to wonder why Ben Jelloun, and why just now?

Just as Latin American literature did not suddenly appear on the scene thirty some years ago, but rather the power and imagination of South American texts finally imposed themselves upon even the most retrograde of Hispanic literary scholars in such a manner that these works no longer could be ignored, the award to Ben Jelloun is a belated acknowledgement of peoples and cultures whose literature is playing an increasingly significant role in the Hexagon's intellectual life.

Whatever the merits of such an explanation for a North African winning the Goncourt in 1987, it is necessarily speculative and partial, but it is difficult to imagine that the jury was oblivious to the political as well as the literary tensions of the day: "Si nous élisons Ben Jelloun, disait l'un d'eux, on dira que c'est l'effet Le Pen; si nous ne l'élisons pas, ce sera aussi l'effet Le Pen" (*Jeune Afrique*, Dec. 2, 1987: 44).

Along with the variety of political and literary pressures weighing upon the jury, there was yet another factor that might have influenced *les dix*. Tahar Ben Jelloun fits in several ways the pattern for a *goncourable* author. He was in the preferred age category, about forty-one years old, had written articles for *Le Monde*, and had previously published six books with Seuil. He was already a literary figure of some prominence whose taste in fiction corresponded, at least in some areas, with traditional Goncourt thinking. In an interview he stated that: "les 'nouveaux romans' sont des oeuvres d'auteurs qui ne savaient plus quoi dire ni comment raconter leur société" (*Jeune Afrique*, 45-46). The confluence of a noteworthy novel, a climate of opinion, and an established author allowed the jurors to make an award that permitted them to champion progress without making any significant changes in the essential Goncourt philosophy.

There was no "crisis" for the Goncourt jury when it came to choosing the annual prize winners in the 1980s. It would be calmer and more accurate to speak of a series of adjustments, a need to make some concessions to the times without sacrificing anything essential. The

Goncourt apparatus has remained in this decade what it has been for most of its history: a mainstream literary institution that, by means of its prize, congratulates an established author, and itself in the process. Does this mean that serious students of literature, not to mention creative artists, should look askance at the prize?

I do not think so. To begin with the self-evident, it is impossible for any group to choose an excellent novel each year. Quite apart from the political make-up of the jurors, their personal antagonisms or the vagaries of their literary taste, it is highly unlikely that a truly extraordinary novel will appear every year.

What a prize like the Goncourt does provide is a financial subsidy for someone engaged in a very difficult enterprise, the writing of fiction, while at the same time the profits permit a press to encourage and eventually publish works of a more experimental nature.

In a more general sense it contributes to the vitality of the written word in an era where literature is constantly losing ground to television and the movies. Edmonde Charles-Roux claims with considerable justification that the Académie Goncourt is "une chose superbement française" (*Le Monde*, Nov. 20, 1990: 18), and it would be a grave mistake to dismiss out of hand what the interest in this prize adds to the general curiosity about French contemporary fiction. After all, it is perhaps only in France that an advertisement for a novel can appear on the first page of a major newspaper, and a writer be treated like a *vedette*.

The Goncourt, and to a somewhat lesser degree the other prizes as well, provide entertainment and employment to a large variety of people. Each year reporters chronicle the discussions and machinations, real and imagined, of the jurors's deliberations; academics provide a commentary, usually negative and condescending, on the eventual selection. Yuppies learn what novel to display prominently in their *living*, and intellectuals fancy that their task of knowing what *not* to read has been facilitated. Throughout all the commentaries, criticisms, and occasional silliness that surround the awarding of a Prix Goncourt, the business of literature continues, and the novel remains where it should be: in the public eye, as a focus of discussion, excitement, annoyance, and challenge.

Bibliography

Assouline, Pierre. "Les dessous du Goncourt". *Lire* (novembre: 199n): 33-46.

Ben Jelloun, Tahar. *La nuit sacrée*. Paris: Points, 1987.

Bessière, Jean. *Création romanesque et sociodynamique culturelle: les prix littéraires de 1974*. Paris: Lettres Modernes, 1981.

Carrière, Jean. *Le prix d'un Goncourt*. Paris: Laffont-Pauvert, 1987.
Gaillard, Phillipe. "Le Prix Goncourt". *Jeune Afrique* (25 novembre 1987): 22.
_____. (2 décembre 1987): 44-46.
de Goutel, Eric. "Pour l'éditeur Robert Laffont le Prix Goncourt est une catastrophe". *Télé 7 Jours* (15 novembre 1980): 5-6.
Greilsamer, Laurent et Schneidermann, Daniel. "La tribu Goncourt". *Le Monde* (20 novembre 1990): 17-18.
_____. *Le Monde* (23 novembre 1990): 24.
Lamy, Jean-Claude. *René Julliard*. Paris: Julliard, 1992.
Paquot, Michel. "Heures de veille avant le Goncourt". *La Cité* (16 novembre 1989): 12-13.
Robichon, Jacques. *Le défi des Goncourt*. Paris: Denoël, 1975.
Savigneau, Josyane. "Au secours de la victoire". *Le Monde* (13 novembre 1984): 44.

The Goncourt *Winners in the 1980s*

1980. Yves Navarre: *Le Jardin d'acclimation* (Flammarion)
1981. Lucien Bodard: *Anne-Marie* (Grasset)
1982. Dominique Fernandez: *Dans la main de l'ange* (Grasset)
1983. Frédéric Tristan: *Les égarés* (Balland)
1984. Marguerite Duras: *L'amant* (Minuit)
1985. Yann Queffelec: *Les noces barbares* (Gallimard)
1986. Michel Host: *Valet de nuit* (Grasset)
1987. Tahar Ben Jelloun: *La nuit sacrée* (Seuil)
1988. Erik Orsenna: *L'exposition coloniale* (Seuil)
1989. Jean Vautrin: *Un grand pas vers le Bon Dieu* (Grasset)
1990. Jean Rouaud: *Les champs d'honneur* (Minuit)

La politique éditoriale des *éditions des femmes*

ISABELLE DE COURTIVRON

Une analyse du parcours de la maison d'édition *des femmes* et de ses initiatives dans le domaine de l'édition éclaire la trajectoire politique et culturelle de son équipe—et en premier lieu de sa directrice Antoinette Fouque. Une telle analyse permet aussi d'esquisser certaines grandes lignes qui correspondent à l'itinéraire d'une tendance importante du mouvement des femmes en France pendant les années 1970 et 1980, sans pour autant occulter les différences et les désaccords qui ont opposé le groupe *Psych et Po* (créateur des *éditions*) aux autres courants du MLF des années 1970.

Les questions suivantes seront donc abordées dans cet essai: En quoi les *éditions des femmes* constituent-elles, depuis maintenant dix-huit ans, une entreprise exceptionnelle qui n'a cessé de posséder une voix à part (et souvent fort controversée) dans le paysage culturel et éditorial français? Pourquoi cette entreprise perdure-t-elle alors que tout autre projet d'édition au féminin, et la plupart des collections d'écrits de femmes au sein des maisons d'éditions traditionnelles, ont disparu? En quoi la durée de ce parcours est-elle liée à un phénomène culturel que l'on peut considérer comme spécifiquement français? Enfin, que peut révéler une telle analyse non seulement de l'évolution des mouvements féministes en France, mais aussi de la place des femmes dans l'édition française pendant les années 1980?

Historique des *éditions des femmes*, de leur participation aux premières manifestations du MLF en 1968 à la création de l'"Alliance des Femmes pour la Démocratisation" au début des années 1990 (ou de "l'écriture féminine" à la Bibliothèque des Voix). Cette évolution peut être divisée en quatre étapes:

1. 1968-75: de l'époque du MLF et de la création de *Psych et Po*, jusqu'à la Loi Veil et l'Année Internationale de la Femme.

Le travail bouillonnant du MLF à cette époque consiste surtout en manifestations anarchiques, militantisme, réunions spontanées, groupes de travail, rédactions de tracts et de manifestes, efforts de réforme des lois sur le viol, l'avortement, le contrôle des naissances, les crêches. Cependant, une fois la loi Veil votée, il y a une certaine fragmentation, puis des tournants importants dans l'évolution de chaque groupe—d'où les nombreuses divergences à propos non seulement des stratégies à suivre mais des analyses à élaborer. Antoinette Fouque et *Psych et Po* se démarquent immédiatement en s'opposant au label *féministe* qu'elles accusent de n'être qu'une revendication d'égalité qui efface toute différence. Antoinette Fouque, disciple et patiente de Jacques Lacan, devient alors pour les médias le "chef mythique de la révolution du Symbolique" (cité dans l'entretien de Malettra), une branche de la réflexion féministe qui sera reconnue comme spécifiquement française par l'apport de la théorie psychanalytique et philosophique, revue et corrigée par Lacan et Derrida, par les discours de Foucault sur la sexualité, par mai 68 et la révolution sexuelle.

2. 1975-1979: de la fondation des *éditions des femmes*—créées en 1972 mais qui ne publient leurs premiers livres qu'en 1974—au procès du MLF Marque Déposée.

Dès le début, les choix éditoriaux des *éditions des femmes* se sont définis comme internationaux et interdisciplinaires. Ceux-ci se démarquent intellectuellement par l'accent mis sur la psychanalyse que rejetaient à l'époque un bon nombre de féministes (un des premiers textes traduits par les *éditions* n'est-il pas celui de Juliet Mitchell dont le travail constitue l'effort de réconcilier féminisme et psychanalyse freudienne?), et par l'importance capitale qui est attribuée au corps, dans le sens non seulement de la sexualité qui était plutôt le cri de guerre d'une génération, mais de la spécificité et la libre disposition du *corps* féminin, la reconnaissance de la censure sur le corps, et l'articulation du corps et de l'inconscient. Enfin, ces *éditions* se démarquent par l'importance accordée aux textes militants internationaux, "femmes en lutte dans tous les pays": documents, essais, récits, témoignages, dont certains sont recueillis clandestinement, et qui sont "destinés à faire connaître les luttes et les vies de femmes dans le monde entier" (*Catalogue*). Naoual el Sadaawi d'Egypte, par exemple, un ouvrage collectif sur les femmes du Chili, des ouvrages sur les femmes Siciliennes, Latino-Américaines, Albanaises, Afghanes, en font partie. La pratique éditoriale et la pratique politique des *éditions* fut de:

"questionner sans concession les textes du matérialisme historique et dialectique (Marx, Lenine, Mao...), les textes sur la sexualité et l'inconscient (Freud, M. Klein, Lacan...), la sémiologie, la pratique et la théorie analytique, pour repérer leur articulation à notre lutte, mais aussi leurs limites, leurs impasses, leurs points de refoulement et de censure des femmes. Il s'agit de se donner, ensemble, les moyens de penser à partir des instruments qui existent déjà, mais qui sont tous marqués par le signe masculin et bourgeois: nous les déconstruisons et les reforgeons" (*Catalogue* 35).

A part le choix des textes, les *éditions* se démarquèrent par la volonté de créer un lieu symbolique, un "espace transitionnel," un lieu de culture du féminin (édition et librairie). Cela représentait d'abord un lieu de publication pour celles qui travaillaient sur la langue mais ne pouvaient pas se faire publier ailleurs, ce qu'elles ont nommé "tout le refoulé, le censuré, le renvoyé très concret des maisons d'édition bourgeoises" (*Catalogue* 29). Puis, un lieu où l'on pourrait dépasser les revendications et les luttes négatives et faire les choses "autrement".

Enfin, les *éditions* se démarquent concrètement, en mettant en place des moyens matériels et politiques pour s'attaquer à un système d'édition traditionnel et en mettre un autre à sa place.

D'où l'un de leurs premiers manifestes:

> des femmes
> du M.L.F.
> éditent
> et c'est une lutte quotidienne
> pour des femmes
> de travailler à faire connaître,
> sans père président-ministre,
> sans patron souteneur,
> sans parti protecteur,
> des textes de femmes,
> tous politiques
> dans leur ouverture révolutionnaire;
> documents, essais, fiction.

En effet, les *éditions des femmes* ont vu fort justement et dès le départ l'erreur qu'allaient commettre les collections dites féminines chez les éditeurs traditionnels. Cependant, éviter cette erreur supposait de leur part un support matériel indépendant, qui fut assuré par une riche héritière et qui a permis à *des femmes* de continuer leur travail sans risquer la faillite, comme ce fut le cas pour tant d'autres petites maisons.

3. Les années 1980: De Mitterrand et l'exil en Californie à l'Alliance démocratique des femmes — années de divergences et de ruptures.

En 1979, *Psych et Po* revendique exclusivement la propriété du Mouvement de Libération des Femmes, en se constituant en association avec pouvoir juridique (devenant donc "MLF Marque Déposée"). Lorsque l'éditrice des éditions Tierce signa une pétition pour protester contre l'appropriation abusive et personnelle du sigle MLF, elle se fit attaquer par *des femmes* pour concurrence déloyale[1]. S'ensuivra une crise profonde qui divisera ouvertement les groupes de femmes, au sein d'un mouvement déjà affaibli par de nombreuses divergences au niveau théorique et pratique. Puis, en 1981, l'élection des socialistes au pouvoir mettent les groupes féministes qui ont toujours été contestataires dans une situation de porte-à-faux (voir Goldberg Moses). *Psych et Po*, qui avait toujours appelé à ne pas voter, avait milité pour l'élection de Mitterrand, espérant peut-être ainsi jouer un rôle important auprès du nouveau pouvoir—ce qui ne fut pas le cas. Mais les questions de stratégies, de pouvoir, d'alliances et de co-optation, d'autonomie et de dépendance qui suivirent cette élection, surtout après la création du Ministère pour les Droits de la femme, contribuèrent désormais à la division progressive des groupes et à l'affaiblissement de l'élan contestataire du mouvement.

Antoinette Fouque part aux USA en 1982, époque à laquelle elle suspend les réunions, arrête l'hebdo et quitte le MLF. Quand elle revient comme éditrice à la fin des années 1980, les choix éditoriaux des *éditions des femmes* se préciseront. La création de la Bibliothèque des voix en particulier, qui connut un grand succès commercial, représente un effort de réconcilier idéologie et pragmatisme, c'est-à-dire féminisme et profit.

La genèse de cette collection de Livres-Parlants est non seulement idéologique mais sa conception en est très personnelle: la mère d'Antoinette, une immigrante italienne, est analphabète. "Pourquoi n'aurait-elle pas accès à tous ces textes?, se demanda sa fille. La collection des voix répond au désir d''archiver le périssable', d'enregistrer le souffle et la voix dans la lignée du corps et de la mère, ce qui marque donc une continuité avec les premiers choix éditoriaux des années 1970. C'est à travers la voix qu'Antoinette Fouque (qui choisit maintenant le label d'"éditrice" alors que jusque-là les livres étaient publiés sous la marque anonyme "des femmes du M.L.F. éditent..."), a inauguré le plus radicalement. D'après cette dernière, tout grand texte très écrit est "inspiré par la voix intérieure, la source matricielle ou maternelle" (cité dans l'entretien de Malettra et l'article de Sigaud). Les donner à entendre restitue la "dimension originaire" du texte. Cette Bibliothèque des Voix est passée des auteurs proches de

---

[1] Le texte de la pétition contre l'appropriation du sigle MLF par *Psych et Po* est reproduit dans le livre de Claire Duchen.

l'inspiration du départ, telles Jeanne Hyvrard, Victoria Thérame, Chantal Chawaf, Hélène Cixous et Angela Davis, aux classiques (Mme de la Fayette, Colette, Mme de Staël), puis aux auteurs contemporains comme Françoise Sagan, et enfin aux hommes (Duby, Gracq, Diderot, Freud), ce qui donna une certaine légitimité à cette collection.

4. Depuis 1989: l'étape présente.

En 1989, Antoinette Fouque crée L'Alliance des femmes pour la démocratisation, dont les préoccupations majeures sont les Droits de l'homme (*sic*), la conscience des intégrismes, et les mobilisations ponctuelles y compris autour de stratégies électorales.

On retrouve dans les choix éditoriaux de la fin des années 1980 aussi bien des publications militantes à vocation internationale que des textes lus par Simone Veil, Sonia Rykiel et Nathalie Sarraute. Il y a donc une certaine continuité dans le changement, et dans la réflexion qui s'articule autour du triple lien: textes/femmes/liberté, qui reste la marque de fabrique de cette maison d'édition. Le catalogue le plus récent annonce les textes de deux romancières phares du Vietnam, inconnues en France, et dont l'une est en prison; et le livre du Prix Nobel de la paix, Aung Suu Kyi, détenue en Birmanie. A la fin des années 1980, *des femmes* avaient publié à peu près 350 titres de livres, et 1990 cassettes dans la collection de la Bibliothèque des Voix.

En quoi ce parcours est-il exceptionnel? Par le fait que cette entreprise est à la fois commerciale, politique, idéologique, littéraire, culturelle, et intellectuelle; qu'elle réconcilie une prise de position idéologique, des mobilisations ponctuelles politiques, une librairie, une maison d'édition, des revues, des publications, une association, et une entreprise commerciale. Elle est exceptionnelle aussi car c'est le travail d'une seule femme—même si elle est entourée d'une équipe fidèle (et que ses ennemis aiment comparer à une secte)—seule autorité, seul comité de lecture, seule découvreuse, voyageuse infatigable, et chef de file idéologique. En effet, au début, la pratique éditoriale était censée refuser toute spécialisation et toute hiérarchie. Le travail était collectif, était-il annoncé dans toutes les interviews, celui d'une quarantaine de non-spécialistes. Cependant, il est clair lorsqu'on examine de près le fonctionnement des *éditions* que tous les choix sont exclusivement ceux d'Antoinette Fouque.

En quoi ce parcours reflète-t-il une spécificité française? Si la réponse à cette question est plus difficile à déterminer, il est possible néanmoins d'avancer quelques hypothèses.

Au niveau social, bien que les *éditions des femmes* aient toujours été financées, organisées, gérées par une équipe de femmes, celles-ci ont dès le départ affiché à la fois la primauté à court-terme d'un espace féminin *et* un refus catégorique à long-terme de la ségrégation. C'est-à-dire que malgré leur insistance sur la nécessité tactique, politique, et historique de publier prioritairement les femmes à court terme, il y a toujours eu refus du même et de l'identité qui sous-tend tout mouvement exclusif. Pour ces raisons Antoinette Fouque a toujours résisté, au moins théoriquement, à l'exclusion des hommes[2]. Il est évident que si Antoinette n'avait jamais inclu de textes ou de voix d'hommes, elle n'aurait pu attirer ni Simone Veil, ni Nathalie Sarraute, ni Catherine Deneuve, qui ont toujours refusé de s'associer à un projet exclusivement féminin, et se disent contre la ségrégation et la séparation qu'elles associent avec les excès des féministes (voir l'entretien de Malettra). Les *éditions* ont donc été légitimées par la mixité, même si, paradoxalement, celle-ci faisait partie d'un discours militant pro-féminin. Et c'est là que se situe une des grandes différences avec la plupart des mouvements féministes américains des années 1980 qui tolèrent en général bien plus facilement (et traditionnellement) le séparatisme, que celui-ci soit social ou intellectuel.

Au niveau littéraire, les *éditions* se démarquent par la façon dont elles insistent sur le lien entre la langue, le corps, et la voix au niveau spécifiquement féminin. La première année, les *éditions* annonçaient que le rapport des femmes à l'écrit et au texte était "le plus frontal de la lutte des femmes." (*Catalogue* 32). Elles publièrent Xavière Gauthier, Chantal Chawaf et Hélène Cixous, plus tard Clarice Lispector, entre autres, qui prônaient le rapport entre inconscient et libido féminins et l'écriture, à un moment où le féminisme international était bien plus militant que théorique. Elles s'insèrent donc dans un discours philosophique contestataire qui semble particulièrement marqué par les années 1960 et 1970 en France.

Au niveau culturel, les *éditions*, en considérant comme inséparables, dans la mission de l'intellectuel dans la cité, les dimensions du littéraire doublé du politique, s'insèrent aussi dans une tradition de l'intellectuel français depuis Zola jusqu'aux manifestations plus médiatiques d'un Regis Debray, d'un Bernard-Henri Lévy ou d'un Alain Finkielkraut. L'autorité morale et le pouvoir symbolique et contestataire de l'intellectuel et de ce que Priscilla Ferguson appelle "l'écrivain public" fait partie d'une tradition bien française à laquelle appartiennent la plupart des écrivains publiées par *des femmes* (Ferguson).

Il est pertinent d'esquisser, à ce point, une très brève comparaison avec les USA. Alors qu'aux USA le nombre des livres de femmes dans les collections universitaires et commerciales, croissait à un rythme vertigineux (et continuent de le faire), en France ces collections furent éphémères. Mais il ne faut pas oublier que les *éditions des femmes* ont innové en se donnant dès le début une vocation internationale qui est

---

[2] Communiqué de presse des *éditions des femmes*, mars 1974.

maintenant reconnue aux USA comme étant primordiale. Et que dès le départ, elles ont mis l'accent sur les traductions, et ont publié autant de traductions que de textes français. De plus, leur politique éditoriale était interdisciplinaire bien avant que les Américains ne découvrent et ne consacrent l'interdisciplinaire. En revanche, là ou les mouvements féministes américains ont compris que de nombreuses autres différences séparaient les femmes qui n'étaient pas réductibles à la différence sexuelle (différences de classe, de race, de religion, de sexualité), et qu'on ne pouvait donc parler de la catégorie "femmes" comme étant monolithique, Antoinette Fouque continue à ne pas vraiment tenir compte de ces éléments qui pourtant différencient souvent les femmes entre elles aussi radicalement que leur corps les rapprochent (voir "Femmes en mouvements").

Quelques remarques plus générales sur les femmes dans le paysage éditorial français à la fin des années 1980 s'imposent en guise de conclusion. Si l'édition se féminise depuis les années 1970, les femmes continuent à être traditionnellement nombreuses dans certaines activités telles que secrétaires, documentalistes, iconographes, attachées de presse, ou responsables des droits étrangers et agents littéraires. Mais les hommes constituent la grande majorité des décideurs, à quelques exceptions près, par exemple Françoise Verny.

En 1975, il y avait une quinzaine de collections féministes, chez divers éditeurs. La pionnière en fut Colette Audry qui fonda chez Denoël, en 1963, la collection *Femme*. Dans les années 1970, à l'époque la plus active et visible du féminisme, les collections se multiplièrent: *Le temps des femmes* chez Grasset, *Femmes en mouvements* chez Horay, *Autrement dites* chez Minuit, *Libres à elles* au Seuil, *Questions de femmes* aux Presses de la Renaissance, *Elles mêmes* et *Femmes dans leur temps* chez Stock. Mais si la plupart des directrices de ces collections étaient des femmes dont les propositions motivées réussirent à faire prendre à leurs maisons le mouvement sous la pression, celles-ci n'en constituaient pas pour autant le pouvoir éditorial ou financier. Dans un de leurs tracts, *Psych et Po* écrivait que les livres n'étaient pas pour elles de vulgaire marchandises mais des objets de vie, sans la livrée obligatoire des serviteurs de l'édition, alors que les autres, les "femmes partagées" moitié victimes, moitié complices, investissaient nom, compétences, titre pour spéculer dans la direction de collections lancées par les trusts de l'édition: "les femmes collectionnent les femmes" concluaient-elles[3]. Aujourd'hui il ne reste que trois de ces collections. L'élan s'est arrêté. Les raisons économiques sont prépondérantes; en effet, la plupart des moyennes maisons d'édition sont menacées. Et la fin des idéologies a

---

[3] Communiqué de presse des *éditions des femmes*, octobre 79.

entraîné la disparition de maisons qui s'identifient comme étant exclusivement de gauche. Mais un autre phénomène qui ne recoupe que rarement le sujet des collections de femmes mérite d'être mentionné, et c'est celui des éditrices qui fondèrent leurs propres maisons, surtout dans les années 1980. Contrairement à Antoinette Fouque, celles-ci n'avaient souvent aucun lien avec le Mouvement des Femmes. En 1988 il y avait une douzaine de celles-ci sur mille éditeurs à peu près. Depuis, les chiffres sont restés plus ou moins stables car pour chacune qui met pignon sur rue, telle Vivianne Hamy, une autre dépose son bilan telle Sylvie Messinger.

Au Salon des livres de 1987, il y eut un débat sur le métier d'éditrice auquel participèrent neuf femmes créatrices d'une entreprise apposant leur nom sur leurs livres (fait récent dans l'édition, puisqu'avant 1965 il n'y avait guère que dans les secteurs de la mode ou de la beauté que certaines entreprises portaient des noms de femmes, si l'on exclue Marie Brizard ou la Veuve Cliquot). Ce débat est tout à fait révélateur des difficultés que rencontrent celles qui logent une vocation d'éditeur dans un corps de femme[4].

Les questions pour le débat furent préparées par l'Association des Femmes Journalistes et les réponses publiées. Dès le début, il est évident que les questions sont tournées plus vers les femmes que vers l'édition. L'on apprend que sur les éditrices (dont certaines préfèrent être connues sous le nom d'*éditeur*), telles sont du Verseau et telles du Lion, que huit ont *des enfants* (mot souligné dans le compte rendu) et d'en citer le nombre, trois n'en ont pas et l'une, Odile Jacob, *n'en a pas encore* (une nouvelle catégorie bien intéressante...). L'on apprend aussi que leur mari ou compagnon "les a encouragées dans leur action". Puis, que parmi ces maris ou compagnons certains "travaillent avec elles", d'autres sont cadres supérieurs ou hauts fonctionnaires, ou architectes. On leur pose la question suivante: "Pour créer une maison d'édition, y-a-t-il des avantages à être une femme?" (aux USA, on aurait plutôt demandé quels étaient les inconvénients ou les obstacles plutôt que les avantages). "Bien sûr, elles utilisent leur charme...", conclue-t-on. Puis de renchérir sur les termes du métier proprement féminins: "porter" un texte, "accoucher" un auteur, etc. Enfin, on y apprend que certaines se sentent "bouffées" par leur boulot, et que d'autres s'organisent tant bien que mal pour s'occuper de leurs enfants.

Il est difficile d'imaginer un tel débat parmi les éditeurs au masculin dont on nous signalerait le signe astral, le nombre d'enfants, le métier de leurs femmes, et si oui ou non ils se sentent "bouffés par leur bou-

---

[4] Toutes les citations qui suivent sont tirées de ce dossier qui s'intitule " Métier: éditrice" et qui a été publié par l'Association des Femmes Journalistes pour le débat organisé au Salon du Livre le 23 mars 1987.

lot" au détriment de leur vie familiale—ce qui ne veut pas dire qu'ils ne le sentent pas, mais qu'on ne penserait pas à leur poser la question.

Ces éditrices, cependant, contrairement à Antoinette Fouque et aux *éditions des femmes* n'ont pas de politique éditoriale féministe (Sylvie Messinger était une exception) et, à part le livre de Badinter, *L'un est l'autre* chez Odile Jacob, elles n'ont pas publié de livres sur les sujets dits féministes. La plupart pensent que mettre en avant la spécificité de la femme est démodé, qu'on stagne sur les sujets, que les collections sont trop typées, que les textes sont répétitifs et que les femmes n'ont plus besoin d'un lieu spécifique pour s'exprimer. Au fond, dira Antoinette Fouque à propos de ces remarques, "c'était l'âme des femmes qui ne plaisait pas"[5]. Toute discussion intellectuelle à Paris aujourd'hui illustre bien que les sujets qui priment, c'est à dire les droits de l'homme et l'écologie, sont sans sexe (ce que les féministes américaines contesteraient vigoureusement). La mode intellectuelle parisienne ayant réussi à évacuer la lutte féministe non par les attaques de la droite conservatrice comme aux USA mais par le ridicule, arme combien plus efficace en France, il reste à voir combien de temps les *éditions des femmes* pourront encore durer.

Bibliographie

Catalogue des éditions des femmes, 1974-1982.

Duchen, Claire. *Feminism in France, from May 68 to Mitterrand.* London and Boston: Routledge and Kegan Paul, 1986.

"Femmes en mouvements hier, aujourd'hui, demain", entretien avec Antoinette Fouque. *Le Débat* 59(mars-avril 1990).

Ferguson Clark, Priscilla. *Literary France, The Making of a Culture.* Berkeley: University of California Press, 1987.

Goldberg Moses, Claire. *French Feminism in the 19th Century.* Albany: SUNY Press, 1984.

Malettra, Françoise. *Le bon plaisir d'Antoinette Fouque*, entretien sur France Culture (1990). Paris: *des femmes*, La Bibliothèque des Voix, 1990.

Mitchell, Juliet. *Psychanalyse et politique*, traduit par Ducrocq, Basch et Lawton. Paris: *des femmes*, 1974.

Sigaud, Dominique. "Textes, femmes, libertés". *Passages* (juillet-août 1991).

---

[5] Entretien personnel avec Antoinette Fouque, Paris, juin 1992.

La réception des auteurs canadiens de langue française dans la France des années 1980

GAËTAN BRULOTTE

Plusieurs études ont démontré que la France avait une perception monolithique de l'auteur canadien-français, et cela depuis au moins la Seconde Guerre mondiale: cette image se ramène essentiellement à l'exotisme et au folklore[1]. Dans les rares oeuvres québécoises auxquelles on a accès en France, on recherche le dépaysement du décor, la différence linguistique, le passé canadien, bref on perpétue ce que l'on pourrait appeler le mythe de *Maria Chapdelaine*. Au fil des décennies, depuis au moins les années 1950, on a créé chez le public français un horizon d'attente des oeuvres québécoises: cet horizon est pétri de romantisme nostalgique, d'exotisme de la ruralité et d'une naturalité rêvée. En limitant ainsi leur représentation du Québec littéraire, les éditeurs français sont parvenus à donner à leurs compatriotes une image folklorisante et réductrice de cette littérature. Qu'en est-il de la perception de l'auteur canadien-français en France dans les années 1980? A-t-elle évolué? A-t-elle perpétué ce mythe?

Avant tout il faut passer en revue les conditions de circulation des oeuvres québécoises sur le territoire français, conditions qui ont contribué pendant des décennies à enfermer les auteurs québécois dans leur image restrictive. Il existe trois modes de diffusion de la littérature québécoise en France: la distribution, la coédition et l'édition directe.

La distribution n'existe que timidement dans quarante *coins Québec*, comme on les appelle, répartis dans autant de librairies sur l'ensemble de l'Hexagone. Ces espaces ont été durement négociés par le gouver-

---

[1] Voir Gerols pour plus de détails sur cette perception monolithique.

nement québécois au cours des années 1970. Les éditeurs canadiens souhaiteraient pouvoir distribuer librement leurs livres en France, mais le protectionnisme du marché du livre les y en empêche. Ainsi maintenue dans le sous-développement, la distribution est inefficace et quasi inexistante.

La co-édition Québec-France est plus répandue et se pratique depuis les années 1940. Ce phénomène a commencé avec Flammarion qui a publié Gabrielle Roy, Roger Lemelin, et qui continue toujours ce travail, le plus récent titre en collaboration avec XYZ étant *Ces spectres agités* de Louis Hamelin. La co-édition s'est poursuivie avec Grasset dont les penchants folkloriques sont bien connus: cette maison est née, ne l'oublions pas, du succès du roman de Louis Hémon *Maria Chapdelaine* au début du vingtième, et a poursuivi sans relâche la promotion de ce mythe en co-éditant notamment Yves Thériault (*Agaguk* et autres folklorismes), Michel Tremblay (avec son folklorisme linguistique), ou Antonine Maillet. D'autres éditeurs français ont pratiqué la co-édition: Gallimard, d'une manière sporadique, avec Réjean Ducharme, et qui continue avec sa filiale Denoël et son représentant québécois Lacombe à publier des récits policiers (comme ceux de Christine Brouillet ou Monique LaRue). Il y a encore Laffont qui a co-édité André Langevin dans les années 1950, puis Félix Leclerc, Louis Caron, Victor-Lévy Beaulieu. Chez les poètes, Seghers a co-édité les oeuvres de Pilon par exemple. Plus récemment, de petits éditeurs québécois tels que Noroît, les Forges, VLB ont commencé à co-éditer avec leurs homologues français: le Castor Astral, La Table rase, Champ Vallon, Europe Poésie. Julliard a republié Gérard Bessette dans les années 1960, puis plus tard *Le matou* d'Yves Beauchemin. De loin le Seuil, avec sa filiale canadienne Boréal, représente la plus féconde des entreprises de co-édition. La dernière maison à créer des liens privilégiés de cette sorte est Leméac, avec Actes Sud, notamment pour le roman de Jacques Poulin *Les vieux chagrins.*

Cette co-édition assure depuis les années 1970, chaque année, la mise en circulation en France d'oeuvres d'une trentaine d'auteurs québécois, tous genres confondus, c'est-à-dire 10% des écrivains actifs, ce qui est évidemment fort peu. Maigre consolation cependant, les oeuvres québécoises sont plus nombreuses sur le marché français que celles des écrivains belges ou suisses (voir Royer, *Le Devoir*, 2 mars 1991).

Il va sans dire que les oeuvres québécoises sélectionnées pour la co-édition le sont par les éditeurs français qui opèrent selon leurs intérêts et leurs préjugés, au nom, disent-ils, d'un public dont le goût a été façonné par des expériences littéraires antérieures, expériences qui se limitent au mythe emblématique de *Maria Chapdelaine*. Ce mythe est profondément intériorisé par l'imaginaire collectif français. La réalité canadienne s'inscrit ainsi dans ces représentations folkloriques pétrifiées.

Si le mode de fonctionnement de la co-édition bloque toute innovation, qu'en est-il de l'édition directe des écrivains québécois en France? Ce phénomène a surtout été cultivé par le Seuil qui a publié directement à Paris Anne Hébert, Jacques Godbout, Louis Caron, par exemple et plus récemment, Robert Lalonde, René Lapierre, Suzanne Jacob, voire Denise Bombardier. Là joue encore dans la sélection des oeuvres éditées en France, la conception folklorique du Canada. Le mythe de *Maria Chapdelaine* imprègne le plus souvent la perception que se fait l'éditeur parisien des Canadiens. Cette perception s'arrête au caractère ethnographique de la littérature. Elle tend à donner aux lecteurs français une image stéréotypée, toujours la même, inlassablement répétée, comme si le Canada n'avait pas changé depuis un siècle. Cette image est répercutée dans tout le monde francophone grâce au pouvoir d'exposition internationale dont bénéficient les éditeurs français.

Cette structure fixe a continué de filtrer la présence de la littérature québécoise en France tout au long de la décennie 1980-90. C'est dire que par sa rigidité même, les auteurs canadiens ont peu de possibilités de voir leur réception varier. Malgré tout il semble y avoir quelques signes d'une évolution récente de la situation. Voyons ce qu'il en est.

La décennie a commencé pour ainsi dire par une célébration triomphale du mythe de *Maria Chapdelaine* avec l'éditeur parisien Grasset. En 1979, il publia le roman d'Antonine Maillet *Pélagie-la-Charrette* qui remporta le Prix Goncourt: c'était là, à l'orée des années 1980, la consécration spectaculaire du folklorisme canadien par l'institution française. Au lieu de faire servir son succès tapageur à l'éducation des lecteurs français, ce roman a au contraire fortement contribué à créer une confusion durable dans l'image que les Français moyens se font des auteurs québécois: depuis *Pélagie-la-Charrette*, par un surprenant effet débilitant (à l'opposé de ce qu'on attend de la vraie littérature), on ne cesse d'assimiler en France l'Acadie, que Maillet représente dans ses romans, au Québec où elle vit. La romancière acadienne est devenue, dans la conscience populaire française, romancière québécoise: pour cette même conscience, le Québec, le Canada et l'Acadie, c'est du pareil au même. On sait peut-être que la consécration française de ce folkorisme par le Prix Goncourt a été perçue comme une insulte par les intellectuels québécois.

C'est sur ce ton que s'inaugure la décennie 1980-90. Pour dresser l'état de la réception des auteurs québécois dans la France de ces années, j'ai comparé au cours des années 1980 l'accueil par les institutions littéraires en France et au Québec de quelques oeuvres représentatives publiées au cours des années 1980 à Paris: *Une enfance à l'eau bénite* de Denise Bombardier, *Le dernier été des Indiens* et *Une belle journée d'avance* de Robert Lalonde, *L'été Rebecca* de René Lapierre. L'analyse de cette dialectique démontre un important fossé entre les deux cultures et leur horizon d'attente, entre l'image diversifiée et moderne que l'on souhaite projeter d'une part et la réception monolithique et invariable qu'on maintient d'autre part. Plus une oeuvre s'inscrit dans le sillage du mythe de *Maria Chapdelaine*, mieux elle est accueillie par la critique en France et moins bien elle l'est au contraire au Québec[2]. Pour la clarté de la démonstration, je vais reprendre à titre indicatif quelques éléments de ces analyses[3]. Je n'ai retenu que la réception par la critique journalistique parce qu'elle reflète mieux que la réflexion universitaire l'horizon d'attente du grand public: cette critique se modèle davantage sur le goût des lecteurs, elle leur sert ce qu'ils attendent ou peuvent recevoir.

De Denise Bombardier, star de la télévision canadienne, paraît en 1985 *Une enfance à l'eau bénite*. Cette oeuvre autobiographique, présentée abusivement comme un roman, raconte l'enfance typique dans les années 1940-50 d'une petite Québécoise catholique francophone, culpabilisée par la tyrannie cléricale et familiale, inférorisée par la domination anglo-saxonne, immobilisée dans un système de valeurs étouffant.

Ce récit a enthousiasmé la critique en France où il a été placé dans la tradition des écrits féminins libérateurs qui va des *Mémoires d'une jeune fille rangée* aux textes de Colette Audry et Annie Ernaux (Nourissier, *Le Figaro*, 11 mai 1985). On y a vu un essai sur la programmation familiale et sociale dans un Québec archi-conservateur avec quelques recettes personnelles pour y échapper (Todd, *Le Point*, 10 juin 1985: 66). On y a perçu une éducation sentimentale rude, une recherche de la liberté d'être soi-même au-delà des règles, de la morale et de la religion (Josselin, *Le Nouvel Observateur*, 29 mars 1985: 60). Enfin Bombardier participa à l'émission de Bernard Pivot, *Apostrophes*, dont on se souvient des importantes retombées commerciales.

Au Québec, le livre souleva des tollés. On lui reprocha de donner une image négative de la Province et de ranimer un passé que, depuis la Révolution tranquille des années 1960, l'on s'efforçait d'oublier. Cette réaction affective des critiques se manifesta par exemple dans la revue *Québec français* qui jugea le livre "humiliant" pour le Québec et y vit une "courbette envers la France" (octobre 1985: 8). Et effectivement ce livre a visiblement d'abord été écrit pour un public français comme

---

[2] Il semblerait cependant y avoir une évolution de l'accueil au fil des publications: de très louangeuse en France (avec son écho inversé, excessivement négatif, au Québec) dans la première moitié des années 1980 pour les oeuvres de Bombardier et de Lalonde, la critique de part et d'autre de l'Atlantique a évolué vers un équilibre relatif dans la seconde moitié avec la suite de l'oeuvre de Lalonde et le roman de Lapierre.

[3] Pour un premier état de ce travail, voir mon article de 1986.

en témoignent nombre d'explications superflues pour des lecteurs québécois. Ce faisant, il a reposé l'épineuse question du rapport du Québec avec la France, de l'image stéréotypée que certains Québécois exportent délibérément vers la France, de la perception traditionnelle et invariable qu'en France on veut bien toujours avoir du Québec.

Cela dit, cette fois quelque chose de déterminant semble s'être produit avec cette publication, tant du côté québécois que français. Ce livre a provoqué une prise de conscience: ce passé si tabou a peut-être été une force; cette éducation férocement étroite a peut-être formé, au prix de la révolte, des êtres plus solides et plus libres que ceux qui ont connu le laxisme universel. C'est du moins ce que suggère Nourissier (*op.cit.*) et ce que pourraient illustrer la réussite personnelle de Bombardier et celle de nombreux Québécois de sa génération. En ce sens, le regard français sur des enjeux aussi affectifs a pu aider les Québécois à mieux s'assumer. Cette autobiographie a également eu un effet de bilan des peurs, des hontes, des limites, des préjugés, bilan de ce qui fut et ne sera plus.

A la suite de Bombardier, au milieu des années 1980, les Editions du Seuil ont publié deux autres auteurs québécois: Robert Lalonde et René Lapierre. Leurs romans ont donné à lire, chacun à leur façon, les signes d'un renouveau de l'image québécoise en France.

Après avoir été découvert au Québec en 1981 par le prix Robert-Cliche avec un roman lyrique sur l'amour, *La belle épouvante*, Lalonde débarqua en France l'année suivante avec un très court roman (plutôt une longue nouvelle), *Le dernier été des Indiens*. Dans un Québec de 1959, celui d'avant la Révolution tranquille, deux adolescents vivent une aventure homosexuelle au cours de laquelle un petit Québécois, voué par sa famille à la prêtrise, est initié par un jeune Indien au milieu d'une nature complice. Jugé répétitif, peu représentatif, concession aux modes du moment, ce roman fut perçu au Québec comme ce que l'on pourrait appeler une *hexagonerie* et impitoyablement démoli par la critique. L'éditeur français et ses représentants au Québec furent même surpris de la violence de cette réaction, mais furent contents d'attirer ainsi l'attention par une controverse inespérée. "La perfection de l'échec", titra Réginald Martel dans *La Presse* de Montréal (18 septembre 1982: C-3). "Le message reste en travers de la gorge", écrivit Mario Pelletier dans *Le Devoir*, "et les relents d'obscurantisme qu'il dégage font enrager." Son article s'intitulait: "Peaux rouges et fesses blanches"!

En France, ce même récit fut au contraire porté aux nues et on y décela la marque d'une culture originale. "J'ai rarement lu quelque chose d'aussi brûlant et, contradictoirement, d'aussi chaste" (Goury, *Le Magazine Littéraire*, octobre 1982: 64). "Un récit qui vous prend l'âme, la triture, la secoue des certitudes pour la laisser neuve, caressée par le vent d'une conscience vierge de tous les préjugés" (Chaillet, *Les Nouvelles Littéraires*, septembre 1982: 29). L'ensemble de la critique française adopta ce ton.

La réception du roman suivant de Robert Lalonde, *Une belle journée d'avance* est allée dans le sens d'une plus grande modération de part et d'autre de l'Atlantique. Ce roman est aussi court que *Le dernier été des Indiens*. Il avait tout pour plaire en France et blesser les susceptibilités québécoises. Le narrateur a près de quarante ans et vit, avec sa femme enceinte, dans la maison de son enfance un été de souvenir. Il part à la recherche de son passé. Il régresse en 1946 et s'imagine encore dans le ventre de sa mère. De là, il revoit tout: sa famille rurale et les drames de son village; il revit son adolescence marquée par la perte de ses parents qui choisissent de mourir ensemble et par conséquent de l'abandonner. On retrouve dans ce récit tout ce qui fait partie du folklore québécois traditionnel: les Indiens à nouveau associés à la liberté sexuelle (une sauvagesse provoque l'adultère d'un villageois, ce qui rend sa femme folle); les religieuses, le curé, le couvent, la chapelle ronronnante d'Ave glorieux, le Jésus en extase sur les calendriers; les guenilloux, la vie de campagne idéalisée comme au temps du roman du terroir; la forêt et sa faune d'ours, de maringouins, de siffleux, de ouaouarons; les canoës d'écorce, la sleigh sur le lac gelé, etc. Le tout saupoudré de canadianismes. Bref rien ne manquait de tout l'attirail pittoresque et le recours à ces accessoires romanesques a dû suffire aux yeux de l'éditeur parisien à racheter des failles que la critique québécoise n'a pas laissé passer.

La réaction québécoise à ce roman, bien que globalement négative, a été cependant plus nuancée que pour le récit précédent de Lalonde et que pour celui de Bombardier. Dans les attaques, on a atténué la charge. Stéphane Lépine dans *Le devoir*, par exemple, a ironiquement traité l'auteur de "Claure-Henri Grignon des années 80" parce que son roman relève "du roman de la terre, du conte folklorique" (8 février 1986: 26). En revanche il en a apprécié le charme pastoral. De loin le plus virulent, fut le commentaire de J.F. Chassay dans *Spirale*: "Ce roman se compare aux plus traditionalistes des romans du terroir québécois" et "aurait pu être écrit il y a cent ans". "Il y a quelque chose de désespérant dans [sa] lecture". "Manifestement [l'auteur] est pétri de bons sentiments." Mais, reconnaît le critique, "comment en vouloir aux bons sentiments? On ne peut rien dire. On ne peut même pas être irrité. On n'est pas concerné, voilà tout." (avril 1986, 4) Il y eut des réactions plus positives, telle celle de Réginald Martel de *La Presse*, qui avait détesté *Le dernier été des Indiens*, et qui accueillit très bien *Une belle journée d'avance*, dont il est sorti, dit-il, "ébloui" (8 février 1986: E-3). "Que de poésie! Que de beauté" s'exclama encore André Gaudreault du *Nouvelliste* de Trois-Rivières (1er février 1986).

Outre-Atlantique, on a peu parlé de ce roman, mais ceux qui l'ont fait l'ont assez bien reçu, avec cependant plus de réserve que pour le précédent livre de Lalonde et que pour celui de Bombardier. Signe des temps? Sans doute. En voici deux exemples. "Un livre à la Giono, écrit Isabelle Girard dans *L'événement du jeudi* (27 février- 5 mars 1986: 112), mais "plus barbare et rugueux, moins suave et enluminé". Pierre-R. Leclercq dans *Le Magazine Littéraire* (février 1986) vante le roman, mais souligne la faiblesse du procédé narratif qui consiste à faire parler une voix pas encore née. Le livre reçut tout de même en France le prix Québec-Paris 1986.

Bref il semble y avoir eu une évolution dans le regard critique de part et d'autre de l'Atlantique. Plus de silence et de prudence en France, moins de sévérité et plus de modération au Québec. On voit qu'on est arrivé au total, vers le milieu des années 1980, à une réception peut-être plus mesurée. Il faut dire que dans cette oeuvre, Lalonde jetait un regard plus souriant que Bombardier sur le passé du Québec et ses années d'après-guerre.

Avec René Lapierre, apparaît une image significativement neuve de l'auteur québécois en France. Dans son roman, *L'été Rebecca*, Troy, enseignant montréalais dans la quarantaine, donne un cours d'été à l'Université Brandeis près de Boston, ville où sa femme effectue un stage de pédiatrie. Durant ce séjour, il se retrouve au centre d'un triangle féminin: sa femme qu'il voit peu; sa fille de dix-sept ans, Sophie, en voyage en Italie avec un Italien, fille pour laquelle Troy se montre possessif; et Rebecca, jeune étudiante avec qui le professeur a une aventure et qui lui permet de vivre un inceste par procuration. A la fin tout rentrera dans l'ordre. Troy ne reverra plus Rebecca, terminera ses cours et prendra des vacances avec sa femme tout en décidant d'adopter une autre fille, alors que Sophie rentrera au Canada.

Comme bien des auteurs avant lui, Lapierre représente donc une tranche de vie étatsunienne et cherche à nouer de nouvelles relations avec l'espace nord-américain. Son roman est fortement ancré dans la réalité: toponymie précise de la Nouvelle Angleterre, numéros d'autoroutes, marque de voitures, petits déjeuners aux oeufs et bacon, Wimpy, baseball télévisé, etc. A quoi s'ajoute un léger folklorisme nostalgique: la cabane en bois et son vieux poêle; son bûcheron, son gin et ses rondins de sapin. Mais ce léger folklorisme est secondaire dans l'économie d'ensemble du roman.

Avec cette oeuvre, on aurait pu croire qu'un nouveau chapitre des relations littéraires France-Québec s'ouvrait au milieu des années 1980: Paris semblait avoir découvert un autre ressort commercial à la littérature québécoise en l'associant aux prestiges en France de la culture américaine. La publicité de l'éditeur était très révélatrice: "C'est le roman d'un jeune Québécois qui est comme le signal d'une littérature américaine directement écrite en français." "Comme si la littérature québécoise n'avait pas toujours été cela", s'est aussitôt empressé de commenter le critique Jean Royer dans *Le devoir*.

La critique québécoise a en général mieux réagi à ce roman qu'à tous ceux évoqués plus haut: "Aussi américain que s'il avait été signé Updike ou Bellow", signale Gilles Marcotte, moins pour vanter l'oeuvre que tout simplement pour la situer (*L'Actualité*, janvier 1986: 93). On a en particulier apprécié la sobriété de l'écriture, exempte, notons-le parce que c'est significatif, de tout joual et de tout canadianisme.

Du côté paratextuel, les photos d'auteurs employées dans la publicité sur les livres par les éditeurs ont contribué de toute évidence à définir les conditions de lecture. Les photos de Lalonde ont perpétué l'image folklorique de l'écrivain québécois emmitouflé dans de gros lainages à motifs indiens et associé aux natures rustaudes, marginalisées, exclues de l'univers de la sophistication. Les photos de Lapierre, elles, sont beaucoup plus sobres et neutres, comparables à n'importe quelle photo d'écrivain français. Son éditeur le présente dans ses fonctions littéraires de chroniqueur, d'auteur de textes radiophoniques, de rédacteur à la revue *Liberté* et de professeur d'université. Voilà qui paraissait nouveau. Il semble donc qu'on ait accepté Lapierre pour ce qu'il est plus qu'aucun autre auteur québécois auparavant et sans qu'il ait à faire reluire son ethnie à la boutonnière comme un badge de prisonnier. C'est là le signe d'un net changement d'attitude.

Ce qui est nouveau également avec *L'été Rebecca*, c'est que ce soit l'américanité du récit, et non plus seulement le folklorisme passéiste, qui ait séduit l'éditeur parisien, ce qui nous montre encore que l'image québécoise outre-Atlantique semblait en mutation au milieu des années 1980. Qu'en plus ce choix porte sur un roman d'action proche du scénario de film, et non plus sur un roman d'introspection comme Paris avait l'habitude d'en publier, voilà un pas décisif de franchi apparemment dans un sens progressif: celui du pluralisme, c'est-à-dire dans le sens d'une plus juste perception en France de la variété de la littérature québécoise.

A la fin des années 1980, on note que l'attitude des éditeurs français et de la critique française évolue dans ce sens. Ce cheminement, qui a été très lent, est encore très timide. On voit quelques efforts récents, avec la publication de Suzanne Jacob ou de Marie Laberge, pour ne plus considérer la littérature québécoise sous l'angle strict du pittoresque, mais davantage sous l'angle du problème humain ou sous l'angle esthétique, ou en suivant d'un peu plus près les mouvements littéraires internationaux. Mais il faudra sans doute encore attendre au moins une génération avant que l'édition française se *dé-folklorise*, si jamais elle y parvient. Récemment, Yves Berger, directeur littéraire de Grasset, concevait toujours la littérature québécoise comme "une province la littérature française" et avouait continuer de chercher dans les manuscrits québécois la suite de *Maria Chapdelaine*...

On sent que la fin des années 1980 et le début des années 1990 constituent une période de transition pour la critique française. Si l'on en juge à quelques exemples récents de réception, il y a un mélange d'attitude critique traditionnelle et d'attitude nouvelle.

Comme exemple d'attitude traditionnelle, je citerai la publication en France de *Tchipayuk ou le chemin du loup*, roman de Ronald Lavallée publié à Paris en 1987. Tout y est: les grands espaces, les guerres tribales, les contes indiens, la faune, la flore, etc. Ce simple choix éditorial de la part d'Albin Michel en dit long. A la parution de ce roman, Jean Ethier-Blais en a écrit un compte rendu salé dans *Le devoir* sous le titre "Des mythes canadiens comme les Français les aiment": "Nous assistons peut-être, continue-t-il, à la naissance d'un genre littéraire: le roman canadien ou québécois à l'usage des Français" (19 décembre 1987: D-10). Mais dans l'ensemble, à ma connaissance, on a peu parlé de ce livre, ni au Québec, ni en France. A propos d'un ouvrage très différent et fort commentée, *L'oeil américain* (1990) de Pierre Morency, oeuvre bien accueillie autant en France qu'au Québec, la presse française n'a pas pu résister au besoin de vanter ce "chantre de la grande nature québécoise". Ces deux exemples pourraient suffire à faire croire que le sème champêtre domine encore dans l'image québecoise en France. Avec Marie Laberge, dont *L'homme gris* fut la première pièce québécoise à dépasser cent représentations à Paris et à être jouée à la télévision française, la critique a encore insisté sur la "santé" de cette écrivaine québécoise (*Nouvel Observateur*, 7 février 1990): quatre-vingts ans après la parution de *Maria Chapdelaine*, le vieux mythe tenace ne cesse apparemment de survivre et la littérature canadienne-française semble donc toujours s'inscrire dans le champ sémantique de la robustesse paysanne. Sur le même ton qu'à la fin des années 1970, on parle également encore en 1990, avec une certaine condescendance amusée, de la "saveur" des écrivains québécois, comme s'ils avaient tous le même goût (celui du sirop d'érable, sans doute...).

Cependant cette attitude traditionnelle n'est pas exclusive. Il y a des attitudes nouvelles qui marquent peut-être une évolution et qui sont porteuses d'espoir. Avec Pierre Morency, par exemple on reconnaît que l'écrivain puisse se caractériser par autre chose que par sa seule origine ethnique, par des qualités esthétiques notamment. Voyez le commentaire de *Libération* (8 mars 1990): "J'ai vu ça, moi, du premier coup d'oeil, en entrant. J'ai l'oeil américain", écrit Flaubert. "Morency, lui, doit même en avoir deux yeux américains. L'un parce qu'il est Québécois, l'autre parce qu'il est à la fois poète et naturaliste." Pensons encore au cas de Suzanne Jacob, et de son roman *L'obéissance* (1991) qui fut fort bien accueilli au Québec et en France pour sa puissance: l'oeuvre traite d'une mauvaise mère qui abuse de sa fillette et des problèmes du couple moderne. L'auteur a été en France identifiée comme Québécoise, mais son propos n'étant pas folklorique (ce qui déjà marque une courageuse évolution chez l'éditeur), son roman n'a pas pu être traité comme tel. Voyez la remarque éloquente de Gérard Meudal dans *Libération* (26 septembre 1991): "Que [les personnages] soient québécois ne changent rien, c'est simplement parce que l'auteur est Québécoise." Voilà qui est nouveau. Attitude analogue face à l'essai de Jean-François Lisée, *Carrefours d'Amérique*: ici un Canadien parle de l'Amérique du Nord et réfléchit sur son présent et son avenir. L'origine ethnique de l'auteur n'a pas joué dans la réception critique de l'oeuvre. Commence-t-on ainsi à comprendre ou à percevoir que la littérature canadienne d'expression française, sans perdre son point de vue particulier sur le monde, a des préoccupations qui sont partagées par l'ensemble des pays modernes?

Les éditeurs français se plaignent néanmoins du fait que la critique française parle peu des oeuvres québécoises qu'ils publient. Symptôme d'une usure de l'image unique qu'on essaie d'imposer au public? Peut-être. Ce silence pourrait augurer d'un changement décisif de politique éditoriale. En outre le statut des oeuvres québécoises en France reste fort mal défini: il y aurait là aussi un travail à faire. Les auteurs québécois ne sont pas du tout intégrés à la littérature française, comme le sont certains Belges, tels Mallet-Joris, Ghelderode, Mertens, Toussaint; comme certains Suisses, tels Pinget ou Jaccottet; comme certains Maghrébins tel Ben Jelloun: ils sont marginalisés, bien identifiés dans leur ethnicité et maintenus explicitement dans cette origine, mais, paradoxalement, il n'existe pas de collection particulière pour les accueillir non plus. Voici une anecdote révélatrice: un grand éditeur parisien, Gallimard, à qui je proposais en 1983 de créer une sous-collection destinée aux écrivains québécois, et qui aurait pu facilement s'intégrer dans une plus large collection déjà existante d'écrivains étrangers (la collection *Du monde entier*), m'a alors répondu que ce n'était pas possible puisque les écrivains québécois n'étaient pas considérés comme des étrangers en France, mais comme des Français et comme faisant partie de la littérature française... Voilà qui en dit long sur le statut contradictoire des oeuvres québécoises en France.

Autre phénomène à considérer, la remise en question par les écrivains québécois eux-mêmes de l'attribution *québécois* à cause de son caractère restrictif, les écrivains ne voulant plus être uniquement perçus comme des porte-parole ethniques. Au cours des années 1980, sous leur influence on a tenté de mettre en circulation des locutions nouvelles qui témoignent d'une crise de l'image. C'est ainsi que pour désigner les auteurs québécois et leur littérature, on a parlé "d'écrivains d'expression française" (voir Anne Hébert par exemple), de "littérature américaine écrite en français" (René Lapierre), de "littérature étrangère d'expression française" (Godbout) ou on a parlé des littératures françaises, au pluriel (dictionnaire Bordas). Ces diverses tentatives de dénomination révèlent une évidente fatigue du mot *québécois* et de ce qu'il recouvrait au coeur de la décennie et montrent en même temps qu'une solidarité nouvelle du monde francophone a pu chercher à s'instaurer.

Enfin, réalité qui est devenue planétaire, le métissage culturel s'est accentué au cours de la décennie et a contribué à modifier les représentations trop monolithiques que l'on pouvait se faire de l'autre. Ce problème a d'ailleurs été abordé notamment par Jacques Godbout dans son roman *Une histoire américaine*. Les moyens de communication rapprochent chaque jour davantage les continents, les pays, les cultures, les personnes et créent ainsi des interactions et des changements dans l'espace interculturel. De plus en plus, la planète devient un village global et la nouvelle vision planétaire qui en découle nous oblige à ouvrir les ghettos nationaux. Le Québec n'y échappe pas: on y assiste à une nouvelle pratique de l'ici par les textes d'immigrants canadiens (haïtiens, italiens, russes, etc. et bien sûr français), textes exogènes qui apprennent beaucoup aux Québécois sur leur propre réalité et qui offrent un point de vue différent de celui du texte endogène (cf. Nepveu, qui a traité de cet aspect). La France en subit elle aussi quelques éclaboussures avec certaines oeuvres québécoises éditées ou co-éditées à Paris qui mettent en scène des réalités françaises comme *Héloïse* d'Anne Hébert, *Le cercle des arènes* de Roger Fournier ou *Les nouvelles d'Edouard* de Michel Tremblay: ces textes donnent une vision autre de la culture française et obligent aussi le public français à prendre ses distances d'avec une certaine image folklorique du Québec. Il y a plus: les textes d'immigrants canadiens exportent une image différente de la littérature québécoise vers la France. Le cas du Néo-Canadien Négovan Rajic est assez intéressant à cet égard: d'origine serbe, il a immigré au Québec et y a publié en français plusieurs romans plus ou moins remarqués par la critique québécoise et longtemps ignorés en France. Impossible de classer son oeuvre romanesque dans le folklorisme de *Maria Chapdelaine*. C'est un romancier québécois par son lieu de résidence, mais citoyen du monde par l'esprit et il est aussi loin du folklore qu'il est possible de l'être. Et pourtant ses premiers livres viennent d'être réédités en France aux Editions de l'Aube, petit éditeur qui, comme d'autres dans ce style, nous montre que la perception de la littérature québécoise commence à changer et à s'ouvrir à la diversité de son objet. Ce semble être chez les petits éditeurs que cette ouverture est la plus grande.

Tout compte fait, c'est le temps qui aura le dernier mot et qui permettra de voir si le Québec réussira, avec tout ce qui bouge au sein de son monde, à faire bouger à son tour le mythe français de *Maria Chapdelaine* et à faire fondre ces représentations passéistes pétrifiées qui dominent encore une certaine perception du Canada littéraire en France.

Bibliographie

Bombardier, Denise. *Une enfance à l'eau bénite*. Paris: Seuil, 1985.

Brulotte, Gaëtan. "L'évolution récente de l'image québécoise en France d'après les derniers romans québécois publiés à Paris". *Bulletin de la Société des Professeurs Français et Francophones d'Amérique* (1986): 333-341.

Fournier, Roger. *Le cercle des arènes*. Paris: Albin Michel, 1982.

Gerols, Jacqueline. *Le roman québécois en France*. Montréal: HMH, 1984.

Godbout, Jacques. *Une histoire américaine*. Paris: Seuil, 1986.

Hamelin, Louis. *Ces spectres agités*. Montréal-Paris: XYZ-Flammarion, 1991.

Hébert, Anne. *Héloïse*. Paris: Seuil, 1978.

Jacob, Suzanne. *L'obéissance*. Paris: Seuil, 1991.

Laberge, Marie. *L'homme gris*. Montréal: Boréal, 1990.

Lalonde, Robert. *La belle épouvante*. Montréal: Quinze, 1981.

_____. *Le dernier été des Indiens*. Paris: Seuil, 1982.

_____. *Une belle journée d'avance*. Paris: Seuil, 1986.

Lapierre, René. *L'été Rebecca*. Paris: Seuil, 1985.

Lavallée, Ronald. *Tchipayuk ou le chemin du loup*. Paris: Albin Michel, 1987.

Jean-François. *Carrefours d'Amérique*. Paris: La Découverte, 1991.

Maillet, Antonine. *Pélagie-la-Charrette*. Paris: Grasset, 1979.

Morency, Pierre. *L'oeil américain*. Montréal-Paris: Boréal-Seuil, 1990.

Nepveu, Pierre. *Ecologie du réel*. Montréal: Boréal, 1988.

Rajic, Negovan. *Les hommes taupes*. Montréal: Pierre Tisseyre, 1978. Paris: L'Aube, 1992.

Tremblay, Michel. *Les nouvelles d'Edouard*. Paris: Grasset, 1987.

Francophonie et francité: **Principles and Practices in 1992**

PRISCILLA PARKHURST FERGUSON

Diversity is a big issue in 1992. American politics have put it on the agenda, and it will surely not disappear after election day. University and college campuses endeavor to reconcile the imperatives of *cultural* "diversity" or "multi-culturalism," however ill defined, with the exigencies of a range of constituencies. In 1992, a post-Maastricht Europe too must cope with the conflicting demands of the EEC members' cultural traditions. Tariffs and trade, the common currency, a common foreign policy—debate over these "hard core" issues is very much informed by the hopes, and the fears, that crystallize around the specifically cultural implications of a resolutely supra-national focus. Where—the question appears in one form or another—do we place our center?

The same concerns for the consequences of acknowledging diversity naturally affect those of us in academic life. I have just come from the annual Nineteenth-Century French Studies colloquium. There too, in the past few years, has been an emphasis on *nouvelles voix*, on *écritures diverses* and *diversifiées*; there too, new critical perspectives have been brought to bear on old as well as rediscovered texts, on *voix de femmes*, on *voix anciennes/ nouvelles* (to take the titles of two program sessions at this conference); there too, interdisciplinarity is the watchword.

Yet if the similarities are striking—and they could be duplicated in just about any corner of literary studies—the differences are instructive. For the dix-neuviémiste, diversity is primarily in the eye of the beholder, that is, the twentieth-century reader who re-views the nineteenth century, intent upon shifting the balance of cultural power, sometimes to recover a nineteenth-century status. But vingtiémistes work with literary works that themselves proclaim their "diversity";

works that self-consciously assert their *droit à la différence*, which easily translates into a *fait de la diversité*.

Change, diversity, fragmentation—these are the standard terms that we use to talk about modernity and modernism and modernization, about contemporary society and contemporary culture. The tradition of the modern has become, as the critic Harold Rosenberg had it, "the tradition of the new." At the same time, of course, powerful forces push toward standardization—television, international large-scale capitalism, to name the most obvious. If we do not quite inhabit the "global village" predicted by Marshall MacLuhan some forty years ago, we are nevertheless routinely interested in and by *l'autre de la culture* (to continue on down the program) in ways that would have been incomprehensible to most even twenty years ago.

These debates over diversity and standardization, center and periphery, over cultural values and their vehicles, are captured in the concepts of *francophonie* and *francité*. The first term, along with *francophone* as an adjective and noun, we owe to a geographer, Onésime Reclus in 1880, in *France, Algérie et colonies*, the word coined to mark the linguistic basis of the ties between France and its colonies.[1]

The late nineteenth century too brought experience of diversity, most particularly with the expansion of the French colonial empire further into equatorial Africa and Asia. At least since the Revolution the *mission civilisatrice* that France attributed to itself dealt with demographic and geographic diversity. In that process of assimilation, as the term *francophone* makes clear, language was assigned a primary role. The abbé Grégoire stated it succinctly in 1794: "...l'unité d'idiome est une partie intégrante de la Révolution" ("Rapports sur les idiomes et patois répandus dans les différentes contrées de la République"). Two hundred years later the independence of the former French colonies modifies the question considerably. But what does it mean for France to decolonize culturally as it has politically?

Given the sociological, psychological and political investment in the French language, the neutral definition of *francophonie* given by the *Petit Robert*—"ensemble des peuples francophones"—begs the question. It cannot possibly convey the ideological weight that the term is often made to bear. Witness L. S. Senghor's statement of faith:

---

[1] On the origins and usages of *francophone* and *francophonie*, see Michel Tetu, *La Francophonie*, ch. 1 (31-47). More generally, this work is a mine of information on the organizations and institutions of what Tetu calls "l'espace francophone." See also ch. 12, "Francophonie, Commonwealth: *Les différences*."

> Pour nous *la francophonie est culture*, c'est un mode de pensée et
> d'action... c'est une communauté spirituelle... c'est, par delà la langue,
> la civilisation française. (Senghor 80; author's emphases)

This formulation of *francophonie* is more euphoric but not really different than *francité* as defined by the *Petit Robert*: encompassing the "caractères propres à la culture française" *and* "à la communauté francophone."

But what, precisely, connects "French culture" and the "francophone community?" *Francophonie* and *la civilisation française*? The most striking instance I know of *francité* suggests that they are not necessarily one and the same. In *Mythologies* (1957), Roland Barthes sees in the photo of a black soldier in a French uniform at attention "le mélange intentionnel de francité et de militarité." The context of the attributions clearly locates these qualities of Frenchness in cultural practices and the political arena of France. Similarly, Barthes observes that Général de Castries's call for *frites* upon his return from Indochina in 1954 is not at all a gesture of vulgar materialism, but an "épisode rituel d'appropriation de l'ethnie française. Le général connaissait bien notre symbolique nationale, il savait que la frite est le signe alimentaire de la 'francité'" (79).[2]

Usage is variable, and *francité* seems to have fallen out of favor. Even so, it is useful to have a separate term to signify the *Frenchness* of France within the Hexagone, and to make explicit the tension at the heart of *la francophonie*. Whatever the term we use (or don't use) the distinction confronts the connection between site and culture, between that which is fixed in space and that which is mobile. What *is* the nature of the relationships between *francité* and *francophonie*? between the Frenchness located in the particularities—geographical, sociological, economic, cultural—of France and those aspects that can be exported?

And, more specifically still, since language is eminently exportable—arguably, it is France's greatest export—what is the nature of the connection between the French language and *francité*? What does it mean to be francophone for an individual or for a society outside of France? In a word, just how French is *francophonie*? That is, how close is the connection between the original center and the peripheries? By the same token, we must ask, how francophone is French? That is, to what

---

[2] After Reclus, Michel Tetu (41-42) finds no trace of *francité* until the Swiss writer Henri de Ziegler's autobiographical novel, *Aller et retour* (1943). He notes a fair number of examples in Canada between 1950 and 1970, and regular use in Belgium today (there is a *Maison de la francité* in Bruxelles). Cf also a speech of Maurice Piron before the Académie royale de langue et de littérature françaises de Belgique, 21 octobre 1970, "Francophonie et francité."

extent can or does the center accommodate the variations of the peripheries?

The first model is Senghor's. The poet acknowledges the difference of the French language, and assumes that it will stay different, regardless of the speakers, a *langue* quite distinct from the *parole(s)* of the users. Why does he write in French, he is asked?

> Parce que nous sommes des métis culturels, parce que, si nous sentons en nègres, nous nous exprimons en français, parce que le français est une langue à vocation universelle, que notre message s'adresse aussi aux Français de France et aux autres hommes. [...] Le français, ce sont les grandes orgues qui se prêtent à tous les timbres, à tous les effets, des douceurs les plus suaves, aux fulgurations de l'orage. Il est, tour à tour ou en même temps, flûte, hautbois, trompette, tamtam et même canon. Et puis le français nous a fait don de ses mots abstraits—si rares dans nos langues maternelles—où les larmes se font pierres précieuses. Chez nous, les mots sont naturellement nimbés d'un halo de sève et de sang; les mots du français rayonnent de mille feux, comme des diamants. Des feux qui éclairent notre nuit.³

Although Senghor does not actually say that French is superior as a language, his metaphors certainly imply its superior power in the acceptance of the traditional image of *dark* Africa in need of light, of *nature* that is taken over by *civilization*.

France has been amazingly successful in instilling belief in the universality of French. It is a universal language and at the same time a privileged path of social, linguistic and cultural promotion. For one example of this belief out of many take Albert Memmi's in *La statue de sel* (1953). "Obscurément, je sentais que je pénétrais l'âme de la civilisation en maîtrisant la langue."

This is, indeed, "l'autre de la culture", with all the alienation that alterity supposes. Of course, the very intensity of the investment necessarily provokes reactions, leading a Kateb Yacine, for example, to advocate the use of French in order to fight *la francophonie*⁴. For, as an editorial in one African newspaper put it, "Francophonie rime d'ailleurs avec hégémonie."⁵

Senghor's *Discours de réception* at the Académie Française in 1984 makes clear the political implications of this pan-francophone attitude. Senghor ends the ritual examination of the works of his predecessor,

---

³ Postface des *Ethiopiques* (1956), datée du 24 septembre 1954, *Poèmes*, citée par Auguste Viatte (121).
⁴ See the range of responses to this socio-linguistic problem in Jacqueline Arnaud (79-127). Yacine is cited on page 127. On the French language "fetishism," see Priscilla Parkhurst Clark, ch. 5.
⁵ Editorial, *Peuples noirs, peuples africains* cited by Christopher Miller (181).

the duc de Lévis-Mirepois, with a moving declaration of fidelity to France whose history "offers to the peoples of the Third World an exemplary model [...] the model of a symbiosis that is above all cultural." Senghor then cites the *Rapport Jeanneney sur la Coopération* (1963), which presents French civilization as a "*force de symbiose. Elle prend* [...] *les valeurs qui lui sont d'abord étrangères. Et elle les assimile pour faire du tout une nouvelle forme de civilisation, à l'échelle, encore une fois, de l'Universel*" (*Discours* 45-46).[6]

A second model is one that would adapt the *langue* to the *paroles*, the universal to the particular. Thus, Tchicaya U'Tamsi's striking formulation: "La langue française me colonise, je la colonise à mon tour." (Cited by Miller 188) Since, clearly, this is what happens, indeed, what must happen, it is not so much a question of practice in everyday life as in the judgment brought to bear on that practice.[7] The danger lies in diluting those qualities that make a given linguistic practice distinctive—in social no less than strictly linguistic terms. Thus in 1879—just a year before Reclus coined *francophone*—it was only with great reluctance and after what seems to have been a pitched battle that the Académie française awarded a prize to a collection by the Canadian poet Fréchette: "Si vous ouvrez la porte aux Canadiens français," reasoned one Academician, "il n'y a plus de raison pour que les Mauriciens, les Louisianais et d'autres encore, n'arrivent en colonnes serrées chaque année et n'envahissent l'Académie."[8]

Francophonie long operated with similarly clear distinctions between center and periphery. But those are precisely the distinctions that are in question today. And it is not simply a question of defending outmoded concepts of language and usage. The debate over the much vaunted, then much abused *réforme de l'orthographe* is an almost textbook illustration of the intensity of psychological investment in a given state of the language. Behind all the rhetoric looms the question of identity—the fear of losing an identity on the one hand, the necessity of creating one, on the other.

Diversity raises problems of identity in many domains. The Colloquium has already struck out in a number of extraordinarily interesting directions. And we've just heard papers about publishing and the significance of the changes in the production of literary works over the past decades. In all of these a number of identities lie in the balance, not the least of which is the identity of the French language. That

---

[6] In his welcoming speech (the "discours de réception") Faure also evokes these same themes of universality and symbiosis.

[7] See Pierre Bourdieu, especially I, ch. 1, "La Production et la reproduction de la langue légitime" (23-58).

[8] As reported by Jules Simon (who led the fight for Fréchette), cited by Viatte (54). There is an instructive comparison to be made with Leconte de Lisle.

character/singularity is the very basis of *la francophonie* and also a fundamental component of *francité* as I have used the term.

For the most part, discussions of the future of French, of *la francophonie*, have been couched in terms of both the objective criteria of connection (linguistic, geographical, political, institutional) and the sense of belonging to a community (spiritual, sentimental, ideological, literary). That is, the emphasis is placed on the modalities of inclusion, on the relations within *la francophonie*, between francophones who otherwise may be very different from one another. The tensions within these variously connected groups of francophones produce the divergent attitudes noted above, and whether—to simplify—*francophonie* is taken as *culture* or as *hégémonie*. The debates over divergent practices of *la francophonie*, the dissension, yet occur *within* a common space.

That commonality is holding in the face of dissent and diversity within. And it is also holding in the face of and even because of the greater danger of assault from without. We do well to remember that, as for any other social practice, *la francophonie* excludes as much as it includes. Borders create outsiders as much as insiders. And I would suggest that the unity of *la francophonie* today is very much a function of precisely this exclusion. *La francophonie* is above all *not l'anglophonie*. In the late twentieth century the greatest threat to the integrity of the French language and hence to *la francophonie* comes not from within but from without, from the always impending "invasion" of English. The dissent within pales before the enemy without.

We are all familiar with the fight of the French—of some French—to preserve French. Language is taken as the measure of *francité*, the emblem and guarantor of the French nation. Hence the widespread diffusion of the English language is invariably taken as a symptom (sometimes even as a cause) of the radical alienation of French cultural life. For a recent example I cite the call to vigilance launched last July to protest the pervasive *anglicization* of French cultural life. But I would suggest that *anglicization* (which means mostly *americanization*) is an important factor—all the more powerful for being negative and obscure—around which *la francophonie* coheres.

Francophones outside of France are not simply members of the same linguistic community, they are also formidable allies in the battle to resist *anglophonization*. It is instructive that the "Appel- L'Avenir de la langue française" counts among its three hundred signatories a number of non-French francophones (Driss Chraïbi, Antonine Maillet, Pierre Mertens...). The invocation of Québec is also significant: Québec has pulled and is pulling itself up by its bootstraps and the French language plays a vital part in that effort.

Hence, with all its diversity, even with its contradictions and combats, *la francophonie* may well turn out to be the best hope for *la francité*.

Indeed, *francité* itself is no longer conceived in strictly national terms.[9] This dialogue between *francité* and *francophonie* turns out to be more of a free-wheeling conversation. Even my problematic—a neat division between the two—will not hold in the 1990s. The universalizing mode of *la francophonie* is part of the French symbol system and is likely to remain so, if perhaps diminished in force.

I should like to end by turning to consider the role of literature in these dynamics between the general and the particular, between the indigenous and the exogenous. For what we are witnessing is nothing less than the redefinition of a literary tradition. The novel of today—the *new*—is the tradition of tomorrow. Literature gives these new voices a *place*. It fixes language in a space—the space of the page. That page—those pages—are the *space* of *la francophonie*, which becomes, not the *communauté spirituelle* in which Senghor invested so much of his work, but a *communauté textuelle*. In this literary space *la francophonie* finds its true country.

Bibliography

Arnaud, Jacqueline. *La littérature maghrébine de langue française*, vol.. 1: *Origines et perspectives*. Paris: Publisud, 1986.

Barthes, Roland. *Mythologies*. Paris: Seuil, 1957

Bourdieu, Pierre. *Ce que parler veut dire: l'Économie des échanges linguistiques*. Paris: Fayard, 1982.

Clark, Priscilla Parkhurst. *Literary France*. Berkeley: University of California Press, 1987.

Miller, Christopher. *Theories of Africans*. Chicago: University of Chicago, 1989.

Senghor, Léopold Sédar. *Liberté III: négritude et civilisation de l'universel*. Paris: Seuil, 1977.

―――. et Edgar Faure, *Discours de remerciement et de réception à l'Académie française*. Paris: Seuil, 1984.

---

[9] "Appel—L'Avenir de la langue française" (*Le Monde*, 11 juillet 1992): "La France change. Par certains aspects, elle progresse. Par d'autres, elle régresse. A l'égard de sa langue, par exemple. Depuis quelques années, dans un certain nombre de secteurs [...] et jusqu'au sein de l'*appareil d'État*, quelques *décideurs* se sont mis en tête de la faire renoncer à sa propre langue et de la faire parler anglais, ou plutôt américain. [...]

[I]l existe en France des fanatiques du tout-anglais de plus en plus entreprenants. Ils contribuent à faire douter de leur langue les Français, et, par voie de conséquence, à ébranler son crédit dans les autres pays [....] Nous ne pouvons pas accepter ce travail d'autodestruction collective [...] Si nous ne réagissons pas très vite, nous allons nous retrouver sans même nous en rendre compte [...] dans une situation de dépendance économique, de déclassement social, d'infériorité culturelle, d'écrasement linguistique."

Tetu, Michel. *La francophonie: histoire, problématique, perspectives.* Paris: Hachette, 1988.
Viatte, Auguste. *Histoire comparée des littératures francophones.* Paris: Nathan, 1980.

Index

Aboul-Hussein, Hiam 24n
Abrégé des merveilles (*l'*) 29
Accad, Evelyne
Adoration (*l'*) 10
Agakuk 233
Aiguillon-Roure 141, 145
A l'ami qui ne m'a pas sauvé la vie 72
Albucius 169-178
Alexandra de Lycophron 175
Amant (*l'*) 6, 95, 115, 216, 217, 219
Amant de la Chine du nord (*l'*) 95
Amour à Tian-Amen (*un*) 143, 144
Anatomie d'un choeur 145
Année amoureuse de Virginia Woolf (*une*) 140
Angot, Christine 143
Appelle-moi Emma 142
Arley, Catherine 143
Armoires vides (*les*) 84-97, 101-109
Arthur ou la flèche du temps 144
Attente La Clôture (*l'*) 10
Auberge du Grand Balcon (*l'*) 142
Audry, Colette 229
Au pays des Etangs 143
Autobiogre d'A.M. 75 (*l'*) 153
Avalée des avalés (*l'*) 8, 203-210
Aventurier de la Reine 141

Barquin, Françoise 141
Beauchemin, Yves 233

Beaux souvenirs (*les*) 203, 207
Beck, Béatrix 140
Begag, Azouz 4, 32, 33
Belghoul, Farida 4, 5, 32-42
Belle épouvante (*la*) 236
Belle journée d'avance (*une*) 234, 237
Benaissa, Aicha 33
Béni ou le paradis privé 4, 33
Ben Jelloun, Tahar 5, 9, 30, 45, 75-83, 217, 219, 241
Benzoni, Juliette 141
Bernard, Suzanne 143, 144
Berry, Monique A. 143
Beur's Story 33
Bleitrach, Danielle 144
Bodard, Lucien 217
Bode, Paule 141
Bombardier, Denise 144, 234, 235, 236
Bons débarras (*les*) 203, 206
Borel, Jacques 10
Bory, Jean-Louis 216
Bouquet d'orties (*un*) 144
Bram et le néant 153
Briselance, Marie-France 141
Brouillet, Christine 233
Brulotte, Gaëtan 10, 11

Cabrol, Nathalie 144
Camus, Renaud 170n
Cannone, Belinda 142
Cardinal, Marie 101, 102, 145
Carnets de Shérazade (*les*) 21-31

Caron, Louis 234
Carrefours d'Amérique 241
Carus 175
Carrière, Jean 215-216, 219
Castro, Eve de 140
Ce qu'ils disent ou rien 84-97, 101-109
Ce qui nous tient 10
Cercle des Arènes (*le*) 242
Chamoiseau, Patrick 45n, 55n
Chaouite, Abdellatif 32
Chardin, Brigitte 145
Charef, Mehdi 4, 22, 33
Chawaf, Chantal 144, 228
Chéhérazade: personnage littéraire 24n
Chinois vert d'Afrique (*le*) 4, 19, 44-56
Ciels liquides 143
Cixous, Hélène 25, 107, 124, 143, 228
Colonie du Nouveau Monde (*la*) 10
Comme si de rien n'était 145
Condé, Maryse 5, 10, 15, 18-19, 66
Confession d'un double 145
Contre-Voie 142
Coquelicot du massacre 10
Courrier posthume 145
Cressard, Armelle 142
Cytomégalovirus: journal d'hospitalisation 68, 73

Dames du Méditerranée-Express (*les*) 141
Dana, Jacqueline 142
Déa, Magali 143
Déclaration (*la*) 143
Déferlement (*le*) 10
Deher, Evelyne 141
Dernier été des Indiens (*le*) 234, 236-237
Dernières promenades à Petropolis 142
Des aveugles 67, 69
Descendre le boulevard dans la lumière du soir 142

Dévadé 8, 203-211
Dib, Mohammed 29
Dieu est né en exil 215
Discours antillais (le) 17
Djebbar, Assia 30
Dorin, Françoise 141
Douleur (*la*) 6, 95
Ducharme, Réjean 8, 203-211, 233
Duhon, Christine 140
Dupuy, Christiane 145
Duras, Marguerite 6, 59, 93, 101, 115, 123, 144, 216, 217, 219

Eclaircie (l') 143
Eden cinema 95
Education française (*une*) 87n
Egarés (*les*) 217, 218
Empereur d'Occident (*l'*) 179-183
Emprise (*l'*) 10
Enfance 6, 95, 105
Enfance à l'eau bénite (*une*) 234, 235
Enfant de sable (*l'*) 5, 75-83
Enfantômes (*les*) 203
Envolée (*l'*) 142
Ernaux, Annie 6, 84-97, 101-109, 235
Escaliers de Chambord (*les*) 174
Eté Rebecca (*l'*) 235, 238-239
Etoile errante 197
Etrangers à nous-mêmes 20, 30n, 95
Excisée (*l'*) 10
Exposition coloniale (*l'*) 6, 59-66, 216

Fabre, Nicole 140
Femme (*une*) 84-97, 101-109, 141n
Femme gelée (*la*) 84-97, 101-109
Femme qui marchait devant (la) 141
Femmes 187-195
Femmes d'Alger 1960 29
Fernandez, Dominique 217
Fête alexandrine (*la*) 143

Fête à Venise (la) 188-195
Fille de Christophe Colomb (la) 210
Fille démanteléee (la) 141
Fille du Pape (la) 141
Fleutiaux, Pierrette 7, 145, 159-168
Forever Valley 10
Forteresse (la) 162
Fou de Shérazade (le) 31
Fournier, Roger 242
François, Denise 142

Galigai (la) 140
Gangsters 68
Garréta, Anne 6, 110-125, 143
Gaye, Amadou 46n
Génération métisse 46
Gêne technique à l'égard des fragments (une) 176
Germain, Sylvie 7
Georgette! 5, 32-42
Glissant, Edouard 17, 18, 129
Godbout, Jacques 234, 242
Gône du Chaâba 33
Goutte d'or (la) 5, 16-18
Grâce 140
Granotier, Sylvie 145
Grand Graphe (le) 153
Graphe (le) 151-158
Guibert, Hervé 7, 67-74

Ha, Ha!... 206n
Hamelin, Louis 233
Harki de meriem (le) 33
Harpman, Jacqueline 141
Hauts-Fonds 142
Hébert, Anne 234, 242
Héloïse 242
Héritage de Caliban (l') 18
Histoire américaine (une) 242
Histoires d'amour 95
Histoire de la chauve-souris 7, 159-168
Histoire d'Eurydice pendant la remontée 10
Histoire du gouffre et de la lunette 162-164

Hiver de force (l') 203, 205, 207
Homme au chapeau rouge (l') 71, 72
Homme gris (l') 240
Hommes cruels ne courent pas les rues (les) 145
Hommes taupes (les) 243
Horia, Vintila 215
Houari, Leïla 4, 32, 33
Image fantôme (l') 68, 69
Insoutenable légèreté de l'être (l') 122
Ionesco, Eugène 95

Jacob, Suzanne 240
Jacques, Paula 4, 5, 126-136
Journal d'une dragueuse 141, 145
Jours de l'an 143

Kessas, Ferrudja 33
Kettane, Nacer 32
Kristeva, Julia 20, 30n, 85n, 95, 140
Kundera, Milan 122

Laberge, Marie 239, 240
Lalonde, Robert 234-237
Langst 151-158
Lapierre, René 234-236, 238-239, 242
Larmes de Pierre (les) 10
LaRue, Monique 233
Laudouar, Janique 142
Lavallée, Ronald 240
Leclerc, Annie 101, 107
Le Clézio, J.M.G. 6, 59-66, 195-202
Leçon de musique (la) 171
Lecteur (le) 169
Leprince, Tilise 144
Lettres parisiennes 21, 44
Liaison à domicile 142
Lisée, Jean-François 241
Losfeld, Marie-Pierre 142
Lucot, Hubert 7, 151-158
Lubies d'Arthur (les) 71
Lugan, Anne-Marie 145
Lumières de l'oeil 126-136

Lycée si tranquille (un) 142
Lys d'or (le) 189

Ma chère carte orange 144
Maillet, Antonine 233-234
Maîtres et serviteurs 179-183
Malti-Douglas, Fedwa 24n
Marcel, Odile 95
Massinima le Berbère 141
Matou (le) 233
Mensonge (un) 143
Métamorphoses de la reine 165-168
Michon, Pierre 7, 179-183
Miroir qui revient (le) 6, 95
Miserere, Seigneur 145
Moi, Tituba sorcière... Noire de Salem 5, 10, 18
Mon valet et moi 68
Mon village à l'heure allemande 216
Morency, Pierre 240
Mort propagande (la) 67, 70

Née en France 33
Negovan, Rajic 242
Nicole, Eugène 10, 11
Nimier, Marie 145
Nini Patte-en-l'air 141
Nous et les autres 30
Nous sommes éternels 7, 145, 159-168
Nouvelles d'Edouard (les) 242
Nuit sacrée (la) 217, 219-220

Obéissance (l') 240
Oeil américain (l') 240
Oeuvre des mers (l') 10
Ollé, Jean-Michel 55
Onitsha 6, 59-66, 195-202
Orientalism 27n
Orsenna, Erik 6, 59-66, 216
Ouragane (l') 140
Ouverture à coeur 144

Pancol, Katherine 145
Passion simple 84-97
Paulot, Marianne 142
Pas vers l'été (un) 143

Pavy, Agnès 142
Pélagie-la-Charrette 234
Petite histoire de mes rêves 10
Petits traités 169-178
Phanées les nuées 151-158
Place (la) 84-97, 101-109
Pluie d'été 144
Portrait du joueur 187-195
Poulin, Jacques 233
Princesse barbare (la) 140
Prigent, Christian 151
Protocole compassionnel (le) 72-73

Quignard, Pascal 8, 169-178

Redonnet, Marie 7, 10, 11
Reportage 145
Révey, Theresa 140
Rimbaud le fils 8, 179-183
Robbe-Grillet, Alain 6, 28, 59, 95, 113, 144
Roblès, Emmanuel 30
Rochefort, Christiane 105
Roi des aulnes (le) 16
Rollin, Dominique 142
Roman d'apprentissage (un) 95
Romilly, Jacqueline de 144
Rose Melie Rose 10
Rouhy, Christiane 142

Saison à Rihata (une) 10
Salon du Wurtemberg (le) 174
Salvayre, Lydie 143
Samouraïs (les) 95, 140
Sapho 143
Sarde, Michèle 10, 11
Sarraute, Nathalie 6, 85, 95, 105
Schwarz-Bart, Simone 18
Sebbar, Leïla 4, 7, 15, 19, 21-31, 44-56
Secret (le) 44
Segalen, Victor 55
Ségou 10
Shérazade 21-31
Silsie 10
Simon, Claude 28, 102, 196
Simulation 151-158

Sollers, Philippe 8, 85n, 187-195
Spectres agités (ces) 233
Sphinx 6, 110-125
Splendid Hotel 10
Steil, Madeleine 143
Surprises de Fragonard (les) 192n
Surveillant (le) 10

Tablettes de buis d'Apronenia Avitia (les) 172-178
Tchipayuk ou le chemin du loup 240
Thé au harem d'Archi-Ahmed 4, 22, 33
Thérame, Victoria 141, 145
Todorov, Tzvetan 30
Tournier, Michel 5, 16-19, 216
Tous les matins du monde 171
Transfigurations of the Maghreb 41n
Travail du temps 151-158
Traversée de la mangrove 10
Tremblay, Michel 233, 242
Tremblement de coeur 144
Tristan, Frédéric 173n, 217-218

Tu ne t'aimes pas 95

Vendredi ou les Limbes du Pacifique 16
Vice 68
Vie de Joseph Roulin 179-183
Vie scélérate (la) 10
Vies minuscules, récit 8, 179-183
Vieux chagrins (les) 233
Vincent ou la vertu déshabillée 141, 145
Vingt chambres d'hôtel 142
Vizenor, Gerald 45
Voices from the North African Immigrant Community in France 22n, 32
Voyage chez les morts 95
Vu du ciel 143

Wittig, Monique 25

Yacine, Jean-Luc 32
Yacine, Kateb 30

Zeida de nulle part 4, 33

Contributors

MARTINE ANTLE teaches at the University of North Carolina-Chapel Hill. She is the author of *Théâtre et poésie surréalistes: Vitrac et la scène virtuelle*. Her foremost research interest is in theatre, the visual arts, contemporary poetry, and the novel.

A. JAMES ARNOLD teaches French at the University of Virginia. His publications include books on Paul Valéry, Sartre, Camus (editions) and Césaire, and he has written extensively on Caribbean authors in major American and European journals. At the University Press of Virginia he edits CARAF Books and New World Studies, two book series in the Humanities.

SIMON BATTESTINI teaches at Georgetown University. He publishes in the fields of African Studies, Literature, and Semiotics and is currently finishing a book on African Writing Systems.

MICHEL BEAUJOUR teaches at New York University. He has published extensively on French literature and culture and is the author of *Le jeu de Rabelais*, *Miroir d'encre*, and *Fiction et réalité des mythes franco-américains*.

JOSEPH BRAMI teaches at the University of Maryland. Author of a book on Joë Bousquet, *Les troubles de l'invention*, and of a monograph on Théophile Gautier's *Mademoiselle de Maupin*, he is also coeditor, with Michèle Sarde, of a volume of letters by Marguerite Yourcenar.

PASCALE-ANNE BRAULT teaches at DePaul University. Co-translator of Jacques Derrida's *The Other Heading: Reflections on Today's Europe and Memoirs of the Blind*, she has also published articles on Sophocles, Racine, Blanchot, and Paul Auster and is at work on a book on Cassandra and the representation of truth.

GAËTAN BRULOTTE teaches at the University of South Florida. An award-winning and widely anthologized creative writer, he has published *L'emprise* (1979), *Le surveillant* (1982), *Le client* (1986), *Ce qui nous tient* (1988), *Coïncidences* (1990). As a critic, he has written extensively on marginalized French literary genres (such as the Fantastic, the Erotic, short fiction), and on twentieth-century French authors as well as French Canadian literature.

WILLIAM CLOONAN teaches at Florida State University. His study on Michel Tournier is part of the Twayne Series on French writers and his articles on the yearly French novelistic production are featured regularly in *The French Review*.

SUSAN D. COHEN is the author of *Women and Discourse in the Fiction of Marguerite Duras: Love, Legends and Language*. Her articles on Duras, Colette, and Paula Jacques have appeared in major French and American journals.

GEORGIANA COLVILE teaches French, film, and comparative literature at the University of Colorado, Boulder. Author of *Vers un langage des arts autour des années vingt*, *Beneath and Beyond the Mantle: On Thomas Pynchon's 'The Crying of Lot 49'*, and of numerous articles on French film, twentieth-century French, American and Canadian literature and art, especially by women, she is now preparing an illustrated anthology of texts in French by women Surrealists and a theoretical companion piece which will reassess the Surrealist myths of woman.

MADELEINE COTTENET-HAGE teaches at the University of Maryland. She is the author of a study on Gisèle Prassinos and has published in French and American journals on Marguerite Duras, on Caribbean women novelists, as well as on Audiberti. She is also coeditor of a forthcoming Dictionary of Women Writers.

ISABELLE DE COURTIVRON teaches at the Massachusetts Institute of Technology. Her publications include a biography of Clara Malraux, a study of Violette Leduc, and *New French Feminisms* (coedited with Elaine Marks). She is also coeditor of *Significant Others*. Her articles reflect her long-standing interest in women-writers and feminist issues in general.

CATHERINE CUSSET teaches at Yale University. Author of many articles on Sade, Laclos, Voltaire, and other eighteenth-century novelists and painters in *L'Infini* and in academic journals, she has also published a novel, *La blouse roumaine* (1990).

CATHERINE DOP-MILLER teaches at Fordham University. She has written on the essay at the beginning of the seventeenth century and has also published articles on Marot, Montaigne, and on rhetoric in the sixteenth and seventeenth centuries.

CAROLINE EADES teaches at the University of Grenoble. She was the French Cultural Attachée in Boston and San Francisco from 1987 to 1993 and has lectured on cinema, painting and cultural affairs, as well as organized several international colloquia in the United States.

SANDA GOLOPENTIA teaches French at Brown University. Author of *Les voies de la pragmatique* and coauthor of *Voir les didascalies* (forthcoming), she has also published numerous articles on Marguerite Duras, Nathalie Sarraute, Marcel Proust, Eugène Ionesco and Georges Feydeau.

BRIGITTE LANE has published extensively on George Sand and the representation of the French peasant in nineteenth-century French literature. Her current research focuses on the twentieth-century French novel as redefined by writers of bicultural background.

MICHÈLE MORRIS teaches at Georgetown University. She is the author of *Mieux écrire en français* and the editor of *Images of America in Revolutionary France*. Her research interests focus on French and Francophone women writers. She is currently at work on a book on French-Swiss women novelists.

EUGÈNE NICOLE teaches at New York University. Author of numerous articles on twentieth-century French literature, he has contributed to the Pléiade edition of Proust's *A la recherche du temps perdu* and produced the critical edition of *A l'ombre des jeunes filles en fleurs* and *Le temps retrouvé*. He has also published two novels, *L'oeuvre des mers* (1988) and *Les larmes de Pierre* (1991).

PRISCILLA PARKHURST FERGUSON, who teaches French and sociology at Columbia University, is the author of *The Battle of the Bourgeois: The Novel in France, 1789-1848*, and *Literary France: The Making of a Culture*. She has published numerous articles on literature and society in major journals in the United States and France.

SABINE RAFFY teaches at Wellesley College. She has published *Sarraute romancière*, edited *Autour de Nathalie Sarraute* (forthcoming), and is the author of numerous articles on contemporary French writers. Her book, *Sémiotique des banalités*, is forthcoming.

ANNIE RICHARD is Agrégée de Lettres Modernes and teaches at Lycée La Bruyère in Versailles. She has been writing on Gisèle Prassinos and is interested in literature by women authors.

MIREILLE ROSELLO teaches at the University of Michigan in the Department of Romance Languages. Her publications include a book on Michel Tournier, a book on André Breton, and a study of opposition in Caribbean texts entitled *Littérature et identité créole aux Antilles*. She is currently working on the uses and abuses of infiltration in the works of twentieth-century women writing in French.

DINA SHERZER teaches French and Comparative Literature at the University of Texas, Austin. Author of *Representation in Contemporary French Fiction*, she has also published extensively on Beckett, feminism, and postmodernism and film.

DANIELLE TRUDEAU teaches French at San Jose State University. She is interested in linguistic approaches to contemporary and Renaissance literature and has published *Les inventeurs du bon usage* and *Léandre et son péché*.

PIERRE VERDAGUER teaches at the University of Maryland. He is the author of *Le roman de la cruauté, une lecture de Céline* and is working on a study of French detective fiction. He is also interested in France in the interwar period, particularly the works of Denis de Rougemont.